环球@网校

零基础过经济师考试系列
全国经济专业技术资格考试用书
全新版

克|题|制|胜 1

人力资源管理专业知识和实务 初级

「精选章节习题集」

环球网校经济师考试研究院 编

全真机考模拟 ◁
以题促学 ◁
考前实战 ◁

立信会计出版社
LIXIN ACCOUNTING PUBLISHING HOUSE

图书在版编目(CIP)数据

人力资源管理专业知识和实务(初级)精选章节习题集/环球网校经济师考试研究院编. —上海:立信会计出版社,2023.1(2025.8重印)

全国经济专业技术资格考试用书

ISBN 978-7-5429-7208-8

Ⅰ.①人… Ⅱ.①环… Ⅲ.①人力资源管理-资格考试-习题集 Ⅳ.①F0-44

中国版本图书馆 CIP 数据核字(2022)第 244861 号

责任编辑　毕芸芸

人力资源管理专业知识和实务(初级)精选章节习题集

Renli Ziyuan Guanli Zhuanye Zhishi He Shiwu(Chuji) Jingxuan Zhangjie Xitiji

出版发行	立信会计出版社
地　　址	上海市中山西路 2230 号　　邮政编码　200235
电　　话	(021)64411389　　传　　真　(021)64411325
网　　址	www.lixinaph.com　　电子邮箱　lixinaph2019@126.com
网上书店	http://lixin.jd.com　　http://lxkjcbs.tmall.com
经　　销	各地新华书店
印　　刷	三河市中晟雅豪印务有限公司
开　　本	787 毫米×1092 毫米　　1/16
印　　张	15
字　　数	312 千字
版　　次	2023 年 1 月第 1 版
印　　次	2025 年 8 月第 4 次
书　　号	ISBN 978-7-5429-7208-8/F
定　　价	47.00 元

如有印订差错,请与本社联系调换

环球君带你学『经济师』

初级经济师是国家认可的初级职称,是经济专业技术资格的一种,是国家对多个行业内从事经济相关职业人员从业能力的认可。

初级经济师考试实行机考,总共考核两个科目,即"经济基础知识"和"专业知识与实务"。每个科目的考试时间为1.5小时,两门考试中间有40分钟休息时间。

如果备考经济师是一场战役,那么考前60天一定是决定战役能否胜利的关键节点。考生该如何更好地利用考前60天呢?除了要学习重要的知识点,还要进行刷题训练,通过做题提升学习效率,保持做题的题感。

环球网校经济师考试研究院的老师们对初级经济师考试进行了系统研究分析,结合历年辅导大批考生的经验,编写了本书,期望能够帮助大家顺利通过考试。本书分为三大版块:

第一版块:刷题练习。本部分按照章节顺序呈现习题,旨在让考生能够对每个常考知识点都能以习题形式进行练习。本部分的每道题都是环球网校经济师考试研究院的老师根据考试频率和知识点的考查方向精挑细选出来的,便于考生复习,打好扎实的知识基础。

第二版块:思维导图。本部分以思维导图的形式展现了各章的重点内容,便于考生直观明了、高效快捷地掌握知识体系。

第三版块:全真机考模拟。考生在精做章节练习题、掌握知识脉络后,一定要做成套试卷进行模拟考试。本部分旨在让考生在仿真机考环境中进行模拟练习,进而胸有成竹地参加考试。

在做题过程中,考生应当注意对错题进行整理和分析,从而完善自身的知识体系。建议考生针对每一道错题都问自己以下几个问题:

(1) 这道题考查的知识点是什么?

(2) 与本题考查的知识点相关的内容有哪些?

(3) 我是怎么运用相关知识点解决这道题的问题的?

(4) 这道题的解题过程是什么？

(5) 为什么我做错了这道题？

(6) 这道题还有其他做法吗？

思考上述问题可以帮助考生从知识掌握、能力提升、解题习惯等方面分析错误，有针对性地进行复习，高效备考。

如果考生在做题中遇到了自己研究不明白的题目，可以扫描相关二维码听老师讲解该知识点。本书在每一章最后设置了"学习笔记"栏目，考生可以记录在学习中遇到的难点、雷点，从而准确地找到自己的薄弱点，然后想办法去攻克它。

学习是日积月累、循序渐进的过程，要系统、全面地掌握知识，就要采用有效的方法坚持不懈、持之以恒地学习。希望通过这60天的学习，大家能够养成良好的学习习惯，顺利通过初级经济师考试，为以后的职业发展奠定良好的基础。

环球网校经济师考试研究院

目录

第一部分 组织行为学基础

第一章 个体心理与行为 ······· 1
Day 1 ······· 2
- 考点：人格的概念 ······· 2
- 考点：人格的影响因素 ······· 2
- 考点：人格、情境与行为之间的关系 ··· 2
- 考点：精神分析和人本主义理论对人格的看法 ······· 3
- 考点：人格特质理论 ······· 3
- 考点："大五"和"大七"人格理论 ··· 3
- 考点：人格特质在组织管理中的价值 ··· 4

Day 2 ······· 5
- 考点：智力 ······· 5
- 考点：智力结构的基本理论 ······· 5
- 考点：躯体能力 ······· 5
- 考点：能力与工作的匹配 ······· 5
- 考点：能力与知识和技能的区别 ··· 6
- 考点：领导的胜任特征 ······· 6

Day 3 ······· 7
- 考点：情绪和情感 ······· 7
- 考点：情绪的两极性 ······· 7
- 考点：表情 ······· 7
- 考点：情绪状态 ······· 7
- 考点：情绪的基本理论 ······· 8
- 考点：情绪的局限性 ······· 8

Day 4 ······· 9
- 考点：态度的概念与成分 ······· 9
- 考点：态度形成的理论 ······· 9
- 考点：态度与行为的关系 ······· 9
- 考点：态度改变的理论 ······· 10

Day 5 ······· 11
- 考点：说服与态度的改变 ······· 11
- 考点：偏见 ······· 11
- 考点：价值观 ······· 11
- 考点：价值观的分类 ······· 12
- 考点：工作价值观 ······· 12
- 考点：中国人的价值取向 ······· 12
- 考点：自我价值定向理论 ······· 13
- 参考答案及解析 ······· 16

第二章 团体心理与行为 ······· 25
Day 6 ······· 25
- 考点：团体概述 ······· 25
- 考点：团体规范 ······· 26
- 考点：团体压力 ······· 26
- 考点：团体凝聚力 ······· 27
- 考点：团体的社会影响 ······· 27

Day 7 ······· 28
- 考点：沟通概述 ······· 28
- 考点：沟通障碍 ······· 28
- 考点：沟通方式 ······· 28

Day 8 ······· 30
- 考点：团体决策概述 ······· 30
- 考点：团体极化与团体思维 ······· 30

Day 9 ······· 31
- 考点：团体决策的常用方法 ······· 31
- 参考答案及解析 ······· 35

第三章 工作态度与行为 ······· 39
Day 10 ······· 39
- 考点：工作满意度的概念、特点及决定因素 ······· 39
- 考点：工作满意度的理论模型 ······· 40
- 考点：工作满意度的影响后果 ······· 40
- 考点：员工对工作不满的四类表达方式 ······· 40
- 考点：工作满意度调查 ······· 41

· 1 ·

Day 11 ·············· 42
考点：组织承诺的概念及内容 ········ 42
考点：影响组织承诺的因素 ········ 42
考点：组织承诺的影响后果 ········ 42
参考答案及解析 ·············· 44

第二部分 人力资源管理

第四章 人力资源及人力资源管理概述 ··· 48
Day 12 ·············· 48
考点：人力资源的经济理论基础 ······ 48
考点：作为组织要素的人力资源 ······ 49
考点：人力资源的定义、内涵与特性
·············· 49
Day 13 ·············· 51
考点：人力资源管理的历史沿革 ······ 51
考点：人力资源管理的基本概念、功能、
作用及职能框架 ·············· 51
参考答案及解析 ·············· 54

第五章 工作分析 ············ 57
Day 14 ·············· 57
考点：工作分析及相关概念 ········ 57
考点：工作分析的内容 ·········· 58
考点：工作分析的作用 ·········· 58
考点：工作分析的实施流程 ········ 59
考点：工作分析的实施技巧 ········ 59
Day 15 ·············· 60
考点：传统的工作分析方法 ········ 60
考点：现代的工作分析方法 ········ 61
Day 16 ·············· 62
考点：职位说明书的概念和内容 ······ 62
考点：编制职位说明书的注意事项 ···· 62
考点：工作研究概述 ············ 62
考点：作业能力 ·············· 63
Day 17 ·············· 64
考点：作业疲劳 ·············· 64
考点：劳动强度 ·············· 64
Day 18 ·············· 65
考点：提高作业能力水平和降低劳动疲劳
程度的措施 ·············· 65
考点：劳动安全与事故预防 ········ 65
考点：工作设计概述 ············ 66
Day 19 ·············· 67

考点：工作设计方法 ············ 67
参考答案及解析 ·············· 71

第六章 招募与甄选 ············ 77
Day 20 ·············· 77
考点：招募的内涵与战略 ·········· 77
考点：招募的基本程序 ·········· 78
Day 21 ·············· 79
考点：外部招募的主要渠道 ········ 79
考点：甄选的基本程序和参考依据 ···· 79
Day 22 ·············· 81
考点：甄选的主要方法 ·········· 81
参考答案及解析 ·············· 85

第七章 绩效管理 ············ 88
Day 23 ·············· 88
考点：绩效管理与绩效考核概述 ······ 88
考点：绩效考核体系 ············ 89
考点：绩效考核指标体系的构成 ······ 89
考点：绩效考核指标体系的设计 ······ 90
Day 24 ·············· 91
考点：排序法 ················ 91
考点：图尺度评价法 ············ 91
考点：配对比较法 ·············· 91
考点：强制分布法 ·············· 91
Day 25 ·············· 92
考点：关键事件法和不良事故评价法 ··· 92
考点：行为锚定法和行为观察量表法 ··· 92
参考答案及解析 ·············· 96

第八章 薪酬福利管理 ············ 99
Day 26 ·············· 99
考点：薪酬的概念及本质 ·········· 99
考点：薪酬的基本构成 ·········· 100
考点：影响薪酬设定的因素 ········ 100
考点：薪酬的作用 ·············· 100
Day 27 ·············· 102
考点：薪酬体系设计 ············ 102
考点：薪酬水平决策 ············ 102
考点：薪酬结构设计 ············ 103
考点：宽带式薪酬结构 ·········· 103
Day 28 ·············· 105
考点：个人奖励计划 ············ 105
考点：团队奖励计划 ············ 105
考点：短期和长期奖励计划 ········ 105

Day 29 ………………………………… 107	考点：员工援助计划的实施要点…… 136
考点：员工福利的概念及作用……… 107	*Day 37* ………………………………… 137
考点：员工福利的分类及构成……… 107	考点：影响企业执行员工援助计划的因素
考点：员工福利的管理……………… 107	……………………………………… 137
Day 30 ………………………………… 108	参考答案及解析…………………… 140
考点：典型福利计划………………… 108	
参考答案及解析…………………… 112	**第三部分　人力资源与社会保险政策**

第九章　培训与开发 ………………… 116

第十一章　劳动法律关系 …………… 145

Day 31 ………………………………… 116

Day 38 ………………………………… 145

考点：培训与开发的目的…………… 116

考点：劳动法的概念………………… 145

考点：培训与开发的类型…………… 116

考点：劳动法的调整对象…………… 146

考点：培训与开发的方法…………… 117

考点：我国劳动法的适用范围……… 146

考点：培训与开发体系……………… 118

考点：劳动法的重要原则…………… 147

Day 32 ………………………………… 119

Day 39 ………………………………… 148

考点：培训与开发的需求分析……… 119

考点：劳动法律关系的概念………… 148

考点：培训与开发计划的制订……… 119

考点：劳动法律关系的主体和客体　… 148

考点：培训与开发的实施…………… 119

考点：劳动法律关系的基本内容…… 148

考点：培训与开发的效果评估……… 119

考点：劳动法律关系的产生、变更和消灭

Day 33 ………………………………… 121

……………………………………… 149

考点：培训与开发的监督和改进…… 121

Day 40 ………………………………… 150

参考答案及解析…………………… 124

考点：劳动法的表现形式…………… 150

第十章　员工关系管理 ……………… 127

考点：劳动法确立的主要制度……… 150

考点：我国批准的国际劳工公约…… 150

Day 34 ………………………………… 127

参考答案及解析…………………… 152

考点：员工入职管理………………… 127

第十二章　就业与职业培训 ………… 154

考点：员工在职管理………………… 128

Day 41 ………………………………… 154

考点：员工离职管理………………… 129

考点：我国的就业政策……………… 154

考点：实习生管理…………………… 130

考点：用人单位在促进就业中的权利和

Day 35 ………………………………… 131

义务 ………………………………… 155

考点：员工手册……………………… 131

考点：对特殊就业群体的促进就业措施

考点：企业规章制度设计…………… 131

……………………………………… 155

考点：压力控制与管理……………… 132

考点：禁止使用童工的法律规定…… 155

考点：冲突管理……………………… 132

Day 42 ………………………………… 156

考点：职业倦怠……………………… 132

考点：公共就业服务………………… 156

考点：职业损伤与职业病…………… 133

考点：职业中介服务………………… 156

考点：过度劳动……………………… 133

考点：就业援助……………………… 156

考点：劳动保护……………………… 133

考点：失业预警制度………………… 157

Day 36 ………………………………… 135

考点：失业登记制度………………… 157

考点：员工援助计划在我国的发展　… 135

Day 43 ………………………………… 158

考点：员工援助计划的主要内容…… 135

考点：职业培训……………………… 158

考点：员工援助计划效果的测量…… 135

考点：职业资格制度的创立和改革　… 158

考点：员工援助计划的作用………… 135

考点：职业资格……………………… 158

考点：员工援助计划的执行模式…… 135

・ 3 ・

考点：职业标准体系……………… 158
　　考点：外国人在我国的就业……… 159
　Day 44 …………………………… 160
　　考点：港澳台居民在内地（大陆）就业
　　　　………………………………… 160
　　参考答案及解析…………………… 162
第十三章　招用人员…………………… 165
　Day 45
　　考点：用人单位自主用人权……… 166
　　考点：法定用工形式……………… 166
　　考点：特殊人员的使用…………… 166
　　考点：招聘………………………… 166
　　考点：就业登记…………………… 167
　　考点：录用条件…………………… 167
　　考点：职工名册…………………… 167
　Day 46 …………………………… 168
　　考点：劳动合同的概念…………… 168
　　考点：劳动合同法律特征………… 168
　　考点：劳动合同订立原则………… 168
　Day 47 …………………………… 169
　　考点：劳动合同的内容…………… 169
　　考点：订立劳动合同的时间……… 169
　　考点：劳动合同法律效力的确认… 170
　Day 48 …………………………… 171
　　考点：社会保险的概念…………… 171
　　考点：参加社会保险的范围……… 171
　　考点：社会保险登记……………… 171
　　考点：社会保险缴费……………… 171
　　考点：跨地区劳务派遣的社会保险… 171
　Day 49 …………………………… 172
　　考点：岗位设置…………………… 172
　　考点：公开招聘和竞聘上岗……… 172
　　考点：聘用合同…………………… 172
　　考点：考核和培训………………… 172
　　考点：奖励和处分………………… 172
　Day 50 …………………………… 174

　　考点：工资福利和社会保险……… 174
　　参考答案及解析…………………… 178
第十四章　劳动标准与劳动保护……… 183
　Day 51 …………………………… 183
　　考点：工作时间…………………… 183
　　考点：休息休假…………………… 184
　Day 52 …………………………… 186
　　考点：工资的概念………………… 186
　　考点：工资的基本构成形式……… 186
　　考点：工资支付…………………… 186
　Day 53 …………………………… 188
　　考点：特殊情况下的工资支付…… 188
　　考点：保障农民工工资支付制度… 188
　　考点：最低工资保障制度………… 188
　Day 54 …………………………… 190
　　考点：职工福利的内容…………… 190
　　考点：职工福利费………………… 190
　　考点：女职工和未成年工特殊劳动保护的
　　　　基本内容……………………… 190
　　考点：女职工禁忌从事的劳动范围 … 190
　　考点：女职工在经期、孕期、产期、哺乳
　　　　期的特殊劳动保护…………… 190
　　考点：未成年工特殊劳动保护的主要内容
　　　　………………………………… 191
　　考点：违反女职工、未成年工特殊劳动保
　　　　护规定的法律责任…………… 191
　　考点：高温作业劳动保护………… 192
　　考点：劳动保护费………………… 192
　　参考答案及解析…………………… 195
思维导图………………………………… 201
　Day 55 …………………………… 201
　Day 56 …………………………… 212
　Day 57 …………………………… 223
全真机考模拟…………………………… 231
　Day 58 至 *Day 60* ……………… 231

第一部分 组织行为学基础

第一章 个体心理与行为

学习指导

本章主要以概念型知识点为主,学习时需要对其中涉及的一些理论,如费斯汀格认知失调理论,与其他理论进行区分,并能够在做题时灵活运用。本章近几年主要以考查单选题、多选题为主,案例题出现的可能性较小。

学习本章需重点掌握各种理论的内容,不同理论之间容易混淆,需要通过多做练习题来区分记忆。

日期	考点
Day1	➢人格的概念 ➢人格的影响因素 ➢人格、情境与行为之间的关系 ➢精神分析和人本主义理论对人格的看法 ➢人格特质理论 ➢"大五"和"大七"人格理论 ➢人格特质在组织管理中的价值
Day2	➢智力 ➢智力结构的基本理论 ➢躯体能力 ➢能力与工作的匹配 ➢能力与知识和技能的区别 ➢领导的胜任特征
Day3	➢情绪和情感 ➢情绪的两极性 ➢表情 ➢情绪状态 ➢情绪的基本理论 ➢情绪的局限性

续表

日期	考点
Day4	➢ 态度的概念与成分 ➢ 态度形成的理论 ➢ 态度与行为的关系 ➢ 态度改变的理论
Day5	➢ 说服与态度的改变 ➢ 偏见 ➢ 价值观 ➢ 价值观的分类 ➢ 工作价值观 ➢ 中国人的价值取向 ➢ 自我价值定向理论

Day 1

✓ 考点：人格的概念

1. ［单选］（ ）是个体所具有的与他人相区别的独特而稳定的思维方式和行为风格，它是一个人在与社会相互作用过程中所形成的一个相对稳定的动力系统。
   A. 人格　　　　　　　　　　　　　B. 动机
   C. 性格　　　　　　　　　　　　　D. 需要

✓ 考点：人格的影响因素

2. ［单选］下列关于人格的说法，正确的是（ ）。
   A. 完全由先天遗传决定　　　　　　B. 完全由后天环境塑造
   C. 先天、后天共同作用　　　　　　D. 一成不变的

3. ［单选］下列关于人格的说法，正确的是（ ）。
   A. 一个人所受的教育对他的人格没有什么影响
   B. 人格是不稳定的，随时都会改变
   C. 人格在很大程度上受遗传影响
   D. 在环境因素中，教养方式的作用尤其重要

4. ［单选］以下选项中，（ ）属于影响人格的环境因素。
   A. 基因　　　　　　　　　　　　　B. 情境
   C. 人际关系　　　　　　　　　　　D. 物质基础

✓ 考点：人格、情境与行为之间的关系

5. ［单选］关于人格、情境与行为之间的关系，下列说法错误的是（ ）。
   A. 人格是一种结构化的内在系统
   B. 个体的行为方式不随时间的推移发生变化
   C. 人格是稳定的

D. 行为具有跨情境一致性

6. [多选] 关于情境的描述，下列说法正确的有（　　）。
   A. 在组织中情境压力比较大时，很难通过一个人的人格对他的工作行为进行预测
   B. 在组织中情境压力比较小时，很难通过一个人的人格对他的工作行为进行预测
   C. 行为的跨情境具有不一致性
   D. 人格是稳定的，个体行为方式和体验特点会随着时间的推移而发生变化
   E. 人格是结构化的外在系统

▼ 考点：精神分析和人本主义理论对人格的看法

7. [单选] 弗洛伊德描绘了一场人格的两个不同部分（　　）和（　　）之间无休止的战争，而这场战争由（　　）来协调。
   A. 自我，本我，超我　　　　　　　B. 本我，超我，自我
   C. 自我，超我，本我　　　　　　　D. 超我，自我，本我

8. [单选] 马斯洛将自我实现置于个人需要层次结构的顶点，这种观点属于人格理论中的（　　）。
   A. 精神分析理论　　　　　　　　　B. 人本主义理论
   C. 人格特质理论　　　　　　　　　D. "大五"人格理论

▼ 考点：人格特质理论

9. [多选] 下列关于人格特质理论的说法，错误的有（　　）。
   A. 奥尔波特提出人格结构有枢纽特质、核心特质、次要特质三个层面
   B. 卡特尔认为人格结构的基本元素就是特质
   C. 艾森克把人格维度划分为内外倾、神经质和精神质
   D. 特质理论深入揭示了行为背后的原因和机制
   E. 特质理论没有提供对个体当前人格的精确描述

10. [单选] 以下关于奥尔波特的人格特质理论的表述，错误的是（　　）。
    A. 枢纽特质是渗透于人格乃至遍及一个人全部活动的特质
    B. 核心特质也叫基本特质，它是人格的建筑构件
    C. 人格特质中的"统我"不是与生俱来的
    D. 人格特质是有组织的，不是零散的

▼ 考点："大五"和"大七"人格理论

11. [单选] 根据"大五"人格理论，（　　）高的人具有健谈、精力充沛、果断的特质。
    A. 外向性　　　　　　　　　　　　B. 愉悦性
    C. 尽责性　　　　　　　　　　　　D. 开放性

12. [单选] 西方的"大五"人格理论包括外向性、（　　）、尽责性、神经质和开放性。
    A. 依赖性　　　　　　　　　　　　B. 愉悦性
    C. 忠诚性　　　　　　　　　　　　D. 独立性

▽ 考点：人格特质在组织管理中的价值

13. ［单选］根据巴斯等人的观点，魅力型领导者的特征不包括（　　）。
    A. 具有魅力　　　　　　　　B. 性格特征
    C. 激发动机　　　　　　　　D. 智力激发

✎ 学习笔记

Day 2

考点：智力

1. [单选] 对市场调研员而言，应具备的最重要的智力要素是（　　）。
   A. 演绎能力　　　　　　　　　B. 记忆力
   C. 空间认知能力　　　　　　　D. 推理能力

2. [多选] 下列选项中，应具有较强的数学能力的人有（　　）。
   A. 投资商　　　　　　　　　　B. 工程师
   C. 摄影师　　　　　　　　　　D. 设计师
   E. 会计

考点：智力结构的基本理论

3. [单选] 根据加德纳的智力理论，智力结构可以分为（　　）。
   A. 空间知觉、记忆和推理
   B. 一般智力因素、特殊智力因素
   C. 方式、内容、产品
   D. 语言、音乐、空间和社交等八种智力

4. [单选]（　　）确定了智力的三个维度，构建了一个智力的立体三维结构模型。
   A. 加德纳　　　　　　　　　　B. 瑟斯顿
   C. 斯皮尔曼　　　　　　　　　D. 吉尔福特

考点：躯体能力

5. [多选] 下列关于躯体能力的说法，正确的有（　　）。
   A. 对躯体能力的要求与工作的技术含量有关
   B. 越是不需要技术的工作，越需要躯体能力
   C. 越是机械性的工作，越需要躯体能力
   D. 不同的工作在体能上有不同的要求
   E. 对躯体能力的要求与工作的技术含量无关

考点：能力与工作的匹配

6. [单选] 如果员工的能力完全超出了工作的要求，那么最可能出现的结果是（　　）。
   A. 节省组织人力成本　　　　　B. 提高工作绩效
   C. 丧失动机、兴趣　　　　　　D. 体验到无能和自卑

7. [多选] 下列有关能力的说法，正确的有（　　）。
   A. 能力是从事各种活动、适应生存所必需的且影响活动效果的心理特征的总和
   B. 一般情况下，我们把能力分为智力和躯体能力
   C. 员工的能力结构和水平与工作绩效没有直接联系
   D. 不同性质的工作对不同能力的要求不同
   E. 在组织实践中，能力常常是升职和晋升的依据之一

▼ 考点：能力与知识和技能的区别

8. ［多选］下列关于能力、知识和技能的说法，正确的有（   ）。
   A. 知识是概括化的心理特征
   B. 技能是概括化的行为模式
   C. 能力是概括化的经验系统
   D. 知识可以不断积累
   E. 能力发展到一定程度时就会定型

▼ 考点：领导的胜任特征

9. ［多选］心理学家麦克里兰提出，一名优秀的领导者应当具备的能力包括（   ）。
   A. 成就和行为   B. 服务意识
   C. 寻求支持   D. 认知能力
   E. 驱力水平

10. ［多选］威尔逊认为领导的胜任特征包括（   ）。
    A. 预测变化   B. 服务意识
    C. 寻求支持   D. 认知深度
    E. 驱力水平

✎ 学习笔记

Day 3

考点：情绪和情感

1. ［多选］下列说法正确的有（　　）。
   A. 情绪是与有机体的生理需要能否被满足相联系的体验
   B. 情感是与人的社会需要相联系的复杂而高级的体验
   C. 从产生顺序来看，情感体验发生在先，情绪反应在后
   D. 情绪往往由事物的表面现象引起
   E. 情感与人对事物的深刻体验和认识联系在一起

2. ［多选］情绪与情感的联系表现在（　　）。
   A. 二者属于同一性质的心理活动
   B. 情绪是情感的外在表现
   C. 离开具体的情绪表现，人的情感就无从表达
   D. 情感的变化受情绪的制约
   E. 在特定的时候，那些与生理需要相联系的情绪，会因受情感的社会内容的影响而改变它的原始形式

考点：情绪的两极性

3. ［单选］按照激动度划分，情绪可分为（　　）。
   A. 轻松和紧张　　　　　　　　　　B. 平静和激动
   C. 愉快和不愉快　　　　　　　　　D. 一般愤怒和大怒、暴怒

4. ［单选］根据快感度划分，情绪被分为（　　）。
   A. 轻松和紧张　　　　　　　　　　B. 平静和激动
   C. 愉快和不愉快　　　　　　　　　D. 一般愤怒和大怒、暴怒

考点：表情

5. ［单选］下列关于表情的说法，错误的是（　　）。
   A. 表情是情绪主观体验的外部表现形式
   B. 表情可以分为面部表情、身体表情和言语表情
   C. 言语表情是最重要的
   D. 面部表情直接反映一个人的情绪状态

6. ［单选］一个愉快的人说话时常常轻松流畅，而一个郁闷的人则措辞呆滞，这是使用了人类的（　　）。
   A. 面部表情　　　　　　　　　　　B. 身体表情
   C. 言语表情　　　　　　　　　　　D. 习惯表情

考点：情绪状态

7. ［单选］下列关于情绪状态的表述，错误的是（　　）。
   A. 人的情绪可以分为心境、激情和应激三种
   B. 心境是一种比较微弱、但不够持久的情绪体验状态

C. 应激是指出乎意料的事情发生而引起的高度紧张的情绪状态

D. 激情具有激动性和冲动性的特点

8. [单选] 看到喜爱的球队赢得比赛时，球迷欣喜若狂，此时球迷的情绪状态是（　　）。

   A. 应激   B. 心境

   C. 热情   D. 激情

▽ 考点：情绪的基本理论

9. [单选] 詹姆斯和兰格的情绪理论主要强调的是（　　）在情绪产生中的作用。

   A. 中枢神经系统   B. 外周生理活动

   C. 认知评价   D. 动机水平

▽ 考点：情绪的局限性

10. [单选] 以下说法错误的是（　　）。

    A. 全世界的人们，不管文化、种族、性别和教育差异，都会以相同的方式表达基本情绪

    B. 并不是所有的表情都有普遍性

    C. 所有文化都以同种方式表达所有情绪

    D. 各种不同文化下的人们在一致普遍的背景下表达的情绪是有差异的

学习笔记

Day 4

▼ **考点**：态度的概念与成分

1. [单选] 弗里德曼提出的态度成分不包括（   ）。
   A. 认知   B. 情感
   C. 体验   D. 行为倾向

2. [单选] 在态度成分中，与认知成分相对应的是（   ）。
   A. 刻板印象   B. 偏见
   C. 评价   D. 价值观

▼ **考点**：态度形成的理论

3. [单选] 在态度形成的主要理论中，（   ）认为人的态度和其他行为习惯一样，都是通过联结、强化、模仿等机制后天习得的。
   A. 认知失调理论   B. 学习理论
   C. 诱因理论   D. 认知一致性理论

4. [单选]（   ）认为态度的形成是对利益或损失进行衡量的过程。
   A. 学习理论   B. 认知一致性理论
   C. 诱因理论   D. 得失理论

5. [多选] 学习理论认为，态度是后天习得的，学习的机制包括（   ）。
   A. 联结   B. 体验
   C. 认知   D. 强化
   E. 模仿

▼ **考点**：态度与行为的关系

6. [多选] 通过态度预测行为的时候应该注意的因素有（   ）。
   A. 态度的特殊性水平   B. 空间因素
   C. 自我意识   D. 态度强度
   E. 态度的可接近性

7. [单选] 在通过态度预测行为时，首先看看态度是指向一般群体，还是指向特殊个体。这属于（   ）因素。
   A. 态度的特殊性水平   B. 时间因素
   C. 自我意识   D. 态度强度

8. [单选] 下列关于用态度预测行为的说法，正确的是（   ）。
   A. 态度的特殊性越高，用态度预测行为越准
   B. 个体内在自我意识越强，其态度行为的预测效率越低
   C. 态度的强度越弱，态度对行为的决定作用越大
   D. 态度的可接近性越大，态度对行为的影响越小

▼ 考点：态度改变的理论

9. [多选] 根据费斯汀格的认知失调理论，消除失调状态的方法不包括（　　）。
   A. 改变认知的重要性　　　　　　　　B. 增加认知
   C. 消除认知　　　　　　　　　　　　D. 改变行为
   E. 增加选择感

10. [单选] 小红正在减肥，但是昨晚她和多年不见的老朋友出去吃了一顿火锅。她的想法是，与老朋友见面比保持体形更加重要。小红使用的减少认知失调的方法是（　　）。
    A. 改变认知的重要性　　　　　　　　B. 改变态度
    C. 增加认知　　　　　　　　　　　　D. 减少选择感

11. [单选] 员工因不喜欢公司的制度，决定辞职。根据认知失调理论，其采用的减少认知失调的方法是（　　）。
    A. 改变态度　　　　　　　　　　　　B. 增加认知
    C. 改变认知的重要性　　　　　　　　D. 改变行为

✎ 学习笔记

Day 5

考点：说服与态度的改变

1. [单选] 下列关于说服与态度的改变的说法，错误的是（   ）。
   A. 一开始就同意说服者的观点时，单面说服效果好
   B. 外表漂亮的人在说服方面更有优势
   C. 在说服信息很简单的时候，视觉效果最好
   D. 信息唤起的恐惧感越增加，改变态度的可能性越大

2. [多选] 以下说法正确的有（   ）。
   A. 智商与说服的关系不大
   B. 自尊心较弱的人容易被说服
   C. 被说服者心情好的时候容易被说服
   D. 被说服者介入程度越深，态度改变越容易
   E. 过多的预先说服会使态度改变变得容易

3. [多选] 关于情境因素，下列说法恰当的有（   ）。
   A. 情境因素包括预先警告和分散注意
   B. 当个体对问题了解得很多时，预先警告会引起抗拒
   C. 当人们对该问题了解较少时，预先警告反而有助于态度改变
   D. 分散注意，能减少抗拒
   E. 分散注意，对改变态度不利

考点：偏见

4. [单选] 心理学家提出的消除偏见的方法不包括（   ）。
   A. 减少交流
   B. 平等接触
   C. 创造消除偏见的环境
   D. 对抗刻板印象

5. [多选] 下列关于偏见的说法，正确的有（   ）。
   A. 偏见与态度中的情感成分没有关系
   B. 社会群体间的利害冲突会导致偏见的产生
   C. 偏见是人们以不正确或不充分的信息为根据，形成的对他人或群体的片面甚至错误的看法和影响
   D. 具有权威主义人格的人易产生并固守偏见
   E. 偏见主要与态度的认知成分有关

考点：价值观

6. [多选] 关于价值观的特点，以下说法错误的有（   ）。
   A. 从价值观的主体角度考虑，它是一种个体现象
   B. 从价值观的表现形式看，它具有超越情境的特点
   C. 从价值观的层次上看，它是外显的也是内隐的
   D. 从价值观的功能看，价值观对行为具有解释、预测和导向的作用

E. 从价值观的主体角度考虑，它是一种社会现象、一种文化现象

▼ 考点：价值观的分类

7. ［单选］奥尔波特的六分类中，那些追求权力、地位和影响力的人的价值观属于（　　）。
   A. 宗教型
   B. 社会型
   C. 政治型
   D. 理论型

8. ［单选］从20世纪70年代开始，社会心理学家用"个人主义—集体主义"来衡量和（　　）有关的价值观。
   A. 金钱
   B. 性格
   C. 本能
   D. 文化

▼ 考点：工作价值观

9. ［单选］工作价值观也被称为职业价值观，其中内在工作价值包含的因素是（　　）。
   A. 独立性
   B. 工作环境
   C. 声望
   D. 安全感

▼ 考点：中国人的价值取向

10. ［多选］中国人的价值观取向包括（　　）。
    A. 以"己"为中心的价值观
    B. 以社会、关系、情境为中心的价值观
    C. 法规与宗教
    D. 追求道德水平
    E. 追求富贵

11. ［单选］社会学家费孝通先生于1947年提出了（　　）的概念，被认为是对传统中国人价值观的最深刻、最贴切、最形象的阐述。
    A. 自我价值
    B. 个人主义
    C. 集体主义
    D. 差序格局

12. ［单选］以自主性为重，强调的是个体如何经支配、控制、改变及利用自然环境与社会环境，以满足自我欲望的取向为（　　）。
    A. 社会取向
    B. 情境取向
    C. 自我取向
    D. 关系取向

▼ **考点**：自我价值定向理论

13. ［多选］下列关于自我价值定向理论的说法，正确的有（　　）。
    A. 它是我国心理学家金盛华多年来研究出来的一套理论
    B. 该理论的基本假设为人是理性的、社会性的动物
    C. 一个人的自我价值感取决于自我价值定位和自我价值支持
    D. 自我价值定位，即客观的自我价值依托资源
    E. 自我价值支持，即选择什么样的标准来评价自身的价值

✎ 学习笔记

本章学习检查表

知识点名称	初次学习		第一次复习		第二次复习	
	做对题目数/总题目数	学习日期	做对题目数/总题目数	复习日期	做对题目数/总题目数	复习日期
人格的概念						
人格的影响因素						
人格、情境与行为之间的关系						
精神分析和人本主义理论对人格的看法						
人格特质理论						
"大五"和"大七"人格理论						
人格特质在组织管理中的价值						
智力						
智力结构的基本理论						
躯体能力						
能力与工作的匹配						
能力与知识和技能的区别						
领导的胜任特征						
情绪和情感						
情绪的两极性						
表情						
情绪状态						
情绪的基本理论						
情绪的局限性						
态度的概念与成分						
态度形成的理论						
态度与行为的关系						
态度改变的理论						
说服与态度的改变						
偏见						
价值观						
价值观的分类						

第一章 个体心理与行为

续表

知识点名称	初次学习		第一次复习		第二次复习	
	做对题目数/总题目数	学习日期	做对题目数/总题目数	复习日期	做对题目数/总题目数	复习日期
工作价值观						
中国人的价值取向						
自我价值定向理论						

填写建议：

"做对题目数/总题目数"记录自己各知识点做题的情况，比如，某知识点总题目数10题，自己做对了其中7题，记录为7/10。

"学习日期"和"复习日期"记录自己学习和复习各知识点的日期。

<h2 style="text-align:center">备忘录</h2>

参考答案及解析

Day 1

1. A [解析] 心理学所说的人格是指个体所具有的与他人相区别的独特而稳定的思维方式和行为风格,它是一个人在与社会相互作用过程中所形成的一个相对稳定的动力系统。

2. C [解析] 人格受先天因素和后天因素共同作用影响,并非完全由先天遗传或完全由后天环境造成;人格是相对稳定的,这不是指它以一成不变的方式保持唯一的形态,而是指它在不同情境中随情境改变,以不同的态度与行为反应方式维系本质特征。

3. C [解析] 环境因素,包括教育背景等,对人格起着塑造作用,A 项错误;人格是一个相对稳定的动力系统,B 项错误;环境因素中,文化的作用尤其重要,D 项错误。

4. C [解析] 环境,如教养方式、教育背景、生活环境、社会经济基础、人际关系、个人体验等可以塑造人格。

● 考点再现

Q_{2-4} 人格的影响因素如表 1-1 所示。

表 1-1 人格的影响因素

影响因素	具体内容
遗传	人格由遗传决定,因此相对稳定。遗传奠定人格形成的物质基础,并不直接决定人格
环境	环境,如教养方式、教育背景、生活环境、社会经济基础、人际关系、个人体验等,可以塑造人格
情境	人格是相对稳定的,但随着情境因素改变,以不同的态度与行为反应方式维系本质特征。不同情境下的人格表现可能差异很大

5. B [解析] 首先,人格是一种结构化的系统;其次,人格是稳定的,贯穿人一生的东西是不会变的;最后,行为具有跨情境一致性。A、C、D 三项正确。行为的跨情境一致性并不是说在所有的情境下人们的行为都保持一致,具体的行为可能会随着环境变化而变化,B 项错误。

6. AD [解析] 在情境压力大的情况下,很难通过一个人的人格对他的工作行为进行预测,A 项正确,B 项错误。行为具有跨情境一致性,C 项错误。人格是稳定的,个体行为方式和体验特点会随着时间的推移而发生变化,D 项正确。人格是结构化的内在系统,E 项错误。

7. B [解析] 弗洛伊德描绘了一场人格的两个不同部分本我和超我之间无休止的战争,而这场战争由自我来协调。

8. B [解析] 人本主义心理学家认为,个体先天或后天的追求自我实现的动机会驱动个体一直向积极的方向发展和变化。马斯洛更是将自我实现置于个人需要层次结构的顶点。

9. DE [解析] 特质理论没有揭示行为背后的原因和机制;特质理论提供了对个体当前人格的精确描述。D、E 两项错误。

10. B [解析] 枢纽特质也叫基本特质;核心特质是人格的建筑构件。B 项错误。

考点再现

Q₉₋₁₀ （1）人格心理学家奥尔波特提出人格结构有三个层面。

①枢纽特质：也叫基本特质，指那些渗透于人格乃至遍及一个人全部活动的特质。它反映了一个人的主要情操和优势倾向，只有少数人有这样的特质。

②核心特质：指渗透性较差，但是具有一般意义的特性，它是人格的建筑构件。每个人的核心特质有5～10个。

③次要特质：指不明显、不受人注目、一致性和一般性较低的人格特质。

（2）奥尔波特的观点。

各种特质不是零散的，而是有组织的。

此观点假设有一个人格特质的组织者"统我"的存在，"统我"不是与生俱来的，而是逐渐发展起来的。

11. A[解析] 外向性高的人是健谈的、精力充沛的、果断的。

12. B[解析] "大五"人格理论包括外向性、愉悦性、尽责性、神经质和开放性。

考点再现

Q₁₁₋₁₂ "大五"人格模型如表1-2所示。

表1-2 "大五"人格模型

因素	双极定义
外向性	健谈的、精力充沛的、果断的/安静的、有保留的、害羞的
愉悦性	有同情心的、善良的、亲切的/冷漠的、好争吵的、残酷的
尽责性	有组织的、负责的、谨慎的/马虎的、不负责任的、轻率的
神经质	稳定的、冷静的、满足的/不稳定的、焦虑的、喜怒无常的
开放性	有创造性的、聪明的、开放的/简单的、肤浅的、不聪明的

13. B[解析] 心理学家巴斯等人用调查和访谈的方法区分出了有魅力领导者的四个特征：具有魅力、激发动机、智力激发、个人化的考虑。

Day 2

1. D[解析] 推理能力是指理解解决问题的原则并具有解决问题的能力，是市场调研员、治疗师、设计师、咨询师等应具备的最重要的智力要素。

2. ABE[解析] 数学能力是指解决数学问题，对数学关系进行理解和掌握的能力，会计、投资商、工程师等应具备较强的数学能力。

考点再现

Q₁₋₂ 基本的智力维度如表1-3所示。

表1-3 基本的智力维度

维度	定义	范例
言语能力	理解、使用口头和书面语言的能力	企业高层管理人员、教师、律师、部门主任
数学能力	解决数学问题，理解和掌握数学关系的能力	会计、投资商、工程师

续表

维度	定义	范例
推理能力	理解解决问题的原则并具有解决问题的能力	市场调研员、治疗师、设计师、咨询师
演绎能力	通过对事实的观察或评估得出适合的结论的能力	科研人员
关系类比能力	理解两个事物之间的联系，并将其运用于其他事物间的关系和情境中的能力	人类学家（考察文化和仪式之间的关系）
记忆能力	识记、保持和回忆句子的能力	口译专家
空间认知能力	判断物体的位置和排列，以及当物体的空间位置变化时，可以想象出物体形状的能力	室内装潢师、艺术家
知觉能力	辨认视觉上的模式和发现模式内以及模式间关系的能力	摄影师

3. D [解析] 加德纳认为智力不是一元的而是多元的，他归纳出八种智力：逻辑—数学、语言、自然主义、音乐、空间、身体运动、社交、自知。

4. D [解析] 吉尔福特确定了智力的三个维度，即智力的操作方式、内容和产品，三者构成一个智力的立体三维结构模型。

● 考点再现

Q_{3-4} 智力结构的基本理论如表1-4所示。

表1-4 智力结构的基本理论

代表人物	基本理论	观点
斯皮尔曼	二因素	智力分为一般智力因素（G因素）和特殊智力因素（S因素）。完成工作需要两种智力因素共同作用
瑟斯顿	七因素	智力分为七种原始能力：词的理解、词的流畅性、计数、空间知觉、记忆、知觉速度、推理 【速记口诀】两词两记（计）两知一推理
吉尔福特	三个维度	确定了智力的三个维度：智力操作的方式（如记忆、认知等）、内容（如语义、行为等）、产品（如关系、门类等）。三者构成智力的三维立体结构模型
加德纳	八种智力	智力是多元的，可归纳为八种：逻辑—数学、语言、自然主义、音乐、空间、身体运动、社交、自知

5. ABCD [解析] 对躯体能力的要求与工作的技术含量有关，越是不需要技术或越是机械性的工作，越需要躯体能力，不同的工作在体能上有不同的要求，E项错误。

6. C [解析] 如果员工的能力完全超出了工作的要求，会挫伤他的积极性，使其丧失动机、兴趣，降低工作绩效，同时还导致组织人力成本增加。

7. ABDE [解析] 在组织行为学中，能力是从事各种活动、适应生存所必需的且影响活动效果的心理特征的总和。一般情况下，我们把能力分为智力和躯体能力。不同性质的工作对不同能力的要求不同，在实践中，能力常常是升职和晋升的重要依据之一。

8. BDE [解析] 知识和技能与能力有关但又有所不同：①知识是概括化的经验系统；②技能是概括化的行为模式；③能力是概括化的心理特征；④能力发展到一定程度时就会定型；⑤知识和技能可以不断积累。

9. ABD [解析] 心理学家麦克里兰提出，一个优秀的领导者应该具备的能力包括：①成就和行为；②服务意识；③管理才能；④认知能力；⑤个人效能。

10. ACE [解析] 威尔逊把领导者的胜任特征简化为三个方面：预测变化、寻求支持、驱力水平。

Day 3

1. ABDE [解析] 从产生顺序来看，情绪反应在先，情感体验在后，C项错误。
2. ABCE [解析] 情绪的变化受情感的制约，D项错误。

> **●考点再现**
>
> Q_{1-2} 情绪和情感。
> (1) 情绪和情感在心理学家眼中并不相同，区别表现如表1-5所示。
>
> 表1-5 情绪和情感的区别
>
> | 类别 | 情绪 | 情感 |
> | --- | --- | --- |
> | 定义 | 是与有机体的生理需要能否被满足相联系的体验 | 是与人的社会需要相联系的复杂而高级的体验 |
> | 产生顺序 | 情绪反应在先 | 情感体验在后 |
> | 引起原因 | 由事物的表象引起，带有冲动性和爆发性，伴有生理反应 | 与人对事物的深刻体验和认识联系在一起 |
>
> (2) 情绪和情感属于同一性质的心理活动，有着紧密的联系。
> ①情绪是情感的外在表现，离开具体的情绪表现，人的情感就无从表达。
> ②情绪变化受情感制约，在特定的时候，那些与生理需要相联系的情绪，会因受情感的社会内容的影响而改变原始形式。

3. B [解析] 按照激动度划分，情绪可分为平静和激动。
4. C [解析] 根据快感度，情绪被分为愉快和不愉快。

> **●考点再现**
>
> Q_{3-4} 情绪的两极性可以从快感度、紧张度、激动度、强度来区分。
> (1) 按照快感度划分：愉快和不愉快。
> (2) 按照紧张度划分：轻松和紧张。
> (3) 按照激动度划分：平静和激动。
> (4) 按照强度划分：一般愤怒、大怒、暴怒。随着强度的增加，情绪对自我的支配作用越大。

5. C [解析] 面部表情是最重要的表情，直接反映一个人的情绪状态，C项错误。
6. C [解析] 言语表情是指语言中除了说话内容，说话的语调、速度、节奏等所包含的情绪信息。如一个愉快的人说话时常常轻松流畅，而一个郁闷的人则措辞呆滞，C项正确。

> **●考点再现**
>
> Q_{5-6} 表情是情绪主观体验的外部表现形式。心理学家常把表情分为三类。
>
> (1) 面部表情：是最重要的表情，最直接反映一个人情绪状态。相同的面部表情表达了相同的情绪。
>
> (2) 身体表情：一个人的姿势也在传递情绪信息，如点头表示满意、摇头表示反对。
>
> (3) 言语表情：指除了说话内容，说话的语调、速度、节奏等所包含的情绪信息。如一个高兴的人说话的时候常常轻松流畅，而一个郁闷的人则措词呆滞。

7. B [解析] 心境是一种比较微弱、持久而又具有渲染性的情绪体验状态，B项错误。

8. D [解析] 激情是一种强烈、短暂、爆发式的情绪状态，有明显的外在表现，如狂喜、绝望等。

> **●考点再现**
>
> Q_{7-8} 情绪状态的具体内容如表1-6所示。
>
> 表1-6 情绪状态
>
> | 项目 | 主要内容 | 示例 |
> | --- | --- | --- |
> | 心境（即心情） | 是一种微弱、持久而又具有渲染性的情绪体验状态。心境不针对具体事物，是在特定时间内的心理活动所感染的某种情绪色彩 | 如忧郁、得意等 |
> | 激情 | 是一种强烈、短暂、爆发式的情绪状态，有明显的外部表现。激情具有激动性和冲动性特点，当客观事物与人的要求发生异常冲突时，常常会产生激情 | 如狂喜、绝望等 |
> | 应激 | 指由于意外事情发生引起的高度紧张的情绪状态。此时，人的免疫系统会发生剧烈变化，长期处于应激状态的人，免疫系统会受到损害，从而导致疾病的产生 | 如丧偶、疾病 |

9. B [解析] 詹姆斯和兰格分别提出了强调外周生理活动的情绪理论。詹姆斯认为情绪是内脏器官和骨骼肌活动在脑内引起的感觉，兰格则强调血液系统的作用。他们都认为外周的生理活动是产生情绪变化的原因。

10. C [解析] 全世界的人们，不管文化、种族、性别和教育差异，都会以相同的方式表达基本情绪。但是，并不是所有的表情都具有普遍性，也不是所有文化都以同种方式表达所有情绪。不同文化下的人们在一致普遍的背景下表达的情绪是有差异的，C项错误。

Day 4

1. C [解析] 弗里德曼理论认为，态度是个体对某一特定事物、观念或他人稳固的心理倾向，包含三个组成成分：认知成分、情感成分、行为倾向成分。

2. A [解析] 与态度的认知成分相对应的是刻板印象，它代表着人们对其他团体的成员所持的共有信念。

第一章 个体心理与行为

> **●考点再现**
>
> Q_{1-2} 根据弗里德曼理论，态度包括三个组成成分。
> (1) 认知成分：指人们对外界对象的心理印象，包括事实、知识、信念。它是其余两个部分的基础。
> (2) 情感成分：指人们对态度对象肯定或者否定的评价以及由此引发的情绪情感。它是态度的核心与关键，会影响认知成分和行为倾向成分。
> (3) 行为倾向成分：指人们对态度对象所预备采取的反应，具有准备性质。它会影响到人们将来对态度对象的反应，但不等于态度的外显行为。

3. B ［解析］学习理论认为人的态度和其他行为习惯一样，都是通过联结、强化、模仿等机制后天习得的。

4. C ［解析］诱因理论认为态度的形成是对利益或损失进行衡量的过程，一个人采取的态度由他对收益或损失多少的判断而决定。

5. ADE ［解析］学习理论认为人的态度和其他行为习惯一样，都是通过联结、强化、模仿等机制后天习得的。

> **●考点再现**
>
> Q_{3-5} 关于态度的形成主要有三种理论，它们各有侧重点，又相互补充。
> (1) 学习理论：人的态度和其他行为习惯一样，都是通过联结、强化、模仿等机制后天习得的。
> (2) 诱因理论：态度的形成是对利益或损失进行衡量的过程，一个人采取的态度由他对收益或损失多少的判断而决定。
> (3) 认知一致性理论：人们有一种强烈的愿望，希望自己的认知结构具有一致性并赋予其意义，因此，人们普遍倾向于采取符合他们总体认知结构的态度。

6. ACDE ［解析］通过态度预测行为的时候应该注意五个方面的因素：态度的特殊性水平、时间因素、自我意识、态度强度、态度的可接近性。

7. A ［解析］态度的特殊性水平：在通过态度预测行为时，首先看看态度是指向一般群体，还是指向特殊个体。

8. A ［解析］通过态度预测行为应该注意的因素有：①态度的特殊性水平。态度的特殊性越高，其预测行为越准确（A项正确）。②时间因素。一般来说，在态度测量与行为发生之间的时间间隔越长，不可知事件改变态度与行为关系可能性越大。③自我意识。内在自我意识高的人较为关注自身的行为标准，因此用他的态度预测行为有较高的效度（B项错误）。④态度强度。与弱的态度相比，强烈的态度对行为的决定作用更大（C项错误）。⑤态度的可接近性。一般来说，来自直接经验的态度对行为的影响大，因为这类态度的可接近性大（D项错误）。

● 考点再现

Q6-8 通过态度预测行为应注意的因素如表1-7所示。

表1-7 通过态度预测行为应注意的因素

影响因素	内容
态度的特殊性水平	(1) 确定态度指向的是一般群体还是特殊个体 (2) 态度的特殊性越高，预测越准确
时间因素	态度测量与行为发生之间的时间间隔越长，不可知事件改变态度与行为的可能性越大。如在总统选举中，一周前的民意调查结果比一个月前的民意调查结果更为准确
自我意识	(1) 内在自我意识高的人关注自身的行为标准，用其态度预测其行为效度较高 (2) 公众自我意识高的人关注外在的行为标准，难以用他们的态度对其行为进行预测
态度强度	(1) 与弱的态度相比，强烈的态度对行为的决定作用更大 (2) 增强态度的途径包括要求更多的信息、让人们参与某些事情，反过来也可以用人们的参与来预测态度与行为的一致性
态度的可接近性	(1) 指态度被意识到的程度，越容易被意识到的态度，它的可接近性越大 (2) 来自直接经验的态度对行为的影响大，因为这类态度可接近性大

9. CE [解析] 消除认知失调状态的方法包括改变态度、增加认知、改变认知的重要性、减少选择感、改变行为。

10. A [解析] 改变认知的重要性是让一致性的认知变得重要，让不一致的认知变得不重要。题干言及"小红认为与老朋友见面比保持体形更重要"，由此可知小红使用的减少认知失调的方法是改变认知的重要性。

11. D [解析] 减少认知失调的几种方法中，改变行为是指使自己的行为不再与态度有冲突，辞职是一种行为的改变。

● 考点再现

Q9-11 减少认知失调的方法如表1-8所示。

表1-8 减少认知失调的方法

方法	主要内容	举例
改变态度	改变自己对行为的态度，使其与以前的行为一致	我喜欢吸烟，我不想真正戒掉我的烟瘾
增加认知	如果两种认知不一致，可以通过增加更多一致性的认知来减少失调	吸烟让我放松，有利于我的健康
改变认知的重要性	让一致性的认知变得重要，让不一致性的认知变得不重要	吸烟使我放松，此刻的放松比日后健康的身体还重要
减少选择感	让自己相信自己之所以做出与态度相矛盾的行为是因为自己没有其他选择	生活中有如此多的压力，我只能靠吸烟来缓解，别无他法
改变行为	使自己的行为不再与态度有冲突	我将再次戒烟，即使别人给也不抽

Day 5

1. D [解析] 在信息唤起的恐惧感超过某一个界限之后,人们的态度反而不会发生改变,D项错误。

2. ABC [解析] 智商与说服关系不大,只有在论点很难理解时,智商才起作用,A项正确;自尊心较弱的人由于对自己的不足很敏感,不太相信自己,容易被说服,B项正确;心情好的人在争论出现时介入较少,不愿意去进行较深入的考虑,容易被说服,C项正确;被说服者介入程度越深,态度改变越困难,D项错误;过多的预先说服会使态度改变变得困难,E项错误。

3. ABCD [解析] 情境因素包括预先警告和分散注意。当个体对问题了解得很多时,预先警告会引起抗拒;而当人们对该问题了解较少时,预先警告反而有助于态度改变。而分散注意能减少抗拒,对改变态度有利。

● 考点再现

Q_{1-3} 对说服效果产生重要影响的因素如表1-9所示。

表1-9 对说服效果产生重要影响的因素

影响因素	主要内容
说服者的因素	(1) 说服者的可信度(具有专长的人在说服他人时更有效) (2) 说服者是否值得他人信任(说服会从观点中获益则会被怀疑可靠性) (3) 说服者具有吸引力(外表漂亮、可爱乐观、具有吸引力、相似性等有助于提升说服力)
说服信息的因素	(1) 差距。说服者与被说服者所持态度之间的差距越大越不容易说服 (2) 恐惧。随着信息唤起的恐惧感增加,改变态度的可能性也增加,但是在信息唤起的恐惧感超过某一个界限之后,人们的态度反而不会发生改变 (3) 信息呈现方式。从传媒的角度来看,大众传播加上面对面的交谈效果要好于单独的大众媒体;说服信息非常复杂时,书面信息的效果好;信息简单时,视觉信息最好。被说服者已经处于争论中时,双面说服效果比单面好;当人们最初同意该信息时,单面说服效果较好
被说服者的因素	(1) 被说服者的人格: ①有些人能被任何形式和内容的信息所说服,此种人格称为可说服性人格,有些人相反 ②智商与说服关系不大,只有在论点很难理解时,智商才起作用 ③自尊心较弱的人对自己的不足很敏感,不太相信自己,容易被说服 (2) 被说服者心情:心情好的人在争论出现时介入较少,不愿意去进行较深入的考虑,容易被说服 (3) 被说服者介入程度:介入程度越深,态度改变越困难 (4) 被说服者自身免疫:过多的预先说服会使被说服者产生免疫,使态度改变困难 (5) 个体差异: ①认知需求高的人不容易被说服 ②高自我监控的人容易被说服 ③处于敏感期的少年更容易被说服
情境因素	(1) 预先警告:当个体对问题了解较多时,预先警告会引起抗拒;当对问题了解较少时,预先警告利于态度转变 (2) 分散注意:分散注意力能减少抗拒,对改变态度有利

4. A [解析] 为了消除偏见带来的负面影响，心理学家提出了一些可行的方法，包括对抗刻板印象、平等接触和创造消除偏见的环境。

5. BCD [解析] 偏见与态度有关，是与情感要素相联系的倾向性，A、E两项错误。偏见是人们以不正确或不充分的信息为根据，形成的对他人或群体的片面甚至错误的看法和影响，社会群体间的利害冲突会导致偏见的产生，具有权威主义人格的人易产生并固守偏见，B、C、D三项正确。

6. BC [解析] 从价值观的主体角度考虑，价值观是一种个体现象，又是一种社会现象，还是一种文化现象，A、E两项正确。从价值观的层次看，价值观具有超越情境的特点；从价值观的表现形式上看，价值观是外显的也是内隐的，B、C两项错误。从价值观的功能看，价值观对行为具有解释、预测和导向的作用，D项正确。

7. C [解析] 奥尔波特的六分类认为经济型的人具有务实的特点，对有用的东西感兴趣；理论型的人具有智慧、兴趣，以发现真理为主要追求；审美型的人追求世界的形式和谐，以"美"的原则（如对称、均衡、和谐等）评价事物；社会型的人追求友爱和谐、公平正义；宗教型的人认为统一的价值高于一切，信神或追求天人合一等；政治型的人重视权力、地位和影响力。

8. D [解析] 从20世纪70年代开始，社会心理学家用"个人主义—集体主义"来衡量和文化有关的价值观。

9. A [解析] 内在工作价值包括利他主义、独立性、审美、创造性、智慧激发、成就感和权力管理。外在工作价值包括工作环境、与上级的关系、与同事的关系和变化性。外在报酬包括生活方式、声望、经济报酬和安全感。

10. AB [解析] 中国的传统文化对中国人的价值观形成具有举足轻重的作用，这种价值观的特点有：以"己"为中心的价值观，以社会、关系、情境为中心的价值观。

11. D [解析] 社会学家费孝通先生于1947年提出了"差序格局"的概念，被认为是对传统中国人价值观的最深刻、最贴切、最形象的阐述。

12. C [解析] 自我取向以自主性为重，强调的是个体如何经由支配、控制、改变及利用自然环境与社会环境，以满足自我欲望。

13. ABC [解析] 自我价值定向理论是心理学家金盛华多年来研究出的一套理论。该理论的基本假设为人是理性的、社会性的动物，一个人的自我价值感取决于两个因素：一个是自我价值定位，即选择什么样的标准来评价自身的价值；另一个是自我价值支持，即客观的自我价值依托资源。

本章强化测试

第二章 团体心理与行为

学习指导

本章以概念型、理论型知识点为主,重要考点包括团体概述、团体规范、团体压力、团体凝聚力和团体的社会影响,考查较为集中,多以单选题、多选题的形式考查,建议采用"理解+记忆"的方法,对教材内容熟练掌握。

本章内容比较多,切忌死记硬背,注意区分,不要混淆,强化理解记忆,可搭配习题进行记忆。

日期	考点
Day6	➢团体概述 ➢团体规范 ➢团体压力 ➢团体凝聚力 ➢团体的社会影响
Day7	➢沟通概述 ➢沟通障碍 ➢沟通方式
Day8	➢团体决策概述 ➢团体极化与团体思维
Day9	➢团体决策的常用方法

Day 6

▽ **考点**:团体概述

1. [单选]由两个或两个以上相互影响、相互依赖的成员结成的集合体叫作(　　)。

　　A. 群众　　　　　　　　　　B. 组织
　　C. 团体　　　　　　　　　　D. 观众群

2. [单选]下列选项中,不属于团体的是(　　)。

　　A. 一个家庭
　　B. 学校里的社团
　　C. 工作单位的一个部门
　　D. 一场球赛中的球迷

3. [单选] 下列关于团体的说法，正确的是（　　）。
   A. 团体活动和团体目标对于人们具有吸引力
   B. 加入团体无法满足人们的人际需要
   C. 个人对于自己的归类不会影响团体的形成
   D. 团体没有任何条件也可以形成

4. [单选] 形成团体的直接动机是（　　）。
   A. 团体活动和团体目标的吸引力
   B. 满足人际需要
   C. 成就感
   D. 自我价值实现

5. [单选] 一个单位中的财务部门属于团体类型中的（　　）。
   A. 任务团体   B. 指挥团体
   C. 利益团体   D. 联谊团体

6. [单选] 在团体发展的（　　）时期，各派竞争力量形成一种试探性的平衡，开始以一种合作的方式组合在一起。
   A. 形成   B. 冲突
   C. 规范   D. 结束

7. [多选] 与异质性团体相比，同质性团体的优势有（　　）。
   A. 成员之间易于相处
   B. 容易促进团体的变革
   C. 决策质量高
   D. 成员之间易于分享信息
   E. 决策时能够提出更多有效的建议

▼ 考点：团体规范

8. [单选] （　　）是对个体在特定场合下行为的一种期望。
   A. 团体发展   B. 团体压力
   C. 团体规范   D. 团体凝聚力

9. [多选] 下面关于团体规范的说法，正确的有（　　）。
   A. 在组织管理中，规范通常被分为正式规范和非正式规范
   B. 正式规范的存在范围更广
   C. 团体规范可以减少成员的惰性
   D. 团体规范有助于团体维持一致性
   E. "不得背叛同伙"属于正式规范

▼ 考点：团体压力

10. [多选] 影响个体从众行为的因素有（　　）。
    A. 团体凝聚力   B. 团体一致性
    C. 团体规模   D. 积极的情绪

E. 强调顺从的互惠性

11. [单选] 在超市里，张某请求一名陌生人帮自己看管一下刚刚购买的商品，当对方同意之后，又向对方提出帮自己把商品提上车的请求。张某在超市中使用的这种增加他人顺从可能性的技巧，称为（　　）。
    A. 门前技巧　　　　　　　　B. 滚雪球技巧
    C. 折扣技巧　　　　　　　　D. 脚在门槛内技巧

▽ 考点：团体凝聚力

12. [多选] 以下说法正确的有（　　）。
    A. 长时间的相处不容易提高团体凝聚力
    B. 加入团体的难度越大，可能性越小，成员的凝聚力越大
    C. 团体规模越大，凝聚力往往可能会越小
    D. 团体的同质性越高，凝聚力越强
    E. 外在威胁来临，团体成员会更团结

▽ 考点：团体的社会影响

13. [多选] 减少社会懈怠的途径有（　　）。
    A. 使个体的贡献可以被衡量和界定
    B. 使成员感到自己的工作对团体是重要的、有价值的
    C. 控制团体的规模
    D. 增强凝聚力
    E. 提高福利待遇水平

✏️ 学习笔记

Day 7

考点：沟通概述

1. ［单选］（ ）是指一个人对某个人角色的知觉或期望与其他人有所不同时的一种矛盾的心态。
   A. 沟通障碍　　　　　　　　B. 角色冲突
   C. 角色　　　　　　　　　　D. 角色期望

2. ［多选］团体沟通的作用主要包括（ ）。
   A. 控制行为　　　　　　　　B. 过滤
   C. 表达情感　　　　　　　　D. 激励
   E. 编码信息

3. ［单选］在沟通过程中，信息接收者告知信息传递者收到信息并做出反应的过程称为（ ）。
   A. 信息编码　　　　　　　　B. 信息接受
   C. 信息接收　　　　　　　　D. 信息反馈

考点：沟通障碍

4. ［单选］管理者若对某下属的工作不满，则会更多地关注此下属表现不佳的信息，这种妨碍沟通的因素称为（ ）。
   A. 过滤作用　　　　　　　　B. 选择性知觉
   C. 情绪因素　　　　　　　　D. 语言理解力

5. ［单选］妨碍沟通的因素中，（ ）是指信息传递者为迎合接收者的需要，故意操纵信息传递，对信息进行筛选和整合。
   A. 过滤作用　　　　　　　　B. 选择性知觉
   C. 情绪因素　　　　　　　　D. 语言理解力

6. ［多选］克服沟通障碍的途径包括（ ）。
   A. 利用反馈　　　　　　　　B. 精简语言
   C. 主动倾听　　　　　　　　D. 情绪控制
   E. 双向交流

考点：沟通方式

7. ［多选］总的来说，沟通方向可以分为（ ）。
   A. 垂直沟通　　　　　　　　B. 横向沟通
   C. 下行沟通　　　　　　　　D. 上行沟通
   E. 环状沟通

8. ［单选］由五个成员组成的新产品研发小组，内部一般应该采用的沟通形式是（ ）。
   A. 链状沟通　　　　　　　　B. Y型沟通
   C. 环状沟通　　　　　　　　D. 交错型沟通

9. [单选] 下列不属于小道消息特点的是（　　）。
   A. 簇式传播　　　　　　　　　　B. 具有一定准确性
   C. 难以防止　　　　　　　　　　D. 传播速度极快

10. [单选] 组织中的小道消息在沟通中往往具有一定的准确性，研究表明，在正常的工作环境中，有（　　）的小道消息是准确的。
    A. 1/3　　　　　　　　　　　　B. 1/2
    C. 2/3　　　　　　　　　　　　D. 3/4

✎ 学习笔记

Day 8

▼ 考点：团体决策概述

1. [单选]（　　）是指由多人共同完成的决策过程。

    A. 团体决策

    B. 团体形成

    C. 团体极化

    D. 团体思维

2. [单选] 下列属于团体决策的优势的是（　　）。

    A. 团体压力难以克服

    B. 耗费时间

    C. 责任模糊

    D. 信息全面、完整

3. [单选] 关于团体决策和个人决策之间的区别，下列说法错误的是（　　）。

    A. 团体决策更加耗费时间

    B. 团体决策容易产生责任模糊的情况

    C. 团体决策任何时候都要好于个人决策

    D. 个人决策速度更快

▼ 考点：团体极化与团体思维

4. [单选] 在团体决策时，人们往往更倾向于冒险或保守，从而背离最佳决策，这种现象称为（　　）。

    A. 团体思维

    B. 社会促进

    C. 团体极化

    D. 社会懈怠

5. [单选] 下列关于预防或减少团体思维的方法，错误的是（　　）。

    A. 轮流引入新成员

    B. 邀请局外人参与

    C. 指定一位成员专门对其他人的论点提出质疑

    D. 减少团体成员的数量

✎ 学习笔记

Day 9

考点：团体决策的常用方法

1. ［单选］下列关于头脑风暴法的说法，错误的是（　　）。
   A. 它是鼓励创造性思维的常用方法
   B. 它的基本原则是坚持迟延评判和量变酝酿质变
   C. 它是兰德公司使用的技术
   D. 它旨在营造一种鼓励大家畅所欲言的氛围

2. ［单选］不需要安排团体成员面对面进行讨论的团体决策方法是（　　）。
   A. 头脑风暴
   B. 德尔菲技术
   C. 具名团体技术
   D. 阶梯技术

3. ［案例］某企业是一家民营企业，企业的所有事情都是创始人张总一个人说了算，其他人基本上没有发言权。该企业通过股权改革在深圳创业板上市后很快就出现了意想不到的情况。由于生产规模的扩大，企业的效益不断下降。于是张总责成人力资源部拿出一个解决方案。人力资源部分析了企业的实际情况后，提出按照现代企业制度来完善企业的决策机制，改变以往一个人说了算的局面，由董事会对重大问题进行集体决策。该方案得到张总的支持，并在企业中实施。但方案实施在初期并不顺利，董事会成员还是不愿意表达自己的反对意见，依然是张总一个人的意见左右了大家的意见。为了改变这一局面，人力资源部建议企业董事会采用具名团体技术进行决策。半年过去了，企业的面貌发生了翻天覆地的变化。

   根据以上材料，回答下列问题：
   （1）与个体决策相比，团体决策的优势包括（　　）。
   A. 可以让更多的人参与决策
   B. 使决策有更多的选择余地
   C. 使决策更加节省时间
   D. 使决策更具合法性
   （2）在董事会决策中，董事会成员被张总的意见所左右的现象称为（　　）。
   A. 团体思维　　　　　　　　　B. 团体极化
   C. 冒险转移　　　　　　　　　D. 头脑风暴
   （3）下列关于具名团体技术的说法，正确的是（　　）。
   A. 具名团体技术是以口头形式完成的
   B. 团体成员在决策前应尽量不进行沟通
   C. 具名团体技术不限制时间
   D. 团体成员可以从别人那里获得灵感

4. ［案例］心理学家用两个经典实验研究了人类的从众和服从行为。阿希研究中的实验任务非常清晰，他先让被试者听到其他人做出三条线段中哪一条与标准线段相等的判断，然

后让被试者做出自己的判断,结果发现,当其他人一直给出一个错误的答案后,有37%的被试者会从众。

米尔格拉姆通过实验发现,在权威合法、命令者距离近、受害者距离远以及没有一个不服从的榜样时,65%的成年男性完全服从命令,会对无辜受害者实施伤害性的电击。

这两个经典的实验揭示出了情境的力量,行为和态度是会相互强化的,一个小的恶劣行为可以改变一种态度,进而导致大的恶劣行为的发生,当面对恶劣的环境时,好人也会做出令人斥责的行为。

根据以上材料,回答下列问题:

(1) 下列关于阿希研究的说法,正确的是(　　)。

A. 阿希研究考察了团体规范的形成

B. 阿希研究说明了情境的力量对个人行为的影响很大

C. 其他人的一致性对从众有影响

D. 命令者的距离不影响个体的从众行为

(2) 米尔格拉姆关于服从的研究表明了(　　)。

A. 多数被试者能够顶住压力而不服从

B. 人们只有在模糊的情境中才会服从

C. 人们倾向于服从地位较高的人的命令

D. 服从是人们的基本倾向

(3) 下列关于从众的说法,正确的是(　　)。

A. 从众的人一定是感受到了真实的压力

B. 在凝聚力大的团体中,成员从众的压力并不一定大

C. 团体规模越大,从众压力越大

D. 人们为了得到他人的支持而从众是规范性压力起作用的例证

(4) 下列关于团体规范的说法,正确的有(　　)。

A. 团体的非正式规范常常需要通过正式文件进行明文规定

B. 非正式规范的影响范围小于正式规范

C. 团体成员违反了正式规范也会受到组织的惩罚

D. "枪打出头鸟"的说法反映了规范的惰性作用

5. [案例] 苏联心理学家彼得罗夫斯基以中学生为研究对象设计了一个实验:给学生一份问卷,问卷中有几个关于道德问题的判断,要求学生对这些判断表示赞成或反对。问题很简单,每个学生都能根据公认的准则做出回答。过了一段时间之后,把这些关于道德问题的判断列入一张更长的项目单之中,而在学生回答之前给予暗示,说明其他人都赞成错误的判断。在这种情况下,只有极少数人接受暗示、屈从压力而改变其原来的主意,绝大多数人并没有改变主意。

根据以上材料,回答下列问题:

(1) 参加实验的学生最可能形成的团队类型是(　　)。

A. 指挥团体　　　　　　　　　　　B. 利益团体

C. 任务团体 D. 联谊团体

（2）下列关于该实验结果的说法，错误的有（　　）。

A. 团体压力并不是人们改变主意的关键因素

B. 一个人接受多数人的意见，必然是屈服与压力，怕被孤立

C. 人们改变意见是为了与团体保持一致

D. 当团体的意见出现原则性错误，大多数人会从众

（3）影响个体从众的因素主要有（　　）。

A. 团体人数 B. 团体凝聚力和团体一致性

C. 成员在团体中的地位 D. 成员的家庭背景

学习笔记

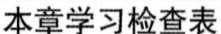

本章学习检查表

知识点名称	初次学习		第一次复习		第二次复习	
	做对题目数/总题目数	学习日期	做对题目数/总题目数	复习日期	做对题目数/总题目数	复习日期
团体概述						
团体规范						
团体压力						
团体凝聚力						
团体的社会影响						
沟通概述						
沟通障碍						
沟通方式						
团体决策概述						
团体极化与团体思维						
团体决策的常用方法						

填写建议：

"做对题目数/总题目数"记录自己各知识点做题的情况，比如，某知识点总题目数10题，自己做对了其中7题，记录为7/10。

"学习日期"和"复习日期"记录自己学习和复习各知识点的日期。

备忘录

参考答案及解析

Day 6

1. C [解析] 团体是指两个或两个以上互相影响、互相依赖的人，为了完成特定的目标而结合在一起的集合体。

2. D [解析] 团体是指两个或两个以上互相影响、互相依赖的人，为了完成特定的目标而结合在一起的集合体。但纯粹统计意义上的集合，如一场球赛中的球迷，并不能称为团体，因为他们彼此并不认识，相互之间影响的范围也非常有限。

3. A [解析] 团体活动和团体目标对人们具有吸引力，A项正确；加入团体可以满足人们的人际需要，B项错误；个人对自己的归类会影响团体的形成，C项错误；团体的形成是需要一定条件的，D项错误。

4. A [解析] 团体的形成主要取决于以下几个方面：①团体活动和团体目标对我们具有吸引力；②加入团体可以满足人们的人际需要；③个人对自己的归类也会影响团体的形成。其中，团体活动和团体目标对我们具有吸引力，为我们提供了形成团体的直接动机。

5. B [解析] 团体一般分为正式团体和非正式团体，正式团体又可以分为指挥团体、任务团体和团队。指挥团体由一群下属和直属上级组成，这些下属都向同一个上级报告，这种团体非常常见，如财务部、市场部、销售部等，B项正确。

6. C [解析] 团体的发展可经历以下五个阶段：①形成期。团体存在的目标、结构、从属关系尚不明确。②冲突期。团体内存在比较大的冲突。③规范期。经过一定时期的相互作用，团体的规范开始形成，团体的凝聚力也不断增强。各派竞争力量形成一种试探性的平衡，开始以一种合作的方式组合在一起（C项正确）。④产出期。团体开始发挥作用，成员开始把注意力转向团体外部，转向任务，开始实现团体目标。⑤结束期。团体完成目标后解散，长期性工作的团体不会经历这个阶段。

7. AD [解析] 同质性团体有两个方面的优势：①成员间有较高的相似性，所以比较好相处；②成员间易于分享信息，较少发生冲突，更容易交流与合作。A、D两项正确。B、C、E三项描述的均为异质性团体的优点。

8. C [解析] 团体规范并不对成员的一言一行加以约束，而是作为一种准绳，划定了团体可接受的范围，并要求团体成员一致遵守。实际上，团体规范是对个体在特定场合下行为的一种期望。C项正确。

9. AD [解析] 从规范的存在范围来看，非正式规范的存在范围更广，B项错误；团体规范具有惰性作用，它要求成员既不能表现得太好，也不能表现得太差，而是保持在一个适中的水平上，C项错误；"不得背叛同伙""不要偷懒，让别人受累"等规范属于非正式规范，E项错误。

10. ABC [解析] 团体压力通常有三种表现形式，即从众、顺从、服从。在一个团体中，有许多因素会影响个体的从众行为，其中最重要的包括团体凝聚力、团体一致性和团体规模。一般情况下，凝聚力大的团体促使成员从众的压力也大，一致性高的团体，成员越容易从众，团体规模越大，成员越容易从众。

11. D [解析] 常见的增加他人顺从可能性的技巧包括几种，如表2-1所示。

表2-1 常见的增加他人顺从可能性的技巧

技巧	主要内容
脚在门槛内技巧	向他人提出一个较小的要求，在对方接受后再提一个较大的要求，新的要求被接受的可能性大
门前技巧	向他人提出一个较大的要求，被拒绝后再提一个较小的要求，则小要求被接受的可能性增加
折扣技巧	先向他人提出一个很大的要求，在对方回应前赶紧打折扣或给好处，则对方可能接受
滚雪球技巧	起初要求被接受后，告诉他人，由于自己的要求被低估，又重新修改之前的提案，增加新的要求或价码，对方更有可能接受新的要求

由题干可知，张某采用的技巧是脚在门槛内技巧。

12. BCDE [解析] 影响团体凝聚力的因素有很多，可以总结为：相处的时间、加入团体的难度、团体规模、团体的同质性、外在威胁、过去成功的经验。长时间的相处更容易提高团体凝聚力，A项错误。

13. ABC [解析] 管理者可以通过三种途径减少社会懈怠：①使个体的贡献可以被衡量和界定；②使成员感到自己的工作对团体是重要的、有价值的；③控制团体的规模。

Day 7

1. B [解析] 角色冲突是指一个人对某个人角色的知觉或期望与其他人有所不同时的一种矛盾的心态。

2. ACD [解析] 团体沟通的作用包括控制、激励、情感表达、信息流通。

3. D [解析] 一个沟通过程包括产生想法、编码、传递、接收、解码、采纳、使用、反馈。其中，反馈过程指接收者告知信息传递者收到信息并做出反应，D项正确。

4. B [解析] 妨碍沟通的因素主要有：过滤作用、选择性知觉、情绪因素、语言理解力。其中，选择性知觉是指接收者根据自己的需要、动机、经验、地位、背景及其他个人特点，有选择地去看或听信息。知觉的选择性无疑会影响信息接收者对信息的拾取和处理。例如，管理者如果对某名员工的工作不满，就会更多地注意证明此员工表现不佳的信息。B项正确。

5. A [解析] 过滤作用是指信息传递者为迎合接收者的需要，故意操纵信息传递，对信息进行筛选和整合。

◆考点再现

Q_{4-5} 妨碍沟通的因素如表2-2所示。

表2-2 妨碍沟通的因素

因素	含义
过滤作用	信息发出者为迎合接收者的需要，故意操纵信息传递，对信息进行筛选与整合。员工有一种自然的倾向，他们只向主管报告他们认为主管想听的内容。如果组织层级越复杂，过滤作用就越大，信息失真的可能性和程度就越大
选择性知觉	接收者根据自己的需要、动机、经验、地位、背景及其他个人特点有选择地去看或听信息。例如，管理者如果对某名员工的工作不满，则会更多地注意证明此员工表现不佳的信息；对同一份项目报告，生产部的经理更关注生产技术的可行性，而财务部的经理更关注投资项目的回报率

续表

因素	含义
情绪因素	信息中常常会夹杂着一些情绪性内容，它们同信息的本意无关。同样的信息，情绪好和不好时，接收者的感受会不同，反应、处理方式也可能不同
语言理解力	对于同样的表达，人们有时并不会产生完全一致的理解，因为不同的人处理语言的能力不同。例如，非专业人员很难理解专业人员的术语，只受过初等教育的工人可能并不能完全理解书面的工作要求

6. ABCD [解析] 克服沟通障碍的途径包括利用反馈、精简语言、主动倾听、情绪控制。

7. AB [解析] 沟通的方向可以分为垂直沟通和横向沟通两大类。垂直沟通分为下行沟通和上行沟通。

8. D [解析] 交错型沟通是指沟通圈里的所有人之间都可以进行信息交换，它是最不具层次结构性的沟通形式，沟通方向很活跃。

9. A [解析] 小道消息的特点包括：①具有一定的准确性；②传播速度极快；③难以防止。

10. D [解析] 研究表明，在正常的工作环境中，有3/4的小道消息是准确的。

Day 8

1. A [解析] 团体决策是指由多人共同完成的决策过程。

2. D [解析] 团体决策的优势有：①信息全面、完整；②选择余地大；③可以降低错误发生率；④提高对最终决策的认同感；⑤增强决策的合法性。A、B、C三项均为团体决策的缺点。

3. C [解析] 平均而言，团体决策高于一般的个体决策，但团体决策并不是好于所有的个体决策，而是比团体中各成员决策平均水平要好，却常常低于最佳的个体决策。如果以决策速度为指标，那么团体决策通常更慢。如果以创造性为指标，那么团体决策创造性更好，团体对一些问题经常能提供更好、更多的解决方案。C项说法过于绝对。

4. C [解析] 团体极化是指在团体中进行决策时，人们往往会比个人决策时更倾向于冒险或保守，向某一个极端偏斜，从而背离最佳决策。

5. D [解析] 预防或减少团体思维的方法有：①在团体决策时指定一位成员专门对其他人的论点提出质疑，探究支持论据，以及对其他人的逻辑提出挑战，提供一系列建设性的批评意见。这种方法保证了团体决策时保持理性的、清晰的思路。②轮流引入新成员，邀请局外人参与，在最终决定前暂停，给成员最后一个机会来确定并说出自己的保留意见。

Day 9

1. C [解析] 头脑风暴法是为克服团体压力抑制不同见解而设计的，是鼓励创造性思维的常用方法，A项正确。其基本原则是迟延评判和量变酝酿质变，B项正确。兰德公司使用的技术是德尔菲技术，不是头脑风暴法，C项错误。头脑风暴法旨在营造一种鼓励大家畅所欲言的氛围，D项正确。

2. B [解析] 德尔菲技术最早是由著名智囊团——兰德公司使用的技术，与一般团体决策方法不同的是，它不安排团体成员见面讨论，B项正确。

3. (1) ABD [解析] 团体决策的优势包括：①信息全面、完整；②选择余地大；③可以降低错误发生率；④提高对最终决策的认同感（更多的人参与决策）；⑤增强决策的合法性。

（2）A［解析］团体思维是指在团体中就某一问题或事宜的提议发表意见时，有时会长时间处于集体沉默状态，没有人发出见解，而后人们又表示一致同意。案例中，董事会成员不愿意表达自己的反对意见，依然是张总一个人的意见左右了大家的意见，属于团体思维。

（3）B［解析］具名团体技术在决策时融合书面形式，A项错误；决策的时间受到严格的控制，C项错误；具名团体技术的缺点为：写出意见时没有机会从别人那里获取灵感，得到启发，D项错误。

4．（1）BC［解析］组织中情境性压力比较大，会迫使员工做出某种行为方式。一种观点认为，人们从众是因为感受到了信息性的压力，即通过从众从别人那里获得信息。另一种观点认为，人们从众是因为感受到了规范性的压力，即人们为了得到社会支持，避免非难而从众。

（2）CD［解析］服从是指在他人的直接命令下做出某种行为的倾向。很多时候，人们会服从于地位较高的人或权威人士的命令；实验说明，服从是人的一种基本倾向。

（3）D［解析］从众是指团体成员在真实或想象的团体压力之下，表现出在观点和行为上同团体或团体中大多数人保持一致的现象。影响因素：第一，团体凝聚力。凝聚力大的团体促使成员从众的压力也大。第二，团体一致性。第三，团体规模。团体规模越大，成员越容易从众。但也要注意，团体规模的影响并不是无限的，当团体人数达到4人时，团体对个体的影响最大，超过了这个规模，影响不再增加，有时反而会减小。

（4）D［解析］团体规范常被分为正式规范和非正式规范。正式规范存在于正式组织中，往往用正式文件明文规定，且由上级或团体中的其他成员监督执行，违反它会受到来自组织的正式惩罚。非正式规范是成员约定俗成的无明文规定的行为准则，违反它不会受到来自组织的正式惩罚。从规范存在的范围看，非正式规范存在范围更广，它既存在于非正式团体，也存在于正式团体。团体规范也具有惰性作用，例如表现过于出色，就可能会感受到来自其他成员的压力，使他降低努力水平。

5．（1）C［解析］正式团体可以分为：①指挥团体。在组织中非常常见。②任务团体。任务完成后常被解散。③团队。团队成员之间存在高水平的交互作用。非正式团体分为利益团体、联谊团体。

（2）BD［解析］人们为什么会有从众行为：①因为感受到了信息性的压力，即通过从众从别人那里获得信息；②因为感受到了规范性的压力，即人们为了得到社会支持，避免非难而从众。

（3）AB［解析］影响从众行为的因素包括团体凝聚力、团体一致性、团体规模。

本章强化测试

第三章 工作态度与行为

> **学习指导**
>
> 本章历年考试分值不高,主要集中在工作满意度和员工表达不满的方法上。总体难度不大,学习时可结合自身经历,通过做题加强理解。

日期	考点
Day10	➢ 工作满意度的概念、特点及决定因素 ➢ 工作满意度的理论模型 ➢ 工作满意度的影响后果 ➢ 员工对工作不满的四类表达方式 ➢ 工作满意度调查
Day11	➢ 组织承诺的概念及内容 ➢ 影响组织承诺的因素 ➢ 组织承诺的影响后果

▶▶▶ Day 10

▽ **考点**:工作满意度的概念、特点及决定因素

题目讲解

1. [单选]( )是指员工对自己的工作喜欢或不喜欢的情感或情绪体验。
   A. 工作态度 B. 工作满意度
   C. 工作投入度 D. 组织承诺

2. [多选]下列关于工作满意度特点的说法,正确的有( )。
   A. 员工在一个维度上的高满意度可以用来抵消其在另一维度上的低满意度
   B. 满意度是不断变化的,但它的下降比上升要缓慢
   C. 员工工作之外的环境会间接地影响其对工作的满意感
   D. 工作满意度具有一定的稳定性
   E. 工作满意度与生活满意度无关

3. [单选]下列关于工作满意度与生活满意度关系的说法,正确的是( )。
   A. 生活满意度是工作满意度的一个组成部分
   B. 工作满意度是生活满意度的一个组成部分
   C. 两者之间没有关系
   D. 两者都属于工作态度指标

4. [单选] 工作挑战性与员工的工作满意度之间的关系是（　　）。
   A. 工作挑战性越大，员工的满意度越高
   B. 工作挑战性越小，员工的满意度越低
   C. 工作挑战性适中，员工的满意度最高
   D. 工作挑战性越小，员工的满意度越高

5. [单选] 工作满意度的决定因素不包括（　　）。
   A. 工作的挑战性　　　　　　　　B. 宗教信仰
   C. 良好的工作环境　　　　　　　D. 公平的待遇

6. [单选] 生性乐观的个体更可能有较高的工作满意度，此时影响员工工作满意度的决定因素是（　　）。
   A. 公平的待遇　　　　　　　　　B. 良好的工作环境
   C. 员工人格与工作的匹配　　　　D. 员工的人格特征

▽ 考点：工作满意度的理论模型

7. [单选] 要考查员工的工作满意度水平，需要将员工的工作与"理想工作"相比较，该观点属于（　　）。
   A. 工作满意度的差异模型　　　　B. 工作满意度的因素模型
   C. 工作满意度的均衡水平模型　　D. 工作满意度双因素模型

8. [单选] 下列关于工作满意度的因素模型的说法，正确的是（　　）。
   A. 总体工作满意度由每一因素的满意度累加而得
   B. 满意度是员工对工作总体上的满意程度，具有整体性的特点
   C. 每个因素对不同员工一样重要
   D. 工作满意度是单维而非多维的

▽ 考点：工作满意度的影响后果

9. [单选] 下列关于组织公民行为的说法，错误的是（　　）。
   A. 工作满意度高的员工更可能出现组织公民行为
   B. 组织公民行为也有消极的一面，包括偷窃、缺勤、迟到等
   C. 组织公民行为是对组织生存和高效运作起积极作用的行为
   D. 组织公民行为是一种积极的自发工作行为

10. [单选] 下列关于工作满意度的影响后果的说法，错误的是（　　）。
    A. 组织公民行为通常可以得到组织的回报
    B. 高的工作绩效会促成高的工作满意度
    C. 工作满意度低的员工更可能发生缺勤行为
    D. 工作满意度极低的员工甚至可能在工作中出现暴力行为

▽ 考点：员工对工作不满的四类表达方式

11. [多选] 以下员工对工作表达不满的方式中，具有破坏性的有（　　）。
    A. 辞职　　　　　　　　　　　　B. 提建议
    C. 忽视　　　　　　　　　　　　D. 忠诚

E. 偷窃

12. [多选] 以下员工对工作表达不满的方式中，具有破坏性的有（　　）。
    A. 辞职
    B. 提建议
    C. 忠诚
    D. 忽视
    E. 进谏

▼ 考点：工作满意度调查

13. [单选] 以下关于工作满意度调查的意义的陈述中，错误的是（　　）。
    A. 工作满意度调查只能反映出公司中总体的满意度水平
    B. 工作满意度调查可以改善沟通
    C. 工作满意度调查可以为员工提供一个释放情绪的正式渠道
    D. 工作满意度调查的信息可以帮助管理者改进已有的变革方案

14. [单选] 工作满意度调查的首要环节是（　　）。
    A. 确定满意度调查目的
    B. 获得最高管理层和员工的支持
    C. 设计科学有效的调查工具
    D. 实施调查

✎ 学习笔记

Day 11

▶ **考点**：组织承诺的概念及内容

1. [单选] 在组织承诺的各因素中，反映员工对继续留在组织中的义务感的是（   ）。
   A. 永久承诺 B. 经济承诺
   C. 继续承诺 D. 规范承诺

2. [单选] 组织承诺中的（   ）最为重要，对工作行为的影响也最为明显。
   A. 情感承诺 B. 规范承诺
   C. 继续承诺 D. 理想承诺

3. [多选] 下列关于组织承诺的说法，正确的有（   ）。
   A. 组织承诺是员工对组织的肯定性的内心倾向
   B. 继续承诺反映的是员工对继续留在组织中的义务感
   C. 规范承诺高的员工常常会斤斤计较，表现出明显的功利之心
   D. 员工具有高的情感承诺，主要是由于其对组织有深厚的感情，而非物质利益
   E. 组织承诺高的员工通常具有较高的工作绩效

▶ **考点**：影响组织承诺的因素

4. [单选] 影响继续承诺的主要因素是（   ）。
   A. 员工的个性特点   B. 组织的可靠性   C. 福利因素   D. 所受教育类型

5. [多选] 以下属于影响规范承诺的关键因素的有（   ）。
   A. 受教育的类型   B. 个性特点
   C. 个人的重要程度   D. 福利因素
   E. 个体对组织的投入状况

▶ **考点**：组织承诺的影响后果

6. [单选] 下列说法错误的是（   ）。
   A. 规范承诺高的员工可能随时跳槽
   B. 继续承诺高的员工有明显的功利之心
   C. 情感承诺高的员工干劲充足
   D. 规范承诺高的员工在应尽的义务方面，表现突出

7. [多选] 下列说法正确的有（   ）。
   A. 情感承诺与上司的评价呈显著的正相关
   B. 情感承诺与晋升机会呈显著的正相关
   C. 继续承诺与上司的评价呈显著的负相关
   D. 继续承诺与晋升机会呈显著的负相关
   E. 组织承诺与上司的评价呈显著的正相关

✏ **学习笔记**

本章学习检查表

知识点名称	初次学习		第一次复习		第二次复习	
	做对题目数/总题目数	学习日期	做对题目数/总题目数	复习日期	做对题目数/总题目数	复习日期
工作满意度的概念、特点及决定因素						
工作满意度的理论模型						
工作满意度的影响后果						
员工对工作不满的四类表达方式						
工作满意度调查						
组织承诺的概念及内容						
影响组织承诺的因素						
组织承诺的影响后果						

填写建议：

"做对题目数/总题目数"记录自己各知识点做题的情况，比如，某知识点总题目数10题，自己做对了其中7题，记录为7/10。

"学习日期"和"复习日期"记录自己学习和复习各知识点的日期。

备忘录

参考答案及解析

Day 10

1. B [解析] 工作满意度是指员工对自己的工作喜欢或不喜欢的情感或情绪体验。

2. CD [解析] 工作满意度的特点包括：①整体性和多维性。不能用员工在一个维度上的高满意度来抵消其在另一维度上的低满意度。②稳定性。工作满意度一般是经过一段时间才形成的，具有一定的稳定性，但工作满意度也是不断变化的，它的下降甚至比它的形成还要快。③环境的影响。工作满意度是生活满意度的一个组成部分，员工工作之外的环境也会间接影响他对工作的情感。A、B、E 三项错误。

3. B [解析] 工作满意度是生活满意度的一个组成部分，员工工作之外的环境也会间接影响他对工作的情感。因此，管理者不仅要关注与工作相关的因素，而且需要了解员工工作之外的生活上的问题。

4. C [解析] 在工作挑战性方面，员工往往喜欢具有挑战性的工作。当然，挑战性过大，超出员工的能力范围，会造成挫折和失败感，但没有挑战性的工作只能使人厌烦。当工作挑战性适中时，员工会体验到快乐和满足，工作挑战性和工作满意度呈倒"U"形关系。A、B、D 三项说法都较为片面，不准确。

5. B [解析] 工作满意度的决定因素包括工作的挑战性、公平的待遇、良好的工作环境、同事和上级领导、社会影响、员工的人格特征、员工人格与工作的匹配。

6. D [解析] 人格特征会在一定程度上影响员工的工作满意度，个体的人格特征会影响其对工作的评价和情感。生性乐观的个体更可能有较高的工作满意度，因为他们能够体验到更多的正性情绪，并自我感觉良好，D 项正确。

● 考点再现

Q_{4-6} 决定员工工作满意度的因素如表 3-1 所示。

表 3-1 决定员工工作满意度的因素

决定因素	主要内容
工作挑战性	(1) 员工往往喜欢具有挑战性的工作，但挑战性过大，超出员工的能力范围，会给员工造成挫折和失败感，而没有挑战性的工作只能使人厌烦 (2) 挑战适中时，员工会体验到快乐和满足，工作挑战性和工作满意度呈倒"U"形关系
公平待遇	组织给予员工的报酬、晋升是对员工工作最直接、最明确的物质肯定方式。它既是对员工历来努力程度和绩效的肯定，又反映了组织内外横向比较的结果。因此，报酬、晋升等制度与政策是否公平，会极大地影响员工的工作满意度
良好工作环境	良好的工作环境（如适宜的温度、照明，低噪声，洁净，不拥挤等）能够提高员工的工作满意度

续表

决定因素	主要内容
同事和上级领导	如果同事间能融洽相处、友好共事，则可以提高员工的工作满意度。如果直接上级能了解、关心下属，善于倾听意见，奖励成就，员工的工作满意度则会提升
社会影响	员工所在的社会群体和日常所接触的人对员工的满意度也会有影响，特别是员工的同事。如果某个员工周围的同事都对工作不满，那么，该员工就更有可能受到感染，表现出对工作的不满
员工的人格特征	个体的人格特征在一定程度上影响员工的工作满意度，个体的人格特征会影响其对工作的评价和情感。例如，生性乐观的个体更可能有较高的工作满意度，因为他们能够体验到更多的正性情绪，并自我感觉良好
员工人格与工作的匹配	人格与工作匹配会提高工作满意度。员工发现自己的能力、特长、风格与工作要求相符时，便有信心在这些工作中获得成功，从而体验到快乐，获得满足感

7. A [解析] 工作满意度的差异模型认为要考查员工的工作满意度水平，需要将员工的工作与"理想工作"相比较。"理想工作"是指员工认为工作应该是怎样的，期望从工作中获得什么。

8. A [解析] 工作满意度的因素模型中，员工的总体满意度由每一因素的满意度累加而得。该模型认为工作满意度是多维的。运用此模型时需要注意的事项包括：①不要遗漏重要的因素，否则会导致满意度调查结果的片面性；②对不同员工来说，不同的因素可能对其工作满意度有不同的贡献。A项正确。

9. B [解析] 工作满意度高的员工更可能出现组织公民行为，A项正确；组织公民行为是一种典型的积极的工作行为，与偷窃、缺勤、迟到等消极行为相反，B项错误；组织公民行为是对组织生存和高效运作起积极作用的行为，C项正确；组织公民行为不是员工职责范围内的，是一种积极的自发工作行为，D项正确。

10. A [解析] 组织公民行为是一种典型的积极的工作行为，这些行为不是员工职责范围之内的，因而，通常不能得到组织在薪酬上的回报，A项错误；高的工作绩效会促成高的工作满意度，B项正确；工作满意度低的员工更可能发生缺勤行为，C项正确；工作满意度极低的员工甚至可能在工作中出现暴力行为，D项正确。

●考点再现

Q_{9-10} 工作满意度会影响以下几个方面：工作绩效、离职率、缺勤和迟到、偷窃行为、暴力行为、组织公民行为。

11. AC [解析] 员工对工作不满的四类表达方式包括：辞职（破坏性和积极的）、提建议（建设性和积极的）、忠诚（建设性和消极的）、忽视（破坏性和消极的）。A、C两项说法符合题意。

12. AD [解析] 员工对工作不满的四类表达方式包括：辞职（破坏性和积极的）、提建议（建设性和积极的）、忠诚（建设性和消极的）、忽视（破坏性和消极的）。员工对工作不满的表达方式中体现破坏性特征的是辞职和忽视。

• 考点再现

Q_{11-12} 员工对工作不满的四类表达方式如图3-1所示。

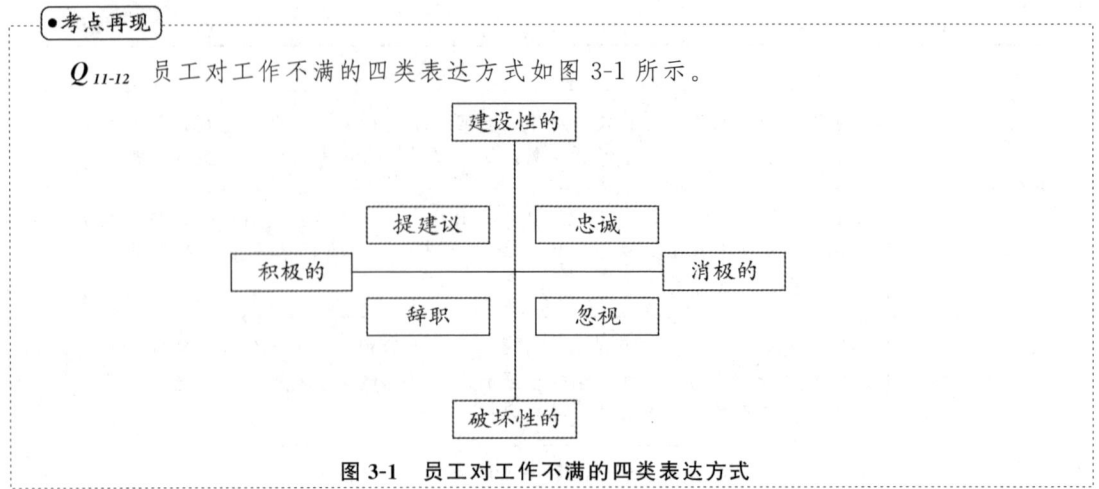

图3-1 员工对工作不满的四类表达方式

13. A [解析] 工作满意度调查的意义：①监控满意度。工作满意度调查可以让管理层掌握组织中的总体满意度水平。工作满意度调查是分析各种员工问题的强有力的诊断工具（A项说法太绝对）。②改善沟通。在计划进行调查、实施调查和讨论调查结果等过程中，组织中各个方向的沟通都可能得到改善。③释放情感。工作满意度调查给员工提供了一个通过正式渠道来表达自己的观点、意见和不满的机会，从而使消极情绪得到释放。④确定培训需要。通过调查，员工能说出自己对主管执行某些工作的看法。⑤规划和监控新的方案。通过调查可以了解组织所实施的变革的进展、遇到的困难和取得的效果。

14. A [解析] 员工满意度调查需要经过如下的步骤：①确定满意度调查的目的；②获得最高管理层和员工的支持；③设计出科学有效的调查工具；④实施调查；⑤调查结果的统计分析；⑥调查结果反馈；⑦员工和管理者共同制订改进的行动计划，加以实施。

Day 11

1. D [解析] 规范承诺反映员工对继续留在组织中的义务感。

2. A [解析] 组织承诺中的情感承诺最为重要，对相关的工作行为的影响也最为明显。

3. ADE [解析] 组织承诺是个体对组织的一种态度或肯定性的内心倾向，A项正确。规范承诺反映的是员工对继续留在组织的义务感，B项错误。继续承诺高的员工常常会斤斤计较，表现出明显的功利之心，C项错误。情感承诺是指员工对组织的感情依赖、认同和投入程度。员工对组织所表现出来的忠诚和努力工作，主要是由于对组织有深厚的感情，而非物质利益，D项正确。组织承诺高的员工通常有着高的工作绩效，保持好的出勤记录，更愿意坚持组织政策，有着较低的离职倾向，E项正确。

4. C [解析] 继续承诺的影响因素包括所掌握技术的应用范围、受教育程度、改行可能性、个体对组织的投入状况、福利因素、在本地居住时间的长短、找到别的工作的可能性等。

5. AB [解析] 组织对规范承诺的要求程度、员工的个性特点、受教育类型等，是影响规范承诺的最关键因素。

●考点再现

Q_{4-5} 影响组织承诺的因素如表 3-2 所示。

表 3-2　影响组织承诺的因素

分类	影响因素
情感承诺	工作挑战性、职业明确度、目标明确度、目标难度、管理层对新观点和新思想的接纳程度、同事间的亲密性、组织的可靠性、组织的公平性、个人的重要程度
继续承诺	所掌握技术的应用范围、受教育程度、改行可能性、个体对组织的投入状况、福利因素、在本地居住时间的长短、找到别的工作的可能性等
规范承诺	组织对规范承诺的要求程度、员工的个性特点、受教育类型等

6. A ［解析］不同承诺类型的效果：①情感承诺。通常表现出充足的干劲，表现出高的工作满意度，与上司的评价、晋升机会呈显著的正相关（C 项正确）。②继续承诺。随时准备跳槽，表现出明显的功利之心，与上司的评价、晋升机会呈显著的负相关（A 项错误，B 项正确）。③规范承诺。以责任与义务作为行事准则，在应尽的义务方面表现突出（D 项正确）。

7. ABCD ［解析］只有情感承诺与上司的评价、晋升机会呈显著的正相关，而继续承诺则与它们呈显著的负相关，A、B、C、D 四项正确。组织承诺包括情感承诺、规范承诺和继续承诺，E 项说法不够准确。

本章强化测试

第二部分 人力资源管理

第四章 人力资源及人力资源管理概述

学习指导

本章以概念、论述型知识点为主，偏向理论性内容，在历年考试中所占比重并不是很高。考生对本章主要以了解、理解为主。考试以单选题、多选题为主，极少出现案例分析题。

日期	考点
Day12	➢人力资源的经济理论基础 ➢作为组织要素的人力资源 ➢人力资源的定义、内涵与特性
Day13	➢人力资源管理的历史沿革 ➢人力资源管理的基本概念、功能、作用及职能框架

▶▶▶ Day 12

✔ **考点**：人力资源的经济理论基础

1. [多选] 现代管理学之父彼得·德鲁克提出了五要素论理论，除了资本，五要素还包括（　　）。

    A. 劳动　　　　　B. 组织　　　　　C. 土地　　　　　D. 知识

    E. 管理

2. [单选] 萨伊认为，生产要素包括劳动、土地、（　　）。

    A. 资本　　　　　　　　　　　　　B. 组织

    C. 企业家　　　　　　　　　　　　D. 知识

3. [多选] 与生产要素相比，X效率理论的三点认识包括（　　）。

    A. 资本、土地、劳动、组织以及知识共同创造价值

    B. 人力投入因素是对企业的生产率影响极大的一种可变因素，工作中人的努力程度取决于其动机

    C. 生产过程之中的劳动者不再是一种纯粹被利用的生产要素，他们还是一种投资对象

    D. 工作中的人不是作为一个单独的人而存在的，个人的理性程度可能是独立选择的结果，也可能是受他人影响的结果

    E. 企业与员工之间的合作对双方的利益都有好处

4. ［单选］下列关于X效率理论说法，正确的是（　　）。
   A. 任何个人都应该是完全理性的
   B. 个人的努力程度存在不确定性以及惰性区域
   C. 企业与员工的利益总是一致的
   D. 压力越大劳动者会达成越高绩效

5. ［单选］西奥多·舒尔茨开创的（　　）改变了传统经济学将人作为一种附属于资本的次要生产要素的错误思想。
   A. 人力资本投资理论　　　　　　B. 生产要素理论
   C. 人际关系学说　　　　　　　　D. 企业资源基础理论

6. ［单选］下列关于人力资本投资理论的说法，不正确的是（　　）。
   A. 将人力资源视为一切资源中最为重要的资源
   B. 需要建立一套可行的激励机制来影响员工的工作动机
   C. 人力资本重点强调了人所具有的智力、受过的教育与培训以及所掌握的工作经验等的重要性
   D. 人力资本包括在教育、培训以及劳动力迁移等此类活动中积累的所有投资

▽ 考点：作为组织要素的人力资源

7. ［单选］彼得·德鲁克关于人力资源对组织重要性的说法，错误的是（　　）。
   A. 需要把人力资源视为与水力类似的特殊资源，从工程的角度设法找到运用人力资源的最佳方式
   B. 企业必须把工作中的人力当成"人"来看待，重视"人性面"
   C. 企业雇用员工的时候，雇用的是人的一部分，而不是整个人
   D. 强调人的道德观和社会性，设法让工作的设计和安排符合人的特质

8. ［单选］管理学家巴尼在1991年指出，成为异质性资源必须具备四个特点，其中错误的是（　　）。
   A. 有价值性　　　　　　　　　　B. 稀缺性
   C. 时限性　　　　　　　　　　　D. 难以替代性

▽ 考点：人力资源的定义、内涵与特性

9. ［单选］关于人力资源作为无形资产的特性，以下说法错误的是（　　）。
   A. 无形资产无法用会计学的方法加以记录
   B. 无形资产需要柔性化管理
   C. 无形资产可以进行模仿
   D. 无形资产可以重复使用而不会贬值

10. ［多选］下列关于人力资源概念的说法，正确的有（　　）。
    A. 人力资源既可以指人，也可以指能力
    B. 人力资源是指一个国家或一个经济系统中所拥有的所有能够参与经济活动、创造过价值的人口或能力的总和
    C. 人力资源是指一个组织的全体成员所拥有的有助于实现组织战略、达成组织目标的

潜在体力和脑力的总和

D. 人力资源既包括当前的人力资源也包括未来的人力资源

E. 人力资源的重点在于数量和结构

11. [多选] 下列关于人力资源特性的说法，正确的有（　　）。

A. 人是价值创造过程中最为主动的因素

B. 人力资源具有人性的一面和社会性、道德性的一面

C. 受到有效激励的人力资源能够创造更大的价值

D. 人力资源是不能被开发的

E. 人力资源具有时效性

✎ 学习笔记

第四章 人力资源及人力资源管理概述

▶▶▶ Day 13

▼ **考点**：人力资源管理的历史沿革

1. [单选] 下列关于科学管理研究的说法，错误的是（　　）。
   A. 关心工人福利
   B. 以提高生产率为出发点
   C. 强调的是操作规范化和差别计件工资制
   D. 采用科学方法挑选和训练工人

2. [单选] 人力资源管理的前身称为（　　）。
   A. 人际关系管理　　　　　　　　　B. 科学管理运动
   C. 传统人事管理　　　　　　　　　D. 人事管理

3. [单选] 关于人际关系运动阶段，下列说法正确的是（　　）。
   A. 主张满意的工人就是生产率最高的工人
   B. 人力资源管理开始出现
   C. 具有内部一致性的整体人力资源管理实践
   D. 代表人物是泰勒

4. [单选] 根据人力资源管理的历史沿革，管理工作全面覆盖了人力资源战略与规划、职位分析、员工招募与甄选、绩效评估与管理、培训与开发、薪酬福利与激励计划、员工关系与劳资关系等各项职能的是（　　）。
   A. 战略性人力资源管理阶段　　　　B. 人力资源管理阶段
   C. 科学管理阶段　　　　　　　　　D. 传统人事管理成熟阶段

5. [单选] 梅奥主持的霍桑实验结果证明，对工人产出有重要影响的因素是（　　）。
   A. 生产工具水平　　　　　　　　　B. 工作方法
   C. 社会互动情况　　　　　　　　　D. 照明

6. [单选]（　　）是指有计划的人力资源使用模式以及旨在提升组织绩效、实现组织战略和具体的经营目标的各种活动。
   A. 传统人事管理　　　　　　　　　B. 战略性人力资源管理
   C. 科学人力资源管理　　　　　　　D. 人际关系管理

▼ **考点**：人力资源管理的基本概念、功能、作用及职能框架

7. [单选] 现代人力资源管理的核心功能不包括（　　）。
   A. 吸引　　　　　　　　　　　　　B. 保留
   C. 开发　　　　　　　　　　　　　D. 批评

8. [多选] 人力资源管理对于一个组织的作用主要表现在（　　）。
   A. 帮助企业达成战略目标或经营要求
   B. 以一种确保组织和公共利益的方式进行变革管理
   C. 有效利用组织中全体员工的技能和能力
   D. 使员工的工作满意度和自我实现感得到最大限度的提高，工作生活质量不断改善
   E. 帮助企业维护伦理道德政策以及履行社会责任

9. [多选] 人力资源管理的逻辑体系包括（　　）。
   A. 人力资源管理理念
   B. 人力资源管理政策
   C. 人力资源管理制度
   D. 人力资源管理实践
   E. 人力资源管理评价

10. [多选] 招募和甄选工作通常需要以（　　）作为人力资源管理的两种基础性工具。
    A. 职位说明书
    B. 培训与开发
    C. 胜任素质模型
    D. 绩效管理
    E. 人力资源规划

11. [多选] 为了履行自己在人力资源管理方面所承担的职责，组织的高层管理者应当重点扮演好的角色包括（　　）。
    A. 招募和甄选员工方面的决策者
    B. 战略制定者和外部资源获取者
    C. 企业的精神领袖
    D. 中层管理人员的导师和教练
    E. 自我开发者

学习笔记

本章学习检查表

知识点名称	初次学习		第一次复习		第二次复习	
	做对题目数/总题目数	学习日期	做对题目数/总题目数	复习日期	做对题目数/总题目数	复习日期
人力资源的经济理论基础						
作为组织要素的人力资源						
人力资源的定义、内涵与特性						
人力资源管理的历史沿革						
人力资源管理的基本概念、功能、作用及职能框架						

填写建议：

"做对题目数/总题目数"记录自己各知识点做题的情况，比如，某知识点总题目数10题，自己做对了其中7题，记录为7/10。

"学习日期"和"复习日期"记录自己学习和复习各知识点的日期。

备忘录

参考答案及解析

Day 12

1. ABCD [解析] 彼得·德鲁克的五要素理论中，五要素包括资本、土地、劳动、组织、知识。

2. A [解析] 生产要素第二阶段，萨伊进一步提出了资本、劳动、土地三位一体的生产的三要素论。

● 考点再现

Q_{1-2} 生产要素理论发展的四个阶段如表 4-1 所示。

表 4-1 生产要素理论发展的四个阶段

阶段	代表人物	要素构成
第一阶段：两要素论	威廉·配第	劳动与土地
第二阶段：三要素论	萨伊	资本（生产工具）、劳动、土地
第三阶段：四要素论	阿尔弗雷德·马歇尔	资本、劳动、土地、组织
第四阶段：五要素论	彼得·德鲁克	资本、土地、劳动、组织、知识

3. BDE [解析] 有关 X 效率理论的三点认识：①人力投入因素是对企业的生产率影响极大的一种可变因素，工作中人的努力程度取决于其动机；②工作中的人不是作为一个单独的人而存在的，个人的理性程度可能是其独立选择的结果，也可能是受他人影响的结果；③企业与员工之间的合作会对双方的利益有好处，从双方的长期利益来看，共同采取合作策略比采取敌对策略更符合双方的需要。

4. B [解析] X 效率理论提出了一套更切合实际的适用范围更广泛的命题或假设：第一，生产过程存在很大不确定性；第二，任何个人都只是有限理性（A 项错误）；第三，个人的努力程度存在不确定性以及惰性区域；第四，劳动者的行为取决于他们受到的压力；第五，企业与员工的利益并非总是一致的（C 项错误）。另外，压力也要适中，一旦压力过大会对绩效造成反效果（D 项错误）。

5. A [解析] 西奥多·舒尔茨开创的人力资本投资理论改变了传统经济学将人作为一种附属于资本的次要生产要素的错误思想。

6. B [解析] 人力资本投资理论的观点可概括为：①将人力资源视为一切资源中最为重要的资源；②人力资本包括在教育、培训以及劳动力迁移等此类活动中积累的所有投资；③人力资本重点强调了人所具有的智力、受过的教育与培训以及所掌握的工作经验等的重要性。A、C、D 三项正确。B 项是 X 效率理论的观点。

7. C [解析] 企业雇用员工的时候，雇用的是整个人，而不是他的任何一部分，C 项错误。

8. C [解析] 成为异质性资源所必须具备的四个特点，即有价值性、稀缺性、难以模仿性和难以替代性，A、B、D 三项正确。

9. C [解析] 无形资产的特性包括：①难以量化；②无法用会计学的方法加以记录；③投资回报只能基于某些假设予以评估；④无法购买或模仿（C 项错误）；⑤因为得到有意义的

使用而有所增值；⑥可以重复使用而不会贬值；⑦需要柔性化管理等。

10. ABCD［解析］人力资源概念的内涵：①人力资源既可以指人，也可以指能力（A项正确）；②人力资源包括宏观和微观两个层面的含义，B项属于人力资源从宏观层面来看，C项属于人力资源从微观层面来看；③人力资源包括当前人力资源和未来人力资源两个层面（D项正确）；④人力资源的重点在于质量而不是数量（E项错误）。

11. ABCE［解析］人力资源的特性如表4-2所示。

表4-2 人力资源的特性

特性	主要内容
能动性	人是价值创造过程中最为主动的因素，因此激励问题在人力资源管理中才尤为重要
社会性	人力资源具有人性的一面和社会性、道德性的一面
开发性	人力资源不是一种既有的存量，而是可以被开发的，即知识、技能、能力和经验等人力资源的核心要素是可以不断积累和更新的
时效性	人力资源涉及时间的概念，即包含一定数量和既定人力资本存量的人力资源必须加以使用才能创造价值

由上表内容可知，D项错误。

Day 13

1. A［解析］科学管理的提出者是泰勒（科学管理之父），以提高生产率为出发点。泰勒在对工作进行动作研究和时间研究的基础上，强调的是操作规范化和差别计件工资制以及科学地挑选和训练工人。B、C、D三项正确。

2. D［解析］人力资源管理的前身称为人事管理，人事管理的发展是伴随着18世纪后半叶工业革命的到来而产生的。

3. A［解析］人力资源管理的出现，属于人力资源管理阶段，B项错误；具有内部一致性的整体人力资源管理实践，属于战略性人力资源管理阶段，C项错误；科学管理阶段的代表人物是泰勒，D项错误。

4. B［解析］根据人力资源管理的发展简史，管理工作全面覆盖了人力资源战略与规划、职位分析、员工招募与甄选、绩效评估与管理、培训与开发、薪酬福利与激励计划、员工关系与劳资关系等各项职能的是人力资源管理阶段，B项正确。

5. C［解析］梅奥和罗尔西斯伯格进行了霍桑实验，研究最后得出的结论：社会互动以及工作群体对于工人的产出以及满意度有着非常重要的影响。

6. B［解析］战略性人力资源管理是指有计划的人力资源使用模式以及旨在提升组织绩效、实现组织战略和具体的经营目标的各种活动。

7. D［解析］现代人力资源管理的核心功能在于人力资源的吸引、保留、激励和开发，D项错误。

8. ACDE［解析］人力资源管理的主要作用有：①帮助企业达成战略目标或经营要求；②有效利用组织中全体员工的技能和能力；③使员工的工作满意度和自我实现感得到最大限度的提高，工作生活质量不断改善；④就人力资源管理政策与员工和其他利益相关者进行沟通；⑤帮助企业维护伦理道德政策以及履行社会责任；⑥以一种统筹兼顾个人、群体组织和公众利益的方式进行变革管理。A、C、D、E四项正确。

9. ABCD [解析] 人力资源管理的逻辑体系包括人力资源管理理念、人力资源管理政策、人力资源管理制度、人力资源管理实践。

10. AC [解析] 招募和甄选工作通常需要以人力资源管理的两种基础性工具，即职位说明书和胜任素质模型作为重要依据。A、C两项正确。

11. BCDE [解析] 组织的高层管理者应当重点扮演好四个方面的角色，即战略制定者和外部资源获取者、中层管理人员的导师和教练、企业的精神领袖以及自我开发者。B、C、D、E四项正确。

本章强化测试

第五章 工作分析

学习指导

本章所涉知识点内容较多,难度较前几章来说更大,除了一些概念理论性知识,重点知识还包括传统的工作分析方法和现代的工作分析方法,复习时应结合实际生活加以理解。本章在考试中分值较高,单选题、多选题、案例分析题都会考查,应作为重点章节来掌握。

日期	考点
Day14	➢ 工作分析及相关概念 ➢ 工作分析的内容 ➢ 工作分析的作用 ➢ 工作分析的实施流程 ➢ 工作分析的实施技巧
Day15	➢ 传统的工作分析方法 ➢ 现代的工作分析方法
Day16	➢ 职位说明书的概念和内容 ➢ 编制职位说明书的注意事项 ➢ 工作研究概述 ➢ 作业能力
Day17	➢ 作业疲劳 ➢ 劳动强度
Day18	➢ 提高作业能力水平和降低劳动疲劳程度的措施 ➢ 劳动安全与事故预防 ➢ 工作设计概述
Day19	➢ 工作设计方法

▶▶▶ Day 14

▼ **考点**:工作分析及相关概念

1. [多选] 工作分析是通过系统的分析方法来确定（　　）的过程。
   A. 工作职责
   B. 工作所需知识和技能
   C. 工作的内外部联系
   D. 工作满意度
   E. 工作的社会和心理环境

2. [单选] 下列关于工作相关概念的说法，正确的是（   ）。
   A. 职业是指与职位职责对应的工作权力
   B. 职位是对某人所从事的职责和任务的规定
   C. 职务是指在跨行业、跨部门基础上的综合层次的工作
   D. 任务由在职责的构成及重要性方面都极其相似的职位构成

▼ 考点：工作分析的内容

3. [多选] 工作分析的内容包括（   ）。
   A. 工作设立的目的   B. 工作内容
   C. 工作环境   D. 工作任职者要求
   E. 工作任务

4. [单选]（   ）是指进行该项工作活动的时间安排。
   A. 工作时间   B. 工作发生时间
   C. 工作内容   D. 工作联系

5. [单选]（   ）是指完成该项工作所需具备的基本条件。
   A. 工作环境   B. 工作内容
   C. 工作任职者要求   D. 工作联系

6. [单选] 工作联系可以分为（   ）联系和（   ）联系。
   A. 横向，纵向   B. 内在，外在
   C. 简单，复杂   D. 上级，下级

7. [单选] 人力资源部薪酬专员与（   ）之间的工作联系属于纵向联系。
   A. 人力资源部经理   B. 财务部成本会计
   C. 人力资源培训专员   D. 管理咨询公司顾问

8. [多选] 工作环境主要包括的要素有（   ）。
   A. 经验   B. 工作的自然环境
   C. 质量   D. 工作的危险性
   E. 工作的社会和心理环境

9. [单选] 下列关于工作内容的说法，错误的是（   ）。
   A. 工作内容包括从事的工作活动和工作责任，以及如何完成工作
   B. 工作内容可以分为横向联系和纵向联系
   C. 通过明确工作设立的目的，可以更加完整、准确地把握这一工作
   D. 明确工作设立目的可以在进行工作分析时合理地选择信息收集方法和分析方法

▼ 考点：工作分析的作用

10. [多选] 工作分析在人力资源管理中的作用包括（   ）。
    A. 人力资源规划   B. 绩效管理
    C. 人员招聘   D. 员工关系管理
    E. 工作评价

11. [单选] 下列关于工作分析在企业管理中的作用的说法，错误的是（　　）。
    A. 工作分析在企业管理方面有十分重要的作用
    B. 通过工作分析，企业可以明确每项工作的内容、职责和范围
    C. 通过工作分析，可以完善与工作相关的制度和规定
    D. 工作分析以工作评价为基础

12. [单选] 下列关于工作分析的说法，错误的是（　　）。
    A. 工作分析是通过系统的方法确定工作职责及其所需的知识、技能的过程
    B. 工作分析是通过系统的职位价值评价，确定职位在企业内部相对价值的过程
    C. 工作分析的内容应包括工作设立的目的、工作职责、工作环境、任职要求等
    D. 工作分析可以为人力资源规划、人员招聘、绩效考核、薪酬管理等提供依据

13. [单选] 当战略转移时，组织内部会出现职位更替、工作职责变化或人员需求变化。此时通过工作分析可以准确掌握这些变化并进行分析，进而明确职位设置。这体现了工作分析在人力资源管理中的（　　）方面的作用。
    A. 人力资源培训与开发　　　　　　　B. 工作评价
    C. 人力资源规划　　　　　　　　　　D. 员工职业生涯规划

◆ 考点：工作分析的实施流程

14. [单选] 工作分析实施阶段的第一步是（　　）。
    A. 制订具体实施计划　　　　　　　　B. 调查相关的背景信息
    C. 形成结果　　　　　　　　　　　　D. 结果应用

◆ 考点：工作分析的实施技巧

15. [单选] 在选取标杆职位时应考虑的因素不包括（　　）。
    A. 职位的代表性　　　　　　　　　　B. 职位的关键程度
    C. 职位内容的变化程度　　　　　　　D. 职位工作的自主性

16. [单选] 关于工作分析实施主体的选择，下列表述错误的是（　　）。
    A. 企业内人力资源管理部门能够节省成本且对企业更加了解
    B. 企业内人力资源管理部门经验不足
    C. 咨询机构耗费时间和人力，但更有说服力
    D. 企业内各部门成本低，但不专业，影响可信度

17. [单选] 在开展工作分析时，应让高层支持的内容不包括（　　）。
    A. 实施工作分析的流程　　　　　　　B. 工作分析的目标
    C. 需要花费的金钱和人力　　　　　　D. 需要配合的工作

✎ 学习笔记

Day 15

▽ **考点**：传统的工作分析方法

1. ［多选］常见的传统的工作分析方法有（　　）。
   A. 工作实践法　　　　　　　　　B. 文献分析法
   C. 头脑风暴法　　　　　　　　　D. 访谈法
   E. 问卷调查法

2. ［单选］下列关于工作分析方法中的观察法的说法，正确的是（　　）。
   A. 观察法通常可以比较全面和深入地了解工作要求
   B. 观察法更适用于对脑力劳动要求较高的工作
   C. 观察法可以获得有关任职者资格要求的信息
   D. 观察法不会使被观察的员工产生厌烦心理

3. ［单选］下列关于工作分析方法的说法，错误的是（　　）。
   A. 访谈法适用范围比较广泛
   B. 观察法比较适用于对技术要求较高的脑力工作
   C. 问卷调查法操作程序简单，但对于问卷编制的技术要求较高
   D. 主题专家会议法的缺点是结构化程度较低，受到专家的知识水平和工作背景的制约

4. ［单选］下列关于不同工作分析方法适用范围的说法，正确的是（　　）。
   A. 工作实践法适用于所有工作
   B. 观察法仅适用于中高层管理工作
   C. 主题专家会议法仅适用于基层文员工作
   D. 问卷调查法适用于非操作类工作

5. ［多选］作为一种工作分析方法，主题专家会议法的优点有（　　）。
   A. 成本低　　　　　　　　　　　B. 操作简单
   C. 客观性强　　　　　　　　　　D. 结构化程度高
   E. 可以运用于工作分析的各个环节

6. ［单选］下列关于工作分析方法中的访谈法的说法，错误的是（　　）。
   A. 访谈法是目前国内企业运用最广泛、最成熟并且最有效的工作分析方法
   B. 访谈法是指工作分析人员就某项工作，面对面地询问任职者及其主管以及专家等对工作的意见和看法
   C. 访谈法不对员工个人和企业的日常工作产生影响
   D. 工作分析人员容易受到任职者个人因素的影响导致收集到的信息扭曲

7. ［单选］对短期内可以掌握的工作进行工作分析，可以采用的方法是（　　）。
   A. 观察法　　　　　　　　　　　B. 典型事例法
   C. 工作日志法　　　　　　　　　D. 工作实践法

8. ［单选］（　　）一般用于收集工作的原始信息，编制任务清单初稿。
   A. 访谈法　　　　　　　　　　　B. 工作实践法
   C. 文献分析法　　　　　　　　　D. 主题专家会议法

9. [单选] 适用于工作内容简单、标准化、重复性的操作类工作或者基层文员工作的分析方法是（　　）。
   A. 访谈法　　　　　　　　　　B. 观察法
   C. 工作实践法　　　　　　　　D. 工作日志法

▽ 考点：现代的工作分析方法

10. [单选] 下列属于以人为基础的系统性工作分析方法的是（　　）。
    A. 职位分析问卷法　　　　　　B. 管理职位描述问卷法
    C. 关键事件法　　　　　　　　D. 功能性工作分析方法

11. [单选] 下列工作分析方法中，不属于以工作为基础的系统性工作分析方法的是（　　）。
    A. 管理职位描述问卷法
    B. 关键事件法
    C. 功能性分析方法
    D. 工作要素法

✎ 学习笔记

Day 16

▼ **考点**：职位说明书的概念和内容

1. [多选] 下列关于职位说明书的描述，正确的有（　　）。
   A. 它包括工作描述和任职资格条件
   B. 不同企业的工作说明书的形式和内容是一样的
   C. 职位说明书是工作分析的结果之一
   D. 工作说明书通常是一岗多个
   E. 职位说明书的管理和使用是一个动态的过程

2. [多选] 工作描述区别于工作规范，它是对有关（　　）的信息所进行的书面描述。
   A. 工作职责　　　　　　　　　　B. 工作活动
   C. 工作条件　　　　　　　　　　D. 工作经验
   E. 工作技能

3. [多选] 下列各项中，属于工作描述基本内容的有（　　）。
   A. 工作职责　　　　　　　　　　B. 工作经验要求
   C. 绩效标准　　　　　　　　　　D. 工作环境条件
   E. 工作权限

4. [多选] 任职资格条件的基本内容包括（　　）。
   A. 资格证书要求　　　　　　　　B. 教育程度要求
   C. 心理品质要求　　　　　　　　D. 工作职责
   E. 年龄

▼ **考点**：编制职位说明书的注意事项

5. [单选] 下列关于编写工作规范的描述，错误的是（　　）。
   A. 职位标准是用来让职位去适应任职者，而不是用来规范任职者的
   B. 用语要符合法律条文
   C. 工作规范是对任职者的要求
   D. 一般所列出的任职资格是履行工作职责的最低要求

6. [单选] 下列关于职位说明书的说法，正确的是（　　）。
   A. 职位说明书应根据现有任职者的工作内容和能力素质水平编写
   B. 每名员工的职位说明书都因个人实际情况的不同而有所差异
   C. 职位说明书中的任职资格是履行该职位工作职责的最低要求
   D. 编制职位说明书之前应对各职位的劳动强度进行测定

▼ **考点**：工作研究概述

7. [单选] 下列关于工作研究的说法，正确的是（　　）。
   A. 工作研究是通过系统的方法确定工作职责及其所需的知识和技能的过程
   B. 工作研究的目的是确定职位在企业内部的相对价值
   C. 工作研究的内容应包括工作设立的目的、工作职责、工作环境、任职要求等

D. 工作研究是运用系统分析的方法排除工作中不合理和不经济的因素，寻求最经济和更容易操作的工作方法

8. ［多选］工作研究中的方法研究运用的主要技术包括（　　）。
   A. 过程分析
   B. 作业分析
   C. 时间分析
   D. 动作分析
   E. 心理分析

9. ［单选］下列关于工作研究中的方法研究和时间研究的说法，正确的是（　　）。
   A. 方法研究包括过程分析和作业分析
   B. 方法研究中的作业分析以产品制造过程为对象
   C. 时间研究方法包括秒表时间研究法、工作抽样法等
   D. 预定动作时间标准法是作业要素时间数据的积累

10. ［单选］下列关于工作研究的说法，错误的是（　　）。
    A. 工作研究是运用系统的方法将工作中不合理和不经济的因素排除，寻求最经济和更容易操作的工作方法
    B. 工作研究的基本目标是避免在时间、人力、物力和资金等方面的浪费
    C. 工作研究包括方法研究和时间研究两类技术
    D. 工作研究的最终目的是将员工安置于适当的岗位

▼考点：作业能力

11. ［多选］影响作业能力的主要因素包括（　　）。
    A. 生理因素
    B. 心理因素
    C. 工作条件
    D. 工作性质
    E. 环境因素

✎ 学习笔记

Day 17

▼ **考点**：作业疲劳

1. [单选] 可能引发作业疲劳的最客观、最直接的因素是（　　）。
   A. 工作环境因素　　　　　　　　　　B. 生理因素
   C. 心理因素　　　　　　　　　　　　D. 精神状态因素

2. [单选] 劳动者在从事需要保持一定警觉水平的作业时，中途会自发地出现短暂的停顿现象，此现象称为（　　）。
   A. 心理疲劳　　　　　　　　　　　　B. 心理阻滞
   C. 心理饱和　　　　　　　　　　　　D. 生理疲劳

3. [单选] 劳动者长时间从事单调、重复性的生产活动时，心理活动能力逐渐下降，最后感到精疲力竭，以致无法继续作业的现象称为（　　）。
   A. 心理饱和　　　　　　　　　　　　B. 心理疲劳
   C. 心理阻滞　　　　　　　　　　　　D. 生理疲劳

4. [多选] 作业疲劳的测定方法有（　　）。
   A. 生化法　　　　　　　　　　　　　B. 实际工作率法
   C. 生理心理测试法　　　　　　　　　D. 他觉观察和主诉症状法
   E. 工作绩效测定法

5. [单选] 下列关于作业疲劳的说法，正确的是（　　）。
   A. 心理疲劳是指由于人的生理机制局限性而引起的疲劳
   B. 生理疲劳与心理疲劳之间并无必然联系
   C. 作业疲劳不受个体的情绪和态度的影响
   D. 工作环境因素是引起疲劳的最客观、最直接的原因

▼ **考点**：劳动强度

6. [单选] （　　）表明生产过程中的体力消耗和紧张程度，也可以说是劳动力消耗的密集程度。
   A. 作业疲劳　　　　　　　　　　　　B. 劳动强度
   C. 作业能力　　　　　　　　　　　　D. 作业速率

7. [单选] 下列选项中，不属于对体力劳动强度的分级标准的是（　　）。
   A. 根据劳动时的氧气消耗划分
   B. 根据能量消耗划分
   C. 根据劳动时一些心理指标变动情况划分
   D. 根据我国人民的饮食营养及各种活动的能量代谢需要划分

✎ **学习笔记**

Day 18

▼ **考点**：提高作业能力水平和降低劳动疲劳程度的措施

1. [多选] 为了提高作业能力、降低作业疲劳，可以采用的指施包括（　　）。
   A. 合理调节作业速率
   B. 改善生产条件和作业环境
   C. 改进操作方法
   D. 尽量避免采用轮班制，确保休息日制度
   E. 采用不平衡的作业姿势

2. [单选] 正确选择作业姿势和体位可以合理运用体力，其具体体现为（　　）。
   A. 操作中应尽量避免静止不动
   B. 作业时应尽量采取平衡坐姿操作
   C. 需手足并用的作业应采用立位操作
   D. 精确细致的作业应采用立位操作

3. [单选] 下列不属于合理安排作业休息制度的是（　　）。
   A. 改进操作方法
   B. 实际工作率的确定
   C. 轮班制度
   D. 休息日制度

4. [多选] 合理调节作业速率的方法有（　　）。
   A. 按照作业速率调整劳动组合
   B. 短暂的间歇是适当速率水平的必要成分
   C. 改变作业速率
   D. 自主调节速率的工作方式
   E. 保持平均速度，不需要间歇

▼ **考点**：劳动安全与事故预防

5. [单选]（　　）是目标管理在安全管理方面的应用，是一种综合性较强的管理方法。
   A. 安全目标管理
   B. 事故预防
   C. 休息日制度
   D. 工作绩效测定

6. [单选] 下列关于劳动安全与事故预防的说法，错误的是（　　）。
   A. 安全目标体系就是安全目标的网络化、细分化，是安全目标管理的核心
   B. 死亡人数指标不属于安全目标的内容
   C. 在安全目标的实施过程中，协调方式可以分为指导型协调、自愿型协调和促进型协调
   D. 创造和睦、严肃的车间安全气氛属于事故预防措施

7. [单选] 下列不属于事故预防措施的是（　　）。
   A. 创造和睦、严肃的车间安全气氛
   B. 用机器代替工人
   C. 工作场所实行定置管理
   D. 削弱组织领导

▼ 考点：工作设计概述

8. [单选] 工作设计的目的之一在于（　　）。
   A. 使工作更加人性化
   B. 变革组织结构
   C. 建立绩效指标
   D. 确定职位价值

✎ 学习笔记

Day 19

▽ 考点：工作设计方法

1. [单选] 以下不属于传统的工作设计方法的是（　　）。
   A. 激励型工作设计方法　　　　　　B. 机械型工作设计方法
   C. 生物型工作设计方法　　　　　　D. 知觉运动型工作设计方法

2. [单选] 下列关于工作设计方法的说法，错误的是（　　）。
   A. 机械型工作设计方法强调围绕工作任务的专门化、技能简单化以及重复化来进行工作设计
   B. 生物型工作设计方法关注对机器和技术的设计，目的是降低某些特定职位对体力的需求
   C. 知觉运动型工作设计方法是通过降低工作对信息加工的要求，来改善工作的安全性和可靠性
   D. 激励型工作设计方法强调工作效率的最大化，使得员工在工作中的精神需求最小化

3. [多选] 激励型工作设计方法中的工作特征模型理论认为，能够使员工了解工作意义的核心维度包括（　　）。
   A. 任务完整性　　　　　　　　　　B. 任务重要性
   C. 难以模仿性　　　　　　　　　　D. 难以替代性
   E. 难以定价性

4. [多选] 激励型工作设计方法强调通过（　　）等方式来提高工作的激励性。
   A. 工作扩大化　　　　　　　　　　B. 工作丰富化
   C. 工作简单化　　　　　　　　　　D. 工作轮换
   E. 应用工作生活质量理论

5. [多选] 工作扩大化主要包括（　　）方式。
   A. 任务组合　　　　　　　　　　　B. 延长工作周期
   C. 增加职位的工作内容　　　　　　D. 包干负责制
   E. 建立员工—客户关系

6. [单选] 下列关于工作丰富化的说法，正确的是（　　）。
   A. 工作丰富化可以提高工作的挑战性、意义性和完整性
   B. 工作丰富化关注工作任务的专门化和员工技能的简单化
   C. 工作丰富化可以改善工作的可靠性和安全性
   D. 工作丰富化可以降低工作的复杂程度，使工作更加简单

7. [多选] 下列关于工作设计中的工作轮换法的说法，正确的有（　　）。
   A. 各种职位都适合相互轮换
   B. 工作轮换不用考虑员工个人的意愿
   C. 工作轮换减少了员工对工作的枯燥单调感
   D. 工作轮换使训练员工的成本增加
   E. 工作轮换提高了员工的离职率

8. [案例] 小王是一家物业公司的人力资源部经理。该物业公司近年来承接的物业管理项目越来越多，公司的管理架构、工作流程和人员的职责要求都发生了很大变化，公司领导要求人力资源部梳理组织结构和职位设置，重新编写职位说明书。为此，小王向领导提出通过工作分析来编制职位说明书的工作计划，该计划说明了此次工作分析的目的、开展工作分析的主体、收集信息的类型、具体的实施时间以及所需的费用。该计划得到领导同意后，小王组织实施了公司的工作分析。小王首先全面了解了工作相关的背景信息，然后选取了典型职位进行分析，在取得经验后，对公司的所有职位进行全面分析；在此基础上，小王编写了所有职位的工作描述和任职资格，在任职资格中，还详细界定了任职资格者的教育程度、培训、知识、工作技能和心理品质等要求。

根据以上材料，回答下列问题：

(1) 小王在选取典型职位时应考虑的因素有（　　）。

A. 职位的代表性　　　　　　　　B. 职位的关键程度

C. 职位内容的变化程度　　　　　D. 职位工作的自主性

(2) 该公司通过工作分析得到的任职资格还应该包括（　　）。

A. 资格证书要求

B. 工作职责要求

C. 工作经验要求

D. 绩效标准要求

(3) 小王在编写任职资格时，应注意的事项包括（　　）。

A. 根据任职者当前的情况编写任职资格

B. 文字表述和用词要符合相关政策法规

C. 任职资格是履行职位职责的最低要求

D. 任职资格不得在性别、年龄等方面存在歧视现象

9. [案例] 刘明是某公司的新任人力资源部经理，他希望能够立即在公司开展工作分析，他参考有关书籍编制了一些问卷，发放给员工填写，但是填写的质量不高。从操作工人和技术人员那里得到的关于其工作的信息，与从他们的直接上级那里得到的大不相同。问卷的回收情况也不理想，原本想选取的标杆岗位也没有选取。这样编制的职位说明书投入使用后，很多员工反映其并不准确，纷纷抱怨。

根据以上材料，回答下列问题：

(1) 本案例中反映出的问卷调查法的缺点不包括（　　）。

A. 问卷回收率得不到保证

B. 问卷的编制技术要求较高

C. 不同员工对问卷内容的理解存在差异

D. 成本高且费时费力

(2) 对于技术岗位的工作分析，除了问卷调查法之外，适用的方法还有（　　）。

A. 访谈法　　　　　　　　　　　B. 观察法

C. 管理游戏法　　　　　　　　　D. 视听法

(3) 下列关于职位说明书的描述，正确的有（　　）。
A. 它包括工作描述和任职资格条件
B. 不同企业的工作说明书的形式和内容是一样的
C. 职位说明书是工作分析的结果之一
D. 职位说明书的管理和使用是一个动态的过程

学习笔记

本章学习检查表

知识点名称	初次学习		第一次复习		第二次复习	
	做对题目数/总题目数	学习日期	做对题目数/总题目数	复习日期	做对题目数/总题目数	复习日期
工作分析及相关概念						
工作分析的内容						
工作分析的作用						
工作分析的实施流程						
工作分析的实施技巧						
传统的工作分析方法						
现代的工作分析方法						
职位说明书的概念和内容						
编制职位说明书的注意事项						
工作研究概述						
作业能力						
作业疲劳						
劳动强度						
提高作业能力水平和降低劳动疲劳程度的措施						
劳动安全与事故预防						
工作设计概述						
工作设计方法						

填写建议:

"做对题目数/总题目数"记录自己各知识点做题的情况,比如,某知识点总题目数10题,自己做对了其中7题,记录为7/10。

"学习日期"和"复习日期"记录自己学习和复习各知识点的日期。

备忘录

参考答案及解析

Day 14

1. AB [解析] 工作分析是通过系统的分析方法来确定工作职责和工作所需知识、技能的过程。

2. B [解析] 与工作相关的几个概念：①职业，跨行业、跨部门基础上的综合层次的工作；②工作族，相似工作的集合；③工作，也称职务，由一组在任务的构成及重要性方面都极其相似的职位构成；④职位，也称岗位，是对某人所承担的职责及任务的规定；⑤职责，个体从事工作的主要组成部分；⑥职权，指与职位的职责所对应的工作权力范围；⑦任务，个体从事工作活动的单元。根据题意，B项正确。

3. ABCD [解析] 工作分析的内容包括：①工作设立的目的（A项正确）；②工作内容（B项正确）；③工作联系；④工作发生时间；⑤工作环境（C项正确）；⑥工作任职者要求（D项正确）。其不包括工作任务，E项错误。

4. B [解析] 工作发生时间是指进行该项工作活动的时间安排。

5. C [解析] 工作任职者要求是指完成该项工作所需具备的基本条件。

6. A [解析] 工作联系可以分为横向联系和纵向联系。

7. A [解析] 纵向联系是指与该职位的上、下级发生的工作联系。人力资源部薪酬专员与人力资源部经理之间的工作联系属于纵向联系。

8. BDE [解析] 工作环境主要包括以下要素：工作的自然环境、工作的危险性及工作的社会和心理环境。

9. B [解析] 工作内容包括从事的工作活动和工作责任，以及如何完成工作，A项正确；工作联系可以分为横向联系和纵向联系，B项错误；通过明确工作设立的目的，可以更加完整、准确地把握这一工作，C项正确；明确工作设立目的可以在进行工作分析时合理地选择信息收集方法和分析方法，D项正确。

10. ABCE [解析] 工作分析在人力资源管理中的作用包括：①人力资源规划；②人员招聘；③人力资源培训与开发；④绩效管理；⑤工作评价；⑥薪酬管理；⑦员工职业生涯规划。

11. D [解析] 工作分析在企业管理方面也有十分重要的作用。通过工作分析，企业可以明确每项工作的内容、职责和范围，完善与工作相关的制度和规定，理顺、改进和优化工作流程，实现组织结构优化与职位体系的再设计，从而有效地支持企业战略。A、B、C三项正确。工作评价以工作分析为基础，根据工作分析提供的工作职责和要求等方面的信息，对职位的技能、强度、责任及环境等因素进行综合评估，从而确定企业内职位的相对价值排序，D项错误。

12. B [解析] 工作评价是通过系统的职位价值评价，确定职位在企业内部相对价值的过程，B项错误。

13. C [解析] 人力资源规划强调基于组织战略制定人力资源需求的数量、质量和结构。当战略转移时，组织内部会出现职位更替、工作职责变化或人员需求变化。此时通过工作分析可以准确掌握这些变化并进行分析，进而明确职位设置，C项正确。

14. A [解析] 工作分析实施阶段包括制订具体实施计划、运用工作分析技术收集工作相关信息、整理和分析工作相关信息。

15. D [解析] 选择企业中的标杆职位，应考虑以下因素：职位的代表性、职位的关键程度、职位内容的变化频率和程度、任职者的绩效。

16. C [解析] 咨询机构的优点在于节省企业人力，且作为第三方在工作中更有说服力、更公正；缺点在于耗费资金。C项错误。

17. D [解析] 在工作分析中企业高层应明确的内容为：①是否清楚地了解工作分析的必要性；②工作分析的目标是什么；③实施工作分析的流程是什么；④将花费多少时间、金钱和人力；⑤在工作分析实施中，自己的责任是什么。D项属于一般员工的支持内容。

Day 15

1. ABDE [解析] 常用的传统的工作分析方法包括访谈法、观察法、工作实践法、问卷调查法、工作日志法、文献分析法以及主题专家会议法等。

2. A [解析] 观察法的优点包括：①工作分析人员能够比较全面和深入地了解工作要求；②成本低，经济实用，且易操作。其缺点包括：①不适用于对脑力劳动要求比较高的工作，以及处理紧急情况的间歇性工作；②可能使员工产生被监视的厌烦心理；③无法得到有关任职者资格要求的信息。A项正确。

3. B [解析] 访谈法是目前适用范围最广泛、最普遍的方法，A项正确。观察法不适用于脑力工作，B项错误。问卷调查法操作程序简单，但对于问卷编制的技术要求较高，C项正确。主题专家会议法结构化程度较低，受到专家的知识水平和工作背景的制约，D项正确。

4. D [解析] 工作实践法适用于短期内可以掌握的工作以及不涉及危险的工作，A项错误。观察法适用于简单、标准化、重复性的操作类工作或者基层文员的工作，B项错误。主题专家会议法适用于中高层管理工作，C项错误。问卷调查法适用于非操作类工作，D项正确。

5. ABE [解析] 主题专家会议法优点包括：①操作简单，成本低，适合各类企业开展；②可以运用于工作分析的各个环节，具备多方沟通协调的功能，有利于工作分析结果最大限度地得到企业的认同以及后期的推广。

6. C [解析] 访谈法又称面谈法，是指工作分析人员就某项工作面对面地询问任职者及其主管以及专家等对工作的意见或看法，是目前在国内企业中运用最广泛、最成熟并且最有效的工作分析方法。其缺点在于工作分析人员容易受到任职者个人因素影响导致收集到的信息扭曲，会对员工个人和企业的日常工作产生一定影响，C项错误。

7. D [解析] 通过工作实践法可以了解到工作的实际任务以及在体力、环境、社会等方面的要求，工作实践法适用于短期内可以掌握的工作。

8. C [解析] 文献分析法是一种经济有效的信息收集方法，是指通过对与工作相关的现有文献进行系统性的分析来获取工作信息，它一般用于收集工作的原始信息，编制任务清单初稿。

9. B [解析] 观察法适用于工作内容简单、标准化、重复性的操作类工作或者基层文员的工作。

• 考点再现

Q_{1-9} 各种传统分析方法的适用范围如表 5-1 所示。

表 5-1 各种传统分析方法的适用范围

类别	适用范围
访谈法	适用范围比较广泛，几乎适用于各类性质的工作
观察法	适用于工作内容简单、标准化、重复性的操作类工作或者基层文员的工作
工作实践法	适用于短期内可以掌握的工作，或工作内容比较简单、不具危险性的操作类工作
问卷调查法	适用于各种类型的工作，但以非操作类工作为主
文献分析法	适用于各类工作
主题专家会议法	适用于中高层管理工作
工作日志法	适用范围比较广泛，几乎适用于各类工作

10. A [解析] 以人为基础的系统性工作分析方法包括职位分析问卷法、工作要素法、临界特质分析系统、能力要求法。

11. D [解析] 以工作为基础的系统性工作分析方法包括管理职位描述问卷法、关键事件法、功能性工作分析方法、工作任务清单分析法，D 项错误。

• 考点再现

Q_{10-11} 现代的工作分析方法如表 5-2 所示。

表 5-2 现代的工作分析方法

以人为基础的系统性工作分析方法	以工作为基础的系统性工作分析方法
职位分析问卷法	管理职位描述问卷法
工作要素法	关键事件法
临界特质分析系统	功能性工作分析方法
能力要求法	工作任务清单分析法

Day 16

1. ACE [解析] 职位说明书包括两个部分，即工作描述和任职资格条件，A 项正确。不同岗位的职位说明书内容形式是不同的，同一岗位应统一规范职位说明书，B、D 两项错误。工作分析的成果文件之一是职位说明书，它又称岗位说明书或者工作说明书，C 项正确。在应用的过程中应该遵循动态原则，根据实际情况的变化而不断对职位说明书进行调整与修订，始终保证其时效性，E 项正确。

2. ABC [解析] 工作描述区别于工作规范，它是对有关工作职责、工作活动、工作条件及工作对人身安全危害程度等工作特性方面的信息所进行的书面描述，A、B、C 三项正确。

3. ACDE [解析] 工作描述是对有关工作职责、工作活动、工作条件及工作对人身安全危害程度等工作特性方面的信息所进行的书面描述，主要包含工作标识、工作摘要、工作职责、工作权限、绩效标准、工作关系、工作环境条件。A、C、D、E 四项正确。

4. ABC ［解析］任职资格条件的内容包括：①教育程度要求；②资格证书要求；③工作经验要求；④培训要求；⑤知识要求；⑥工作技能要求；⑦心理品质要求。

5. A ［解析］职位标准是用来规范任职者的，而不是让职位去适应任职者，A项错误。

6. C ［解析］在编写职位说明书的工作规范（任职资格）时，应该注意以下几点：①应该制定职位标准去规范任职者，而不是让职位适应任职者；②用语要符合法律条文，严禁种族、宗教、性别、年龄、身体残疾等方面的歧视；③切记工作规范是对任职者的要求，而非根据现有职位人员的特征编写；④一般所列出的任职资格是履行工作职责的最低要求。C项正确。

7. D ［解析］工作分析是通过系统分析的方法来确定工作的职责以及所需的知识和技能的过程，A项错误。工作研究的目的是避免在时间、人力、物力和资金等多方面的浪费，B项错误。工作分析的内容包括工作设立的目的、工作内容、工作联系、工作发生时间、工作环境和工作任职者要求，C项错误。工作研究是运用系统分析的方法将工作中不合理和不经济的因素排除，寻求最经济和更容易操作的工作方法，以提高系统的效率，D项正确。

8. ABD ［解析］工作研究分为方法研究和时间研究。方法研究包括以下三个部分：①过程分析；②作业分析；③动作分析。

9. C ［解析］方法研究包括过程研究、作业研究和动作分析三部分，A项错误。方法研究中的过程研究以产品制造过程为研究改进对象，B项错误。时间研究的方法包括秒表时间研究法、工作抽样法、预定动作时间标准法、标准资料法，C项正确。标准资料法是作业要素时间数据的积累，D项错误。

10. D ［解析］工作研究是运用系统分析的方法将工作中不合理和不经济的因素排除，寻求最经济和更容易操作的工作方法，以提高系统的效率。其基本目标是避免在时间、人力、物力和资金等方面的浪费。工作研究包括方法研究和时间研究。A、B、C三项正确。

11. ACDE ［解析］影响作业能力的主要因素：①生理因素；②环境因素；③工作条件和性质。

Day 17

1. A ［解析］作业疲劳的引发因素包括工作环境因素、生理因素、心理因素。可能引发作业疲劳的最客观、最直接的因素是工作环境因素，包括工作强度、工作速度、工作方式和工作持续时间等，A项正确。

2. B ［解析］在心理疲劳中，有两种现象容易被人忽视，需要引起特别注意。其中之一是心理阻滞，即劳动者在从事需要保持一定警觉水平和稳定注意的作业时，自发地产生极其短暂的停顿现象。这种阻滞往往与发生错误相联系，甚至导致事故的发生。

3. A ［解析］心理饱和是指劳动者长时间从事单调、重复性的生产活动时，心理活动能力逐渐下降，最后感到精疲力竭，以致无法继续作业的现象。

4. ACDE ［解析］作业疲劳的测定方法包括：①生化法；②生理心理测试法；③他觉观察和主诉症状法；④工作绩效测定法。

5. D ［解析］生理疲劳是指由于人的生理机制局限性而引起的疲劳，A项错误。生理疲劳和心理疲劳是相互联系相互影响的，B项错误。个体的情绪、兴趣、态度、动机、意志等都会对疲劳产生作用和影响，C项错误。工作环境因素是引发疲劳最客观、最直接的原因，D项正确。
6. B [解析] 劳动强度表明生产过程中的体力消耗和紧张程度，也可以说是劳动力消耗的密集程度。它是用来计算单位时间劳动力消耗的一个指标。
7. C [解析] 体力劳动强度的分级包括：①根据劳动时的氧气消耗划分；②根据能量消耗划分；③根据劳动时一些生理指标变动情况划分；④根据我国人民的饮食营养以及各种活动的能量代谢需要划分；⑤根据劳动强度指数划分。

Day 18

1. ACD [解析] 提高作业能力、降低作业疲劳的措施有：①改进操作方法，即采用平衡姿势和合理设计作业中的用力方法；②合理安排作业休息制度，其中应尽量避免轮班，保证休息日制度；③改善工作内容；④合理调节作业速率。
2. B [解析] 正确选择作业姿势和体位主要体现为作业时应尽可能采取平衡姿势。作业姿势不同，能量代谢率也不同，不适感的心理量也不同。当采用不平衡的作业姿势时，作业范围和最大负荷均会受到限制。
3. A [解析] 合理安排作业休息制度包括实际工作率的确定、轮班制度、休息日制度。
4. ABCD [解析] 合理调节作业速率的方法有：①按照作业速率调整劳动组合；②合理设置间歇时间，短暂的间歇是适当速率水平的必要成分；③通过合理改变作业速率来减少工人的疲劳；④实行自主调节速率的工作方式。
5. A [解析] 安全目标管理是目标管理在安全管理方面的应用，是一种综合性较强的管理方法。
6. B [解析] 安全目标体系就是安全目标的网络化、细分化，是安全目标管理的核心。安全目标的内容包括事故次数、死亡人数指标、伤害频率或伤害严重率、事故造成的经济损失、作业点尘毒达标率、劳动安全卫生措施计划完成率、隐患整改率、设施完好率、全员安全教育率、特种作业人员培训率等。
7. D [解析] 事故预防措施的管理方面，需要加强组织领导，而非削弱组织领导，D项错误。
8. A [解析] 工作设计的目的，一方面是使企业内部职位的职责、工作关系更科学、合理，提高工作效率；另一方面也希望通过改进工作的方法、流程使工作更加人性化，进而达到激励的效果。

Day 19

1. A [解析] 传统的工作设计方法包括机械型工作设计方法、生物型工作设计方法、知觉运动型工作设计方法。现代的工作设计方法包括激励型工作设计方法、社会技术系统法。A项属于现代工作设计方法。
2. D [解析] 机械型工作设计方法强调围绕工作任务的专门化、技能简单化以及重复化来进行工作设计，使得工作安全、简单、可靠，使得员工工作中的精神需求最小化。生物型工作设计方法是一种基于工效学思想的设计方法，注重的是人的身体能力和身体局限，通常用于体力要求比较高的职位，目的是降低某些特定的职位对于体力的需求，从而使得任何人都能够完成这些职位上的工作，该方法非常关注对机器和技术的设计。知觉运动型工作设计方法是另一种基于工效学思想的设计方法,关注人的心理能力和心理局限,目的是确保工作的要求不会超过人的心理能力和心理局限,通过降低工作对信息加工的要求,以改善工作的可靠性和安全性。激励型工作设计方法的理论基础主要是人际关系理论和工作特征模型理论。

3. AB ［解析］激励型工作设计方法中的工作特征模型包含技能多样性、任务完整性、任务重要性、工作自主性、工作反馈性,其中能够使员工了解工作意义的核心维度包括技能多样性、任务完整性和任务重要性。A、B两项正确。

4. ABDE ［解析］基于人际关系理论及工作特征模型理论的激励型工作设计方法,强调通过工作扩大化、工作丰富化、工作轮换、使用自主性工作团队、应用工作生活质量理论等方式来提高工作的激励性。

5. BCD ［解析］工作扩大化主要包括延长工作周期、增加职位的工作内容和包干负责制三种方式。

6. A ［解析］工作丰富化可以纵向扩充工作内涵,提高工作的挑战性、意义性、完整性,A项正确。机械型工作设计法强调的是围绕工作任务的专门化、技能简单化及重复化来进行工作设计,通常是降低工作的复杂程度,让工作简单化,B、D两项错误。知觉运动型工作设计法通常是通过降低对工作信息加工的要求,以改善工作的可靠性和安全性,C项错误。

7. CD ［解析］对于过于敏感或有高度机密性的职位,不适合经常调动,A项错误。工作轮换应充分考虑员工个人的意愿,不能进行强制性的工作轮换,B项错误。工作轮换降低了员工的离职率,E项错误。

8. (1) ABC ［解析］选择标杆职位进行分析应该考虑如下因素：①职位的代表性；②职位的关键程度；③职位内容的变化频率和变化程度；④职位任职者的绩效。

   (2) AC ［解析］任职资格条件包括如下内容：①教育程度要求；②资格证书要求；③工作经验要求；④培训要求；⑤知识要求；⑥工作技能要求；⑦心理品质要求。

   (3) BCD ［解析］编写工作规范应注意的几点：①制定职位标准去规范任职者；②语言要符合法律条文,严禁种族等各种歧视；③切记工作规范是对任职者的要求,而非现有职位人员的要求；④一般所列出的任职资格是履行工作职责的最低要求。

9. (1) D ［解析］问卷调查法的缺点包括：①对问卷编制的技术要求较高；②不同任职者对问卷中同样问题理解可能存在差异,导致产生信息误差；③问卷的回收率通常偏低。

   (2) A ［解析］访谈法适用范围很广,观察法适用于工作内容简单、标准化、重复性的操作类工作或基层文员的工作；管理游戏法与视听法不属于工作分析法。A项正确。

   (3) ACD ［解析］职位说明书又称岗位说明书或者工作说明书,它是以标准的格式对职位的工作及任职者的资格条件进行规范化描述的文件。职位说明书包括两个部分：工作描述和任职资格条件。职位说明书的管理和使用是一个动态的过程。

本章强化测试

第六章 招募与甄选

学习指导

本章所涉知识点内容较简单。招募的内涵与战略、甄选的基本程序和参考依据等考点考试时相对容易拿分,难点是甄选的主要方法,需要注意区分每种方法。本章多考查单选题、多选题,考查案例分析题的可能性非常小。

日期	考点
Day20	▶ 招募的内涵与战略 ▶ 招募的基本程序
Day21	▶ 外部招募的主要渠道 ▶ 甄选的基本程序和参考依据
Day22	▶ 甄选的主要方法

▶▶▶ Day 20

▼ **考点**:招募的内涵与战略

1. [单选]从组织外部来看,影响招募工作的因素是(　　)。

   A. 招募人员的职位本身的特点

   B. 一个组织在劳动力市场上的品牌形象

   C. 劳动力市场上的供求松紧情况

   D. 组织的人力资源管理政策

2. [单选]企业通过自主品牌建设吸引人才的做法反映了(　　)因素对企业招聘活动的影响。

   A. 国家的法律法规　　　　　　　　B. 竞争对手

   C. 企业自身形象　　　　　　　　　D. 外部劳动力市场

3. [单选]有些企业在招募新员工时会对求职者的基本素质提出要求,但并不要求他们具有太多的工作经验,这种招募战略属于(　　)。

   A. 高薪战略　　　　　　　　　　　B. 培训战略

   C. 广泛搜寻战略　　　　　　　　　D. 等待战略

4. [单选]招募有内部招募和外部招募两个主要来源,属于外部招募优点的是(　　)。

   A. 有利于提高员工的工作满意度

   B. 降低招募的风险

C. 能够为组织节约一些成本

D. 有助于组织招募到最为合适的潜在任职者

▽ 考点：招募的基本程序

5. ［单选］在招募中使用金字塔模型，可以帮助组织确定合理的招募（　　）。

   A. 预算　　　　　　　　　　　　B. 时间

   C. 规模　　　　　　　　　　　　D. 来源

6. ［多选］招募工作的基本程序主要包括（　　）。

   A. 确定人力资源规划　　　　　　B. 制订招募计划

   C. 确定招募需求　　　　　　　　D. 实施招募活动

   E. 评估招募效果

7. ［单选］当组织出现一个空缺职位，组织需要决定是采用内部招募还是外部招募来填补职位空缺，属于招募程序中的（　　）。

   A. 确定招募需求　　　　　　　　B. 制订招募计划

   C. 实施招募活动　　　　　　　　D. 确定招募范围

8. ［单选］组织所发布的招募信息必须（　　）。

   A. 简洁、明确　　　　　　　　　B. 全面、多样

   C. 真实、有效　　　　　　　　　D. 复杂、明确

9. ［单选］（　　）是对招募工作的最终效果以及招募过程中的每一个环节的实施情况进行评价。

   A. 确定招募需求　　　　　　　　B. 制订招募计划

   C. 实施招募活动　　　　　　　　D. 评估招募效果

✎ 学习笔记

Day 21

▶ 考点：外部招募的主要渠道

1. [多选] 与其他招募方法相比，互联网人才招募的优点有（　　）。
   A. 可以快速、广泛地传递招聘信息
   B. 收益成本比相对较高
   C. 大大增加人力资源部门的工作量
   D. 招聘信息仅会传递至目标招聘人群
   E. 成本很高

2. [单选] 下列不属于外部招募做法的是（　　）。
   A. 发布职位公告
   B. 校园招募
   C. 内部员工推荐
   D. 人才招聘会

3. [多选] 在招聘中，内部员工推荐法的优点包括（　　）。
   A. 成本低
   B. 最终被录用并达到组织绩效要求的可能性较大
   C. 工作态度往往较好
   D. 流动率相对较高
   E. 适应速度较慢

4. [单选] 企业在使用劳务派遣用工时必须注意遵守相关规定，下列表述错误的是（　　）。
   A. 劳务派遣单位必须与劳动者订立两年以上固定期限劳动合同
   B. 劳务派遣单位应支付劳动报酬、加班费、绩效奖金等
   C. 连续用工应实行正常的工资调整机制
   D. 在被派遣劳动者无工作期间，派遣单位应按照当地最低工资标准按月支付报酬

▶ 考点：甄选的基本程序和参考依据

5. [单选] 甄选的基本程序不包括（　　）。
   A. 确定甄选需求
   B. 审查求职申请或求职简历
   C. 甄选测试与面试
   D. 背景核查与体检

6. [单选] （　　）是指通过运用一定的工具和手段对已经招募到的求职者进行鉴别和考察，从而最终挑选出最符合组织需要的，最为恰当的职位空缺填补者的过程。
   A. 工作分析
   B. 甄选
   C. 招募
   D. 工作设计

7. [多选] 企业在做出甄选决策时，通常会参考的依据包括（　　）。
   A. 教育背景
   B. 身体特征
   C. 个人特征
   D. 民族
   E. 户籍

8. [单选] 以下不属于甄选测试阶段任务的是（   ）。

    A. 剔除明显不合格的求职者

    B. 考查求职者专业知识和技能

    C. 了解求职者的工作动机、人格特点等

    D. 对求职者的认知能力、职业性向进行测试

✎学习笔记

Day 22

考点：甄选的主要方法

1. [多选] 以下不属于心理测试的有（   ）。
   A. 知识测试   B. 能力测试
   C. 人格测试   D. 职业兴趣测试
   E. 工作样本测试

2. [单选] 对一个人的动态强度、爆发力、广度灵活性、动态灵活性、身体协调性与平衡性等所进行的测试，属于（   ）。
   A. 心理运动能力测试   B. 能力测试
   C. 运动和身体能力测试   D. 认知能力测试

3. [多选] 根据标准化程度划分的面试类型不包括（   ）。
   A. 结构化面试   B. 一对一面试
   C. 压力面试   D. 非结构化面试
   E. 半结构化面试

4. [单选]（   ）方法的场面类似于若干新闻记者在一个新闻发布会上向发言人分别提问。
   A. 单独面试   B. 小组面试
   C. 顺序面试   D. 集体面试

5. [多选] 下列关于结构化面试的说法，正确的有（   ）。
   A. 不存在必须遵循的既定格式
   B. 面试考官和被面试者的谈话很僵硬
   C. 没有统一的打分规则和评价标准
   D. 可以实现结构性与灵活性相结合
   E. 确保关键的信息不会遗漏

6. [多选] 成就测试包括的类型有（   ）。
   A. 知识测试   B. 工作样本测试
   C. 公文筐测试   D. 无领导小组讨论
   E. 角色扮演

7. [单选] 评价中心技术主要适用于企业甄选的人员类型是（   ）。
   A. 操作工人   B. 售后服务人员
   C. 研发人员   D. 管理人员

8. [案例] A公司从去年底到今年六月份已经进行了两次校园招聘会，招聘期快要结束时，人力资源部赵经理提出进行第三次校园招聘的请示，他愁眉苦脸地说："前两次人力资源部去招聘，收的简历本来就不多，通过面试的很少，而且最终的录用方案需要用人部门主管决定，所以录用名单是回公司后确定的。由于入校招聘与发放录用通知书之间的时间间隔过长，结果不少应聘者的资料缺失，联系方式不明确，发的录用通知书都没有回音了，打电话也联系不上，万一他们不会来报到，那可怎么办呢？所以只能选择一些没有去过的院校，再进行一次校园招聘了。"王总经理问："再去招聘，时间是否还来得及？

这次校园招聘还会不会遇到同样的问题？你有没有解决的方法呢？"这三个问题让赵经理愣住了。

根据以上材料，回答下列问题：

(1) 与其他招聘来源相比，在校学生的特点是（   ）。

A. 具有丰富的社会经验

B. 容易被塑造和培养

C. 具有熟练的岗位技能

D. 较为稳重和可靠

(2) 在前两次校园招聘中，A 公司人力资源部存在的问题是（   ）。

A. 面试管理不成功

B. 没有采用招聘金字塔模型进行招聘规模管理

C. 没有选择招聘渠道

D. 没有对招聘时间进行管理

(3) 为了避免校园招聘中再次遇到类似前两次的情况，人力资源部的正确做法是（   ）。

A. 建立详细的应聘人员信息库

B. 分析影响大学生报到的因素

C. 减少发放录用通知书的比例

D. 缩短面试与发放录用通知的时间间隔

(4) 在进行录用决策时，人力资源部恰当的做法是（   ）。

A. 无需征求用人部门主管的意见，直接作出现场录用决策

B. 将所有招聘与录用资料存档，以备查询

C. 尊重用人部门的意见，让用人部门参与面试活动

D. 关注那些被拒绝的应聘者的情况

9. [案例] 甲企业最近几年不断发展，公司规模日益扩大，人手紧缺，尤其是销售部门，同时也需要一名经验丰富的销售总监来带领团队拓展市场。公司管理层决定到外部劳动力市场上寻找合适的人员来填补公司内部出现的职位空缺。他们首先考虑了公司目前急需人员的岗位和所需人数，将拟招聘岗位薪酬水平定位在市场薪酬水平的 85 分位，同时制订了详细的招募计划，通过人力资源部门的努力，终于在一个月内完成了空缺人员的招募，为公司注入了新的血液，公司又开始正常运转。

根据以上材料，回答下列问题：

(1) 甲企业补充销售人员比较适宜采用的渠道是（   ）招募。

A. 劳务派遣机构   B. 大学

C. 互联网招募广告   D. 猎头公司

(2) 拟招募的销售总监，公司内部没有一个人具备这种资格。对于这种情况最恰当的招募方法和招募来源的选择分别为（   ）。

A. 招募会，大学和学院

B. 职业介绍所，职业学院

C. 入校招募，职业学校
D. 猎头公司，竞争对手和其他公司

（3）根据公司实际情况，人力资源部要顺利完成人员补充任务，可能不宜采取的招募战略有（　　）。

A. 高薪战略　　　　　　　　　　B. 培训战略
C. 广泛搜寻战略　　　　　　　　D. 培养战略

（4）人力资源部在对销售人员进行甄选时，采用了无领导小组讨论和半结构化面试的方式，以下说法错误的是（　　）。

A. 无领导小组讨论可以考察被测试者的人际交往能力
B. 无领导小组讨论是评价中心技术之一
C. 半结构化面试要求面试考官必须按照面试程序进行
D. 半结构化面试可以做到面试的结构性与灵活性的结合

学习笔记

本章学习检查表

知识点名称	初次学习		第一次复习		第二次复习	
	做对题目数/总题目数	学习日期	做对题目数/总题目数	复习日期	做对题目数/总题目数	复习日期
招募的内涵与战略						
招募的基本程序						
外部招募的主要渠道						
甄选的基本程序和参考依据						
甄选的主要方法						

填写建议：

"做对题目数/总题目数"记录自己各知识点做题的情况，比如，某知识点总题目数10题，自己做对了其中7题，记录为7/10。

"学习日期"和"复习日期"记录自己学习和复习各知识点的日期。

备忘录

参考答案及解析

Day 20

1. C [解析] 影响招募工作的外部因素包括劳动力市场上的供求松紧情况、政府和工会对劳动力市场所施加的限制。

2. C [解析] 从组织内部来看，影响招募工作的因素有：招募人员的职位本身的特点、组织的人力资源管理政策以及组织的形象。其中，自主品牌建设属于组织形象的范畴，C项正确。

> **●考点再现**
>
> Q_{1-2} 招募工作的影响因素。
> （1）组织外部因素：①劳动力市场上的供求松紧情况；②政府和工会对劳动力市场所施加的限制。
> （2）组织内部因素：①招募人员的职位本身的特点；②组织的人力资源管理政策；③组织的形象。

3. B [解析] 组织在进行招募时，总的来说可以采取三种战略，即高薪战略、培训战略和广泛搜寻战略。其中，培训战略是指组织对求职者的基本素质有要求，但是对工作经验没有太高的要求，只要求职者的基本素质较好，那么组织在雇用员工之后会向他们提供较多的培训，这样就可以让员工逐渐适应职位的工作要求。

4. D [解析] 外部招募的优点有：①扩大了候选人的选择范围，因而更有助于组织招募到最为合适的潜在任职者；②可以为组织带来一些新的思想方式或新的经营理念，有利于组织的业务创新和管理创新；③有助于削弱组织内部人员相互之间进行职位竞争而造成的紧张气氛，同时也有利于抑制组织内部人员形成"论资排辈"和"熬年头"思想。

5. C [解析] 通常情况下，企业会通过招募和甄选的各个阶段不断地筛选求职者，在这一过程中，候选者的范围一次次地缩小，整个过程就像是一个多层漏斗一样，最终能够被雇用的总是少数，招募甄选金字塔是为了确定招募规模。

6. BCDE [解析] 招募的基本程序为：确定招募需求、制订招募计划、实施招募活动、评估招募效果。

7. A [解析] 确定招募需求的同时还需要作出另一个相关决定，当组织中出现一个空缺职位，组织需要决定是采用内部招募还是外部招募来填补职位空缺。

8. A [解析] 实施招募活动中，组织所发布的招募信息必须简洁、明确，而且注明接收简历的截止时间以及组织中的联系人和联系方式，以备求职者查询。

9. D [解析] 评估招募效果是对招募工作的最终效果以及招募过程中的每一个环节的实施情况进行评价。

Day 21

1. AB [解析] 互联网人才招募的优点包括：①这种招募形式的收益成本比相对较高；②通过互联网发布的招募信息传递速度快、查询方便；③互联网人才招募有助于减少组织的时间投入和文案工作。

2. A [解析] 外部招募的主要渠道包括社会招募、校园招募、内部员工推荐、公共（非营利）和私营就业服务机构、劳务派遣机构、人才招聘会等。

3. ABC [解析] 内部员工推荐法的优点包括：①成本低。②得到内部员工推荐者最终被录用并达到组织绩效要求的可能性较大，同时流动率也相对较低。因为这些外部的求职者实际上是在得到内部员工帮助下完成了一次自我选择过程。③内部员工推荐的求职者进入组织之后的适应速度也较快，工作态度往往也较好。A、B、C三项正确。

4. B [解析] 劳务派遣单位应支付劳动报酬，用工单位应支付加班费、绩效奖金，提供与工作岗位相关的福利待遇，B项错误。

5. A [解析] 甄选的基本程序包括：①审查求职申请或求职简历；②甄选测试与面试；③初步雇用决策、背景核查与体检；④雇用决定通知。

6. B [解析] 甄选是指通过运用一定的工具和手段对已经招募到的求职者进行鉴别和考察，从而最终挑选出最符合组织需要的，最为恰当的职位空缺填补者的过程。

7. ABC [解析] 企业在做出甄选决策时，通常会参考的依据包括：①受教育程度；②工作经验和历史绩效；③身体特征；④个人特征与人格类型。

8. A [解析] 审查求职申请表或求职简历阶段的任务有两个：①剔除明显不合格的简历或者辨别在简历中可能隐藏的虚假信息；②确认简历的重点信息，以便在接下来的面试或其他甄别过程中加以确认，从而使后续甄选过程更加具有针对性。A项不属于甄选测试阶段任务。

Day 22

1. AE [解析] 心理测试可以划分为能力测试、人格测试以及职业兴趣测试。

2. C [解析] 能力测试分为认知能力测试、运动和身体能力测试两种。其中，运动和身体能力测试是对一个人的动态强度、爆发力、广度灵活性、动态灵活性、身体协调性与平衡性等所进行的测试。

3. BC [解析] 根据标准化程度划分，面试可分为非结构化面试、结构化面试及半结构化面试。根据组织形式划分，面试可分为单独面试、系列面试、小组面试、集体面试。B项属于单独面试。C项，压力面试不是根据标准化程度划分的。

4. B [解析] 小组面试是指由一组面试考官在同一时间和同一场所，共同对一位被面试者进行提问、观察并作出评价的面试方法，其场面类似于若干新闻记者在一个新闻发布会上向发言人分别提问。

5. BE [解析] A、C两项属于非结构化面试的表述，D项属于半结构化面试的表述。

6. AB [解析] 成就测试包括的类型有知识测试和工作样本测试两种。A、B两项正确。C、D、E三项为评价中心技术的类型。

7. D [解析] 评价中心技术主要用于考查求职者是否具备从事管理类工作所需要的人格特征、管理技能以及人际关系技能。

8. (1) B [解析] 毕业生没有在其他企业中服务过，比较容易被塑造和培养。

   (2) ABD [解析] 案例资料中"收的简历不多，通过面试的人少，录用方案是由用人部门主管决定,录用名单需回公司确定,且面试与发放录用书的时间间隔长"可以说明 A、B、D 三项是 A 公司人力资源部出现的问题。

(3) ABD [解析] 根据第(2)题中提到的问题,可知 A、B、D 三项正确。

(4) BC [解析] 做出录用决策时需要注意的问题有:①尊重用人部门的意见;②尽量选择具有与组织文化相吻合的个性特点的求职者;③选择与空缺职位要求最接近的人;④将所有人员招聘与录用的资料存档备案。

9. (1) C [解析] 互联网人才招募网站一方面网罗了大批企业的人才招募信息,因而能够吸引大量的求职者;另一方面储备了大量的求职者信息,从而能够为需要招募员工的企业提供一些合格的求职者。案例中,该公司的情况适宜采用互联网招募广告的方法。C 项正确。

(2) D [解析] 与一般职业介绍机构相比,猎头公司一般定位在对中、高层管理人员和高级技术人员的招募。对于一个要求近期具有相似工作经验的职位来说,其竞争对手和同一行业中的其他公司可能是一个较好的招募来源。

(3) BCD [解析] 高薪战略是指为空缺职位确定高于市场水平的薪酬,从而增强对求职者的吸引力。其优点是能够快速吸引到高质量的求职者,招募工作比较容易完成。案例中,该公司将薪酬水平设定在 85 分位,并且急需人才,故不适宜采用 B、C、D 三项所描述的战略方法。

(4) C [解析] 根据标准化程度划分,面试可分为非结构化面试、结构化面试以及半结构化面试。半结构化面试中,有些内容会作统一要求,有些内容则不作统一规定,做到面试的结构性与灵活性相结合,C 项错误。

本章强化测试

第七章 绩效管理

学习指导

本章所涉知识点内容难度较大,考查比较集中,所占分值较多,是本书的重点。本章考点集中于绩效考核指标体系的设计、绩效考核技术(排序法、图尺度评价法、配对比较法、强制分布法、关键事件法、不良事故评价法、行为锚定法、行为观察量表法)。本章考查的内容与生活息息相关,建议在学习时和实际生活相结合。

日期	考点
Day23	➢绩效管理与绩效考核概述 ➢绩效考核体系 ➢绩效考核指标体系的构成 ➢绩效考核指标体系的设计
Day24	➢排序法 ➢图尺度评价法 ➢配对比较法 ➢强制分布法
Day25	➢关键事件法和不良事故评价法 ➢行为锚定法和行为观察量表法

▶▶▶ Day 23

▼ **考点**:绩效管理与绩效考核概述

1. [单选]下列关于绩效和薪酬的说法,错误的是( )。
    A. 绩效是个人对企业的承诺
    B. 薪酬是企业对个人的承诺
    C. 个人绩效达成意味着企业目标的实现
    D. 绩效等于薪酬体现的是等价交换的原则

2. [单选]在绩效管理的各个环节中,绩效考核侧重于( )。
    A. 信息的沟通和绩效的提高
    B. 绩效的识别、判断和评价
    C. 员工个人能力的发展
    D. 绩效计划的制订

3. [单选]下列关于绩效管理的说法,错误的是( )。
    A. 绩效管理是一个完整的管理过程
    B. 绩效管理是绩效考核的一个环节

C. 绩效管理侧重于信息的沟通和绩效的提高

D. 绩效管理可以促进企业绩效的提升

4. [单选] 下列关于绩效考核在人力资源管理中的作用的说法，错误的是（　　）。

　A. 绩效考核可以为员工的薪酬发放提供依据

　B. 绩效考核可以为企业的人员配置提供依据

　C. 绩效考核是企业制定劳动标准的主要依据

　D. 绩效考核可以帮助企业更有效地进行员工开发

▼ 考点：绩效考核体系

5. [多选] 根据在企业内外角色的不同，可以把考核主体划分成（　　）。

　A. 上级 　　　　　　　　　　　　B. 下级

　C. 同事 　　　　　　　　　　　　D. 外部人员

　E. 外聘的督导

6. [单选] 在绩效考核过程中，列举一些特征要素，并分别为每一个特征要素列举绩效的取值范围。这种绩效考核技术是（　　）。

　A. 排序法 　　　　　　　　　　　B. 图尺度评价法

　C. 行为锚定法 　　　　　　　　　D. 关键事件法

7. [多选] 确定绩效考核周期需考虑的因素包括（　　）。

　A. 奖金的发放周期 　　　　　　　B. 工作任务的完成周期

　C. 工作的性质 　　　　　　　　　D. 员工的工作态度

　E. 员工的素质状况

8. [单选] 对不同工作性质的员工，在选择绩效考核技术时，应考虑的主要因素不包括（　　）。

　A. 工作内容的程序化/不确定性

　B. 工作环境的稳定性/变动性

　C. 员工工作的独立性

　D. 员工工作的满意度

▼ 考点：绩效考核指标体系的构成

9. [单选] 一般与工作态度、协调能力、合作能力、知识文化水平、发展潜力等指标相对应的绩效考核指标类型是（　　）。

　A. 软指标 　　　　　　　　　　　B. 特质类指标

　C. 结果指标 　　　　　　　　　　D. 行为指标

10. [单选] 关于绩效考核指标评价标准的注意事项，下列说法错误的是（　　）。

　A. 指标评价标准的压力要适度

　B. 指标评价标准要有一定的稳定性

　C. 指标评价标准的修订需要做大幅度的变动

　D. 需要对指标评价标准进行不断修订

11. [单选] 主要由决策者根据历史数据和他们自己的直观判断来确定权重的绩效考核指标

权重设计方法是（ ）。

A. 经验判断法 B. 对偶比较法

C. 倍数加权法 D. 权值因子判断法

12. ［单选］绩效考核指标的设计方法不包括（ ）。

A. 专题访谈法 B. 对偶比较法

C. 个案研究法 D. 问卷调查法

▽ **考点**：绩效考核指标体系的设计

13. ［单选］在绩效考核指标体系的设计中，首要步骤是（ ）。

A. 粗略划分绩效指标的权重

B. 通过工作分析与业务流程分析确定绩效评价指标

C. 通过各个管理阶层员工之间的沟通，确定绩效评价指标体系

D. 对绩效考核指标体系进行修订

14. ［单选］在绩效考核指标体系的设计过程中，有很多需要注意的事项，对此说法错误的是（ ）。

A. 考核指标要与企业战略相结合

B. 防止绩效考核指标受制于某单一个体

C. 考核指标要做到不缺失、不冗余

D. 对不同性质的工作要设定相同的绩效标准

✎ 学习笔记

Day 24

考点：排序法

1. [单选] 在进行绩效考核时，有一种采取"掐头去尾"和"逐层评价"的方法，最终获得员工业绩的排序，这种方法是（　　）。
   A. 关键事件法　　　　　　　　　B. 行为锚定法
   C. 交替排序法　　　　　　　　　D. 配对比较法

2. [单选] 下列关于排序法操作步骤的说法，错误的是（　　）。
   A. 列出需要被评估的人员名单，划去那些评估者不太熟悉的人员
   B. 评出表现最好的员工和表现最差的员工
   C. 在剩余员工中，找出表现最好和表现最差的员工，以此类推，直到完成所有员工的排序
   D. 挑选出对企业成功比较重要的一些特征，并对其进行界定或分级

考点：图尺度评价法

3. [单选] 挑选出对企业成功比较重要的一些特征，并对其进行界定或分级，是（　　）的操作方法之一。
   A. 排序法　　　　　　　　　　　B. 图尺度评价法
   C. 配对比较法　　　　　　　　　D. 关键事件法

考点：配对比较法

4. [单选] 关于配对比较法的操作步骤，下列排序正确的是（　　）。
   ①将列在行上的员工与列在列上的员工进行逐一比较，并对优胜者做出记号
   ②将被评估者的姓名列在评估表格的第一行和第一列
   ③所有比较完成后，计算每位员工优胜的次数
   ④根据该次数对员工的绩效进行排名
   A. ④①②③　　　　　　　　　　B. ②①③④
   C. ①②③④　　　　　　　　　　D. ③④①②

考点：强制分布法

5. [单选] （　　）要求评估者将被评估者的绩效结果放入一个类似于正态分布的标准中。
   A. 强制分布法　　　　　　　　　B. 配对比较法
   C. 行为锚定法　　　　　　　　　D. 不良事故评估法

6. [单选] 将绩效表现划分为多个等级，并确定每个等级的人数比例，是（　　）的操作方法。
   A. 强制分布法　　　　　　　　　B. 关键事件法
   C. 配对比较法　　　　　　　　　D. 图尺度评价法

✎ **学习笔记**

Day 25

考点：关键事件法和不良事故评价法

1. [单选] 根据关键事件报告对员工的绩效加以评定，是（　　）的操作方法。
   A. 排序法
   B. 关键事件法
   C. 行为锚定法
   D. 图尺度评价法

2. [单选] 记录员工在绩效周期内的不良事故，是（　　）的操作方法。
   A. 行为锚定法
   B. 行为观察量表法
   C. 排序法
   D. 不良事故评价法

考点：行为锚定法和行为观察量表法

3. [单选] 下列属于行为锚定法的是（　　）。
   A. 将每项工作的特定行为用一张等级表进行反映
   B. 要求评价者根据某一工作行为发生的频率或次数多少来对考评者打分
   C. 避免巨大损失的发生
   D. 将发生在员工身上的关键事件都记录下来，并将它们作为绩效评估的事实依据

4. [单选] 根据关键事件技术找出关键行为，将内容相似或者一致的关键事件归为一组，形成一个行为项目，是（　　）的操作方法。
   A. 行为观察量表法　　　　　　B. 关键事件法
   C. 行为锚定法　　　　　　　　D. 强制分布法

5. [案例] 某公司成立于2001年，现有员工1 200人。总公司仅设一些职能部门，没有业务部门，但总公司下设若干从事不同业务的分公司。公司高层非常重视绩效考核工作，每季度末对分公司领导班子成员进行考核，具体办法是：总公司分管副总分别召开各分公司全体员工大会，听取分公司领导述职报告之后，再由总公司分管副总和员工按一定权重（4∶6）对其考核测评。考核内容由3个方面构成，即被考核单位的经营业绩、考核结果、被考核者的态度以及发展潜力，三者的权重分别为30%、40%和30%，根据加权平均得出总分。分公司领导班子成员的考核结果分为4个等级，每一等级所占比例如表7-1所示。

表 7-1　考核结果

考评等级	优	良	中	差
比例	20%	30%	45%	5%

　　分公司领导班子成员考核完成后，总公司领导在总结会上对考核结果进行说明，并将具体情况反馈给个人。但每次的绩效考核结果并没有与晋升、薪酬挂钩，总是不了了之。

根据以上材料，回答下列问题：

(1) 该公司各分公司领导班子成员绩效考核中存在的问题是（　　）。

A. 绩效考核的目的不清晰

B. 绩效考核内容单一

C. 绩效考核周期过长

D. 未能有效避免考核结果的趋中趋势

(2) 对该公司的分公司总经理进行考核时，可以增加的考核主体包括（　　）。

A. 分公司的原材料供应商

B. 分公司领导班子其他成员

C. 总公司总经理

D. 分公司的产品分销商

(3) 该公司对分公司领导的绩效考核包括工作态度指标，这种考核指标属于（　　）。

A. 硬指标
B. 结果类指标

C. 特质类指标
D. 行为指标

6. [案例] 某公司刚刚进行了一年一度的绩效考核工作，效果并不理想，不仅员工对考核怨声载道，许多管理者也表现出抵触情绪。为了弄清原因，王总经理约谈了销售部李经理和财务部韩经理。销售部李经理快人快语："我们部门总共10个人，负责公司6个地区的销售工作，虽然公司为我们制定了具体量化的绩效指标，可是我们的员工天天加班加点，拼命工作，仍无法达到这些指标的要求。"财务部韩经理更是急不可待："财务部门的工作基本上都是按照会计准则和业务规范来完成的，这些工作很难与'创新能力'等指标及其评定标准对应，而且要评价的指标太多太细，占用了大量的时间。此外，除了要求我给部门员工打分之外，还要让外部门的人也给他们打分，这样做是否恰当？一方面他们对我们部门的工作并不了解，另一方面财务工作经常会得罪人，让被得罪过的人考评我们，能保证公平吗？"听了大家的各种反馈意见，王总经理陷入了深深的思考之中。

根据以上材料，回答下列问题：

(1) 从销售部李经理的叙述中可以看出，该部门的绩效指标缺乏（　　）。

A. 相关性
B. 可测量性

C. 具体性
D. 可实现性

(2) 财务部门绩效考核中存在的问题有（　　）。

A. 对财务部门的考核指标不能很好地反映部门的职责

B. 对财务部门的考核指标太多太细，不能反映工作的重点

C. 在财务部门员工的考核主体中，不应包括财务部经理

D. 部分考核主体的偏见影响了考核结果的准确性

(3) 从该案例中能得到的启示有（　　）。

A. 工作任务越重，越应降低绩效考核的标准

B. 关键绩效指标的设置要遵循 SMART 原则

C. 绩效考核主体越多，反映的考核结果越全面

D. 绩效考核主体要对被考核者的工作状态有所了解

（4）如果对绩效考核指标的设计进行改进，可以采用的方法包括（　　）。

A. 工作分析法　　　　　　　　　　B. 业务流程分析法

C. 专题访谈法　　　　　　　　　　D. 无领导小组讨论法

学习笔记

本章学习检查表

知识点名称	初次学习		第一次复习		第二次复习	
	做对题目数/总题目数	学习日期	做对题目数/总题目数	复习日期	做对题目数/总题目数	复习日期
绩效管理与绩效考核概述						
绩效考核体系						
绩效考核指标体系的构成						
绩效考核指标体系的设计						
排序法						
图尺度评价法						
配对比较法						
强制分布法						
关键事件法和不良事故评价法						
行为锚定法和行为观察量表法						

填写建议：

"做对题目数/总题目数"记录自己各知识点做题的情况，比如，某知识点总题目数10题，自己做对了其中7题，记录为7/10。

"学习日期"和"复习日期"记录自己学习和复习各知识点的日期。

备忘录

参考答案及解析

Day 23

1. C [解析] 从管理学角度看，绩效是企业期望的结果，它包含两个层次的内容：企业绩效和个人绩效。个人绩效是企业绩效实现的根基，但个人绩效的达成并不意味着企业绩效的实现，C项错误。

2. B [解析] 绩效考核侧重于绩效的识别、判断和评价，绩效管理侧重于信息的沟通和绩效的提高，B项正确。

3. B [解析] 绩效考核与绩效管理的联系包括：①绩效考核是绩效管理的重要组成部分；②绩效考核的顺利实施不仅取决于考核过程本身，而且取决于与考核相关的整个绩效管理过程；③有效的绩效考核是对绩效管理的有力支撑，成功的绩效管理亦会推动绩效考核的顺利开展。绩效考核与绩效管理的区别包括：①绩效管理是一个完整的管理过程，而绩效考核只是绩效管理中的一个环节；②绩效管理侧重于信息的沟通和绩效的提高，绩效考核侧重于绩效的识别、判断和评价。B项错误。

4. C [解析] 绩效考核在人力资源管理中的作用包括：①绩效考核可以为员工的薪酬发放提供依据；②绩效考核可以为企业的人员配置提供依据；③绩效考核可以帮助企业更有效地进行员工开发；④绩效考核可以用来评估人员招聘、员工培训等计划的执行效果。C项错误。

5. ABCD [解析] 根据在企业内外角色的不同，可以把考核主体划分成上级、下级、同事、外部人员、员工自己。

6. B [解析] 绩效考核技术中，量表法分为图尺度评价法、行为锚定法、行为观察量表法。图尺度评价法具体做法为：列举一些特征要素，并分别为每一个特征要素列举绩效的取值范围，这是一种最简单和运用最普遍的绩效评价方法。

7. ABC [解析] 绩效考核周期的影响因素有：①奖金发放周期；②工作任务的完成周期；③工作的性质。

8. D [解析] 各种考核技术不存在好与不好之分，只有适应与不适应企业的实际需求之分。可以从三个角度概括员工的工作：工作环境、工作内容、员工工作的独立性。

9. D [解析] 绩效考核指标包括：①硬指标（以统计数据为基础，以数量表示评价结果）和软指标（通过人的主观评价方能得出评价结果）；②特质（关注的是员工的素质与发展潜力）、行为（关注绩效实现的过程）、结果（关注绩效结果或绩效目标的实现程度）；③结果指标（一般与公司目标、部门目标及员工的个人指标相对应）和行为指标（一般与工作态度、协调能力、合作能力、知识文化水平、发展潜力等指标相对应）。D项正确。

10. C [解析] 绩效考核指标评价标准的注意事项有：①指标评价标准的压力要适度。考核标准要使大多数人经过努力可以达到。绩效标准的可实现性会促使员工更好地发挥潜能。实践表明，员工在适当的压力下可以取得更好的绩效，标准产生的压力以能提高劳动生产率为限。②指标评价标准要有一定的稳定性。一般来说，绩效标准一经制定，基本框架不应改变。但为了及时反映和适应工作环境的变化，需要对其进行不断修订。修订往往往只是部分的,对某些条款不需要做大幅度的变动,C项错误。

11. A [解析] 绩效考核指标权重设计方法包括经验判断法、按照重要性排序法、对偶比较法、倍数加权法、权值因子判断法。其中,经验判断法是一种主要由决策者根据历史数据和他们自己的直观判断来确定权重的方法。A项正确。

12. B [解析] 绩效考核指标的设计方法包括工作分析法、个案研究法、业务流程分析法、专题访谈法、问卷调查法。B项是绩效考核指标权重的设计方法。

13. B [解析] 绩效考核指标体系的设计步骤:①通过工作分析与业务流程分析确定绩效评价指标;②粗略划分绩效指标的权重;③通过各个管理阶层员工之间的沟通,确定绩效评价指标体系;④对绩效考核指标体系进行修订。B项正确。

14. D [解析] 绩效考核指标体系设计的注意事项包括:①考核指标要与企业战略相结合;②防止绩效考核指标受制于某单一个体;③考核指标要做到不缺失、不冗余;④对不同性质的工作要设定不同的绩效标准(D项错误);⑤各维度的考核指标要恰当分配权重;⑥考核指标的确定过程要加强员工的参与。

Day 24

1. C [解析] 排序法根据操作方法不同,可以分为简单排序法和交替排序法。交替排序法是对简单排序法的一种改进,它在评价员工业绩时,采取"掐头去尾"和"逐层评价"的方法,最终获得员工业绩的排序。C项正确。

2. D [解析] D项属于图尺度评价法的操作方法。

3. B [解析] 挑选出对企业成功比较重要的一些特征,并对其进行界定或分级,是图尺度评价法的操作方法之一,B项正确。

4. B [解析] 配对比较法的操作方法:①将被评估者的姓名列在评估表格的第一行和第一列;②将列在行上的员工与列在列上的员工进行逐一比较,并对优胜者做出记号;③所有比较完成后,计算每位员工优胜的次数,并根据该次数对员工的绩效进行排名。B项正确。

5. A [解析] 强制分布法要求评估者将被评估者的绩效结果放入一个类似于正态分布的标准中。

6. A [解析] 将绩效表现划分为多个等级,并确定每个等级的人数比例,是强制分布法的操作方法。

Day 25

1. B [解析] 根据关键事件报告对员工的绩效加以评定,是关键事件法的操作方法,B项正确。

2. D [解析] 记录员工在绩效周期内的不良事故,是不良事故评价法的操作方法,D项正确。

3. A [解析] 行为锚定法将每项工作的特定行为用一张等级表进行反映,该登记表将每项工作划分为各种行为级别,评价时评估者只需将员工的行为对号入座即可。A项正确。B项属于行为观察量表法;C项属于不良事故评价法;D项属于关键事件法。

4. A [解析] 根据关键事件技术找出关键行为,将内容相似或者一致的关键事件归为一组,形成一个行为项目,是行为观察量表法的操作方法,A项正确。

5. (1) A ［解析］根据案例的描述，该公司每季度末都对分公司领导班子成员进行考核，考核内容由3个方面构成，考核结果分为4个等级，每一等级各占一定比例，表明该公司的考核不存在"绩效考核周期过长""绩效考核内容单一""未能有效避免考核结果的趋中趋势"的问题，而是"每次的绩效考核结果并没有与晋升、薪酬挂钩，总是不了了之"，说明该公司绩效考核中存在的问题是绩效考核的目的不清晰。

(2) BC ［解析］绩效考核的主体可以划分为5种类型，即上级、下级、同事、外部人员、员工自己。为了使考核结果具有可信性、有效性、实用性、无偏见性，所有的评估者都应当符合一定的标准，即评估者必须了解被评估者的工作目标，能够经常对处于工作状态的被评估者进行观察，并且有能力判断其工作行为的好坏。

(3) D ［解析］绩效考核指标是指对员工绩效（态度、行为、能力和业绩等因素）进行考核与评价的项目。行为指标一般与工作态度、协调能力、合作能力、知识文化水平、发展潜力等指标相对应。

6. (1) D ［解析］销售部的员工天天加班加点也无法实现公司给销售部制定的具体量化的绩效指标，可见这目标是难以实现的。

(2) ABD ［解析］对不同性质的工作要设定不同的绩效标准，而且考核指标要做到不冗余。由本案例可以看出，财务部的绩效指标太多太细，占用了太多时间，而且由于主观偏见的影响，绩效考核的结果缺乏准确性。

(3) BD ［解析］关键绩效指标要准确切中目标、适度细化、随着环境的改变而变化（具体的）；关键绩效指标要可量化或可行为化，支持它的数据或信息要具有可得性（可测量的）；关键绩效指标在绩效考核周期内、在员工付出努力的情况下可以实现（可实现的）；关键绩效指标必须是与工作职位的职能职责密切相关的（相关的）；关键绩效指标需要强调完成的期限、关注完成的效率（有时限的）。B项正确。绩效考核主体要对被考核者的工作状态有所了解，D项正确。

(4) ABC ［解析］绩效考核指标的设计方法包括工作分析法、个案研究法、业务流程分析法、专题访谈法、问卷调查法。

本章强化测试

第八章 薪酬福利管理

> **学习指导**

本章所涉知识点内容较多,难度较大,"薪酬结构设计"知识点是本章难点。此外,传统薪酬体系设计原则、薪酬水平、宽带式薪酬结构、奖金等内容是考查重点,历年出题频率较高,学习时除了记忆,更要注重理解。

日期	考点
Day26	➢ 薪酬的概念及本质 ➢ 薪酬的基本构成 ➢ 影响薪酬设定的因素 ➢ 薪酬的作用
Day27	➢ 薪酬体系设计 ➢ 薪酬水平决策 ➢ 薪酬结构设计 ➢ 宽带式薪酬结构
Day28	➢ 个人奖励计划 ➢ 团队奖励计划 ➢ 短期和长期奖励计划
Day29	➢ 员工福利的概念及作用 ➢ 员工福利的分类及构成 ➢ 员工福利的管理
Day30	➢ 典型福利计划

▶▶▶ Day 26

考点:薪酬的概念及本质

1. [单选] 小李在公司任职两年后,单位派他到外地进行培训,培训结束后,小李被任命为公司的部门主管。这里小李所得到的培训和晋升机会,从薪酬的组成上来说属于( )。
   A. 直接经济报酬
   B. 间接经济报酬
   C. 工作特征
   D. 工作环境

2. [单选]（　　）的本质是一种公平的交换或交易。
   A. 薪酬
   B. 内在薪酬
   C. 外在薪酬
   D. 福利

3. [单选]（　　）包括直接经济报酬和间接经济报酬。
   A. 经济报酬
   B. 非经济报酬
   C. 能力薪酬
   D. 奖金

▽ 考点：薪酬的基本构成

4. [多选]下列薪酬项目中，属于基本薪酬的有（　　）。
   A. 职位薪酬
   B. 奖金
   C. 技能薪酬
   D. 福利
   E. 能力薪酬

5. [多选]下列关于薪酬的说法，正确的有（　　）。
   A. 薪酬可划分为基本薪酬、奖金和福利三大部分
   B. 基本薪酬包含职位薪酬、技能薪酬和浮动薪酬
   C. 能力薪酬体系主要适用于企业中的"白领员工"
   D. 奖金是薪酬体系中与绩效直接挂钩的部分
   E. 员工福利是一种内在的货币性报酬

6. [单选]奖金又称（　　），是指企业根据员工的工作绩效或工作目标的完成情况而支付的报酬。
   A. 能力薪酬
   B. 福利
   C. 职位薪酬
   D. 浮动薪酬

▽ 考点：影响薪酬设定的因素

7. [单选]影响薪酬设定的外在因素不包括（　　）。
   A. 劳动力市场的供需关系与竞争状况
   B. 地区及行业差异
   C. 当地生活水平
   D. 企业文化

▽ 考点：薪酬的作用

8. [单选]下列关于薪酬作用的说法，正确的是（　　）。
   A. 薪酬收入无法对员工家庭的生活起到保障作用
   B. 薪酬无法体现员工的个人价值
   C. 薪酬政策有助于强化良好的企业文化
   D. 薪酬政策可以引导企业实施战略转移

9. ［单选］薪酬会影响员工的态度、行为及绩效结果等，这主要体现的薪酬作用是（　　）。
   A. 基本生活保障　　　　　　　　　　B. 个人价值体现
   C. 心理激励功能　　　　　　　　　　D. 改善经营绩效

✏️ **学习笔记**

Day 27

▼ **考点**：薪酬体系设计

1. [单选] 建立任职资格体系是（　　）体系设计的重要步骤。
   A. 奖励
   B. 福利
   C. 能力薪酬
   D. 绩效薪酬

2. [多选] 技能薪酬体系的设计流程包括的环节有（　　）。
   A. 技能分析
   B. 技能评价
   C. 技能定价
   D. 技能管理
   E. 职位价值评价

3. [单选] 薪酬设计的内部公平性是指（　　）。
   A. 同一企业中不同职位所获得的薪酬与职位贡献的比值是否一致
   B. 同一行业不同企业中类似职位的薪酬是否相似
   C. 同一企业中相同职位的人所获报酬是否相近
   D. 同一地区不同企业中类似职位的薪酬是否相同

4. [单选] 下列关于薪酬体系设计的公平性原则的说法，错误的是（　　）。
   A. 外部公平性要求各种企业中的类似职位在薪酬方面基本相同
   B. 内部公平性要求同一企业中的不同职位获得的薪酬与各自的贡献成正比
   C. 个人公平性要求同一企业中占据相同职位的人获得的薪酬基本相同
   D. 员工对薪酬分配的公平感是设计薪酬制度和进行薪酬管理时的首要考虑因素

5. [多选] 关于职位薪酬体系设计的基本步骤，以下说法正确的有（　　）。
   A. 工作分析是确定薪酬体系的基础
   B. 工作评价主要是为了解决薪酬的内部公平性问题
   C. 薪酬调查主要是为了解决薪酬的外部竞争性问题
   D. 薪酬结构设计是内部一致性和外部竞争性两种薪酬有效标准之间进行平衡的一种结果
   E. 薪酬预算就是事后的成本分析过程

6. [单选] 职位薪酬体系设计的基本步骤的首要环节是（　　）。
   A. 工作分析及工作评价
   B. 明确企业基本现状及战略目标
   C. 薪酬调查
   D. 薪酬结构设计

▼ **考点**：薪酬水平决策

7. [单选] 下列关于确定薪酬水平决策的说法，错误的是（　　）。
   A. 它是薪酬结构设计中的重要一步
   B. 它是薪酬决策中的关键环节
   C. 常见的市场薪酬水平定位一般可以分为四类

D. 常见的市场薪酬水平定位一般可以分为两类

8. [单选] 关于市场薪酬水平定位策略的说法，正确的是（　　）。
   A. 在年初将薪酬水平调整到年底市场预期水平的策略属于市场滞后策略
   B. 根据市场平均水平确定企业薪酬定位的策略属于市场跟随策略
   C. 根据职位类型分别制定不同薪酬水平的策略属于市场领先策略
   D. 在年底将薪酬水平确定在年初的竞争性水平上的策略属于混合策略

▽ 考点：薪酬结构设计

9. [单选] 下列不属于确定薪酬等级数量及级差方法的是（　　）。
   A. 恒定绝对级差法
   B. 变动级差法
   C. 薪酬变动比率法
   D. 恒定差异比率法

10. [单选] 某公司薪酬体系最高为 8 000 元，中间为 5 500 元，最低为 3 000 元，该薪酬等级的变动比率为（　　）。
    A. 83.33％
    B. 50.00％
    C. 166.67％
    D. 266.67％

11. [多选] 从理论角度说，薪酬等级之间的交叉程度取决于（　　）。
    A. 薪酬等级内部的区间变动比率
    B. 薪酬等级的区间中值之间的级差
    C. 薪酬等级数量
    D. 薪酬变动范围
    E. 薪酬区间渗透度

12. [单选] 如果相邻两个薪酬等级之间没有交叉重叠或交叉重叠很少，则意味着相邻两个薪酬等级的区间薪酬水平差异（　　）。
    A. 很小
    B. 过大
    C. 相等
    D. 无法估计

▽ 考点：宽带式薪酬结构

13. [单选] 下列关于宽带式薪酬的说法，正确的是（　　）。
    A. 宽带式薪酬制度有利于企业内部员工的晋升
    B. 宽带式薪酬制度能够使部门经理更多地参与员工的薪酬决策
    C. 宽带式薪酬可以适用于所有类型的企业
    D. 宽带式薪酬制度比传统薪酬制度的薪酬等级数目更多

14. ［单选］根据员工的绩效将员工放入薪酬宽带的某个位置的是（　　）。
    A. 能力法　　　　　　　　　　　　B. 技能法
    C. 绩效法　　　　　　　　　　　　D. 以上都不是

✎ 学习笔记

Day 28

▼ **考点**：个人奖励计划

1. [单选] 常见的个人奖励计划不包括（   ）。
   A. 计件制　　　　　　　　　　　B. 企业补充福利
   C. 佣金制　　　　　　　　　　　D. 计时制

2. [单选] 根据员工单位时间产量与客观生产标准相比较的结果，对员工进行奖励的一种个人奖励计划是（   ）。
   A. 计件制　　　　　　　　　　　B. 计时制
   C. 佣金制　　　　　　　　　　　D. 管理奖励计划

3. [单选] 销售职位普遍使用的奖励制度是（   ）。
   A. 佣金制　　　　　　　　　　　B. 计时制
   C. 计件制　　　　　　　　　　　D. 管理奖励计划

4. [单选] 通常要达到多个复杂目标的奖励计划是（   ）。
   A. 管理奖励计划　　　　　　　　B. 计时制
   C. 计件制　　　　　　　　　　　D. 行为鼓励计划

5. [单选] 下列关于行为鼓励计划的说法，正确的是（   ）。
   A. 销售人员的收入完全来自佣金
   B. 是奖励员工符合公司利益的具体行为成就
   C. 通常要求达到多个复杂的目标
   D. 一般一些相对稳定的行业可以采用

6. [多选] 下列关于个人奖励计划的表述，错误的有（   ）。
   A. 个人奖励计划能够降低监督成本
   B. 个人奖励计划的薪酬可以累加到员工的基本薪酬中
   C. 个人奖励计划更有利于员工个人技能的发展
   D. 个人奖励计划能够更好地预测和控制劳动力成本
   E. 由于一些职位很难再以物质产出的方式区分员工的个人绩效，使实施个人奖励计划更为困难

▼ **考点**：团队奖励计划

7. [单选] 下列关于团队奖励的说法，错误的是（   ）。
   A. 团队奖励可以使员工产生较强的凝聚力
   B. 团队奖励可以是当团队达到特定的目标后给予的奖励
   C. 团队奖励可以是当团队的生产率提高时给予的奖励
   D. 在绩效考核指标的制定上，团队奖励计划比个人奖励计划复杂

▼ **考点**：短期和长期奖励计划

8. [单选] 短期奖励计划不包括（   ）。
   A. 现股计划　　　　　　　　　　B. 绩效加薪

C. 一次性奖金 D. 月度奖金

9. [单选]将基本薪酬的增加与员工的绩效评价等级联系在一起的短期奖励计划是（　　）。
   A. 一次性奖金　　　　　　　　　　B. 绩效加薪
   C. 月/季度奖金　　　　　　　　　　D. 收益分享计划

10. [单选]月度或季度绩效奖金与员工的（　　）有较为密切的联系。
    A. 基本薪酬　　　　　　　　　　　B. 绩效加薪
    C. 月/季度奖金　　　　　　　　　　D. 特殊绩效

11. [单选]（　　）是为了奖励那些绩效超出预期水平很多的个人及团队，在绩效加薪时额外给予必要的奖励。
    A. 特殊绩效奖励　　　　　　　　　B. 长期绩效奖励
    C. 一次性奖金　　　　　　　　　　D. 绩效加薪

12. [单选]下列关于特殊绩效奖励计划的说法，错误的是（　　）。
    A. 是为了奖励那些绩效超过预期水平很多的个人及团队
    B. 具有非常低的灵活性
    C. 提高了薪酬的自发性
    D. 为企业提供了一种让员工感觉到自己的重要性和价值的机会

13. [单选]下列不属于长期绩效奖励计划的是（　　）。
    A. 现股计划　　　　　　　　　　　B. 期股计划
    C. 绩效加薪　　　　　　　　　　　D. 期权计划

✎ 学习笔记

Day 29

▽ **考点**：员工福利的概念及作用

1. [单选] 企业向员工提供的，用于改善其本人和家庭生活质量的非货币报酬是（　　）。
   A. 员工福利　　　　　　　　　　　B. 职位薪酬
   C. 奖金　　　　　　　　　　　　　D. 年金

▽ **考点**：员工福利的分类及构成

2. [单选] 员工服务计划不包括（　　）。
   A. 员工援助计划　　　　　　　　　B. 住房贷款计划
   C. 家庭生活安排计划　　　　　　　D. 员工咨询计划

3. [单选] 自愿性福利包括收入保障计划和（　　）。
   A. 福利计划　　　　　　　　　　　B. 员工服务计划
   C. 福利预算　　　　　　　　　　　D. 福利沟通

▽ **考点**：员工福利的管理

4. [多选] 员工福利管理包括（　　）。
   A. 福利计划　　　　　　　　　　　B. 福利预算
   C. 福利沟通　　　　　　　　　　　D. 福利的评价与反馈
   E. 福利结算

5. [多选] 一套好的员工福利计划包括（　　）。
   A. 亲和性　　　　　　　　　　　　B. 竞争性
   C. 公平性　　　　　　　　　　　　D. 可操作性
   E. 特色性

6. [单选] 下列关于福利沟通因素构成的描述，错误的是（　　）。
   A. 企业对实施员工福利所作的规划和安排
   B. 企业必须要宣传自己的福利目标，并确保任何一次沟通都能达到这些目标
   C. 必须通过合适的渠道来传播这些信息
   D. 沟通的内容必须具体、完整，不能用有碍交流的复杂专业术语

✎ **学习笔记**

Day 30

考点： 典型福利计划

1. [多选] 弹性福利计划的实施方式包括（　　）。
   A. 附加福利计划
   B. 混合匹配福利计划
   C. 核心福利计划
   D. 标准福利计划
   E. 商业保险

2. [单选] 企业年金的管理运营主体不包括（　　）。
   A. 受托人
   B. 委托人
   C. 托管人
   D. 账户管理人

3. [多选] 下列选项中，属于企业年金的特征的有（　　）。
   A. 经办方式多种多样
   B. 基金实行企业化投资运营
   C. 企业自主建立
   D. 仅员工个人缴费
   E. 具有补充性质

4. [多选] 建立企业年金对企业及其员工的好处包括（　　）。
   A. 有利于企业长远发展
   B. 可以享受国家税收优惠政策
   C. 有利于提高职工退休后的收入水平
   D. 降低企业的竞争力
   E. 员工享有自主权

5. [多选] 企业健康保险计划一般可分为（　　）。
   A. 商业保险
   B. 内部自我保险
   C. 指定服务计划
   D. 社会保险
   E. 人身意外伤害险

6. [案例] 某公司产品在市场上具有一定的垄断性，公司效益良好且相对稳定，但是公司稳定的发展并没有带来员工积极性和忠诚度的提高。近几年来，员工的满意度逐年下降，业务骨干流失率逐年上升，为此，公司聘请了人力资源专家进行咨询。专家经调研发现，员工满意度不高和人才流失的最主要原因是该公司的薪酬体系存在问题，公司不同岗位人员的薪酬差别很小，重要业务岗位和辅助的基本薪酬水平相同，核心人员的薪酬外部竞争力低，对生产部门员工的薪酬激励性不够。为此，专家提出相应的解决方案：重新设计该公司的薪酬体系，界定职位的职责要求，按照一套成熟的职位评价标准对所有岗位进行价值评估，重新确定薪酬等级；进行外部薪酬调查，重新设计各职位的薪酬水平，拉大薪酬水平差距；对核心业务骨干人员按 90 分位的市场薪酬水平支付薪酬，并且在生产部门实行收益分享计划。

   根据以上材料，回答下列问题：

   (1) 该方案的薪酬体系属于（　　）。
   A. 职位薪酬体系
   B. 绩效薪酬体系
   C. 技能薪酬体系
   D. 能力薪酬体系

   (2) 该方案中，对核心的业务骨干人员采取的薪酬水平策略是（　　）。
   A. 市场跟随策略
   B. 基于成本策略

C. 技能薪酬策略　　　　　　　　　　　　D. 市场领先策略

7. [案例] 汤姆洗衣公司是一家从事洗衣行业的老公司，该公司既无正式的工资结构体系，也没有制定工资率或使用薪酬因素，工资水平同周围社会的平均工资水平持平。

　　汤姆在制定工资制度时，并未进行正式的薪水调查。他几乎每天都在阅读求职广告，并通过当地洗衣工和他在清洁协会的朋友进行非正式的薪水调查。汤姆采用对号入座的方法确定员工的工资水平，在许多同行业公司坚持仅支付最低水平工资时，汤姆一直按高于平均工资8%的标准支付工资。这样的政策有助于加强雇员的忠诚感，从而减少劳动力的流动。

　　汤姆的女儿琳达对她父亲薪水政策中的某些条款表示不满，比如从事同样工作的男性的工资比女性高10%。对此，她父亲的解释是："男性身体更好，可以工作更长的时间，而且他们要维持一定的生活水平。"

　　根据以上材料，回答下列问题：

(1) 汤姆一直按高于平均水平8%的标准支付工资，这一行为体现了薪酬制定的（　　）原则。

A. 公平性　　　　　　　　　　　　　　B. 合法性
C. 竞争性　　　　　　　　　　　　　　D. 经济性

(2) 汤姆坚持每天阅读求职广告，他的目的是了解影响薪酬设定的（　　）因素。

A. 当地生活水平
B. 地区及行业的特点与惯例
C. 劳动力市场的供需关系与竞争状况
D. 国家的有关法令和法规

(3) 汤姆洗衣店缺少系统的薪酬体系，如果他决定建立一整套成功的完整的薪酬体系，那么他应该首先考虑（　　）因素。

A. 公平性　　　　　　　　　　　　　　B. 合法性
C. 竞争性　　　　　　　　　　　　　　D. 经济性

(4) 汤姆一直按高于同行业平均水平8%的标准支付工资，也许他这一做法是成功的，但他要考虑（　　）因素。

A. 本单位的业务性质与内容
B. 公司的经营状况与财务实力
C. 公司的管理哲学和企业文化
D. 国家的法律和法规

8. [案例] 某科研单位由于体制转轨开始面向市场，原来实行的工资体系也受到冲击。科研人员对目前的收入极其不满，认为既不具有内部公平性，也不具备外部竞争性。鉴于以上情况，单位领导请来专家小组，对此进行诊断并提出相应对策。

　　专家组采用评分法对单位内部工作岗位进行了重新评价，并依据评价结果和市场薪资状况建立了薪资等级，并为每一薪资等级设置了薪资幅度。专家组还建议单位设立多种奖励形式，如合理化建议奖等，以激发员工的工作热情。

根据以上材料，回答下列问题：

(1) 下列关于薪资幅度的陈述，正确的是（   ）。

A. 薪资幅度反映了薪资等级中最高和最低薪资率间的变化

B. 薪资幅度应足够大，以便对员工出色的工作表现给予激励

C. 薪资幅度最低点通常是某人刚进入单位时的薪资率

D. 薪资水平越高，薪资幅度越小

(2) 在薪资结构设计完成时，有些员工目前的工资可能低于设计的薪资幅度最低点的水平，企业通常采取的对策是（   ）。

A. 将此员工调换到适合目前薪资的工作岗位上

B. 将此员工的薪资率固定

C. 提高此员工的报酬，使其靠近薪资幅度的最低点

D. 提高此员工的报酬，使其靠近薪资幅度的最高点

(3) 传统的薪酬体系设计原则有（   ）。

A. 公平性原则
B. 团队性原则
C. 竞争性原则
D. 激励性原则

学习笔记

本章学习检查表

知识点名称	初次学习		第一次复习		第二次复习	
	做对题目数/总题目数	学习日期	做对题目数/总题目数	复习日期	做对题目数/总题目数	复习日期
薪酬的概念及本质						
薪酬的基本构成						
影响薪酬设定的因素						
薪酬的作用						
薪酬体系设计						
薪酬水平决策						
薪酬结构设计						
宽带式薪酬结构						
个人奖励计划						
团队奖励计划						
短期和长期奖励计划						
员工福利的概念及作用						
员工福利的分类及构成						
员工福利的管理						
典型福利计划						

填写建议：

"做对题目数/总题目数"记录自己各知识点做题的情况，比如，某知识点总题目数10题，自己做对了其中7题，记录为7/10。

"学习日期"和"复习日期"记录自己学习和复习各知识点的日期。

备忘录

参考答案及解析

Day 26

1. C [解析] 非经济薪酬包括：①工作特征，指工作本身具有的价值，主要包括培训机会、晋升机会、工作挑战性、职业发展等；②工作环境，指员工所处的工作氛围对员工的心态、情绪、工作热情等的激励作用，主要包括领导力、认可、成就、人才管理等。

2. A [解析] 薪酬的本质是一种公平的交换或交易。

3. A [解析] 经济薪酬包括直接经济报酬和间接经济报酬。

4. ACE [解析] 根据薪酬发放依据，可以将基本薪酬分为职位薪酬、技能薪酬和能力薪酬。

5. ACD [解析] 薪酬的基本构成包括基本薪酬、奖金、福利。其中，基本薪酬包括职位薪酬、技能薪酬和能力薪酬，B项错误。员工福利是非货币报酬，E项错误。

6. D [解析] 奖金又称浮动薪酬，是指企业根据员工的工作绩效或工作目标的完成情况而支付的报酬。

7. D [解析] 影响薪酬设定的外在因素包括劳动力市场的供需关系与竞争状况、地区及行业差异、当地生活水平、与薪酬相关的法律法规。内在因素包括企业的业务性质与内容、企业的经营状况及支付能力、企业文化。

8. C [解析] 薪酬对员工的作用有：基本生活保障、心理激励功能、个人价值体现。薪酬对企业的作用有：改善经营绩效、塑造和强化企业文化、支持企业变革。

9. C [解析] 薪酬对员工的作用有：基本生活保障、心理激励功能、个人价值体现。其中，心理激励功能体现在：薪酬是企业和员工之间的一种心理契约，这种契约通过员工对薪酬的感知而影响员工的态度、行为及绩效结果，从而产生激励作用。C项正确。

Day 27

1. C [解析] 能力薪酬体系设计的流程包括：①进行工作分析，划分职类和职种；②任职资格体系的建立；③职种价值评价；④员工任职资格鉴定。C项正确。

2. ABCD [解析] 技能薪酬体系设计流程与职位薪酬体系大体相似，都要经过技能分析、技能评价、技能定价和技能管理四个主要步骤。

3. A [解析] 薪酬设计的内部公平性是指同一企业中不同职位所获得的薪酬应与各自的贡献呈正比，只要比值一致便是公平，A项正确。

4. A [解析] 薪酬设计的外部公平性，即同一行业或同一地区或同等规模不同企业中类似职位的薪酬应当基本相同，因为对他们的知识、技能与经验的要求相似，他们各自的贡献也相似，A项错误。

> ● 考点再现
>
> **Q 3-4** 薪酬体系设计原则。
>
> 薪酬的公平性可以分为三个层次：一是外部公平性，即同一行业或同一地区或同等规模不同企业中类似职位的薪酬应当基本相同，因为对他们的知识、技能与经验的要求相似，他们各自的贡献也相似。二是内部公平性，指同一企业中不同职位所获得的薪酬应与各自的贡献呈正比，只要比值一致便是公平。三是个人公平性，涉及同一企业中占据相同职位的人所获薪酬基本相同。

第八章　薪酬福利管理

5. ABCD [解析] 薪酬预算是预先性的成本分析过程，不是事后的成本分析过程，E项错误。

6. B [解析] 职位薪酬体系设计的基本步骤为：①明确企业基本现状及战略目标；②工作分析及工作评价；③薪酬调查；④确定薪酬水平；⑤薪酬结构设计；⑥薪酬预算与控制。

7. D [解析] 薪酬水平决策是薪酬结构设计中的重要一步，它是薪酬决策中的关键环节，常见的市场薪酬水平定位策略一般可以分为四类：市场领先策略、市场跟随策略、市场滞后策略、混合策略。D项错误。

8. B [解析] 在年初将薪酬水平调整到年底市场预期水平的属于市场领先策略；根据市场平均水平确定企业薪酬定位的属于市场跟随策略；根据职位类型分别制定不同薪酬水平的属于混合策略；在年底将薪酬水平确定在年初的竞争性水平上的属于市场滞后策略。B项正确。

9. C [解析] 确定薪酬等级数量及级差的方法有：恒定绝对级差法、变动级差法、恒定差异比率法、变动差异比率法。

10. C [解析] 薪酬变动比率是指同一薪酬等级内部最高值与最低值之差与最低值之间的比率，即 $(8\,000-3\,000)/3\,000 \approx 166.67\%$。

11. AB [解析] 从理论角度来说，薪酬等级之间的交叉程度取决于两个因素：一是薪酬等级内部的区间变动比率；二是薪酬等级的区间中值之间的级差。A、B两项正确。

12. B [解析] 如果相邻两个薪酬等级之间没有交叉重叠或交叉重叠很少，则意味着相邻两个薪酬等级的区间薪酬水平差异会过大。

13. B [解析] 与传统的薪酬结构相比，宽带式薪酬结构能够使部门经理更多地参与员工的薪酬决策。

14. C [解析] 将员工放入薪酬宽带中的特定位置，一般有三种方法。其中，根据员工的绩效将员工放入薪酬宽带的某个位置的是绩效法。

Day 28

1. B [解析] 常见的个人奖励计划包括计件制、计时制、佣金制、管理奖励计划和行为鼓励计划，不包括企业补充福利，B项错误。

2. A [解析] 个人奖励计划包括计件制、计时制、佣金制、管理奖励计划和行为鼓励计划。其中，计件制是根据员工单位时间产量与客观生产标准相比较的结果，对员工进行奖励的一种个人奖励计划，A项正确。

3. A [解析] 佣金制是销售职位普遍使用的一种奖励制度，它是按照销售数量或者是销售额的一定比率来计算奖金的。

4. A [解析] 管理奖励计划与个人奖励计划不同，通常要求达到多个复杂的目标，是在经理达到或超过其部门有关销售、利润、生产或其他方面的目标时对经理进行奖励。

5. B [解析] 行为鼓励计划是奖励员工符合公司利益的具体行为成就，B项正确。A、D两项表述的是佣金制，C项属于管理奖励计划。

6. BC [解析] 个人奖励计划的薪酬不可以累加到员工的基本薪酬中，B项错误。个人奖励计划可能会导致员工只做有利于其获得报酬的事情，不利于员工个人技能的发展，C项错误。

7. D [解析] 团队奖励计划的优点包括：①在绩效考核标准的制定上，比个人奖励计划要相对简单（D项错误）；②团队奖励可以是当团队达到特定的目标后给予的奖励，团队奖励计划可以使企业员工产生较强的团队凝聚力。

8. A [解析] 短期奖励计划包括绩效加薪、一次性奖金、月/季度奖金、特殊绩效奖励计划。现股计划、期股计划、期权计划属于长期绩效奖励计划。

9. B [解析] 绩效加薪，即将基本薪酬的增加与员工的绩效评价等级联系在一起的短期奖励计划。

10. A [解析] 月度或季度绩效奖金与员工的基本薪酬有较为密切的联系，往往采用基本薪酬乘一个系数或百分比的方式来确定，A项正确。

11. A [解析] 特殊绩效奖励是为了奖励那些绩效超出预期水平很多的个人及团队，在绩效加薪时额外给予必要的奖励。

12. B [解析] 特殊绩效奖励计划具有非常高的灵活性，可以对那些出人意料的各种各样的单项高水平绩效表现予以奖励，B项错误。

13. C [解析] 长期绩效奖励计划包括现股计划、期股计划、期权计划。C项属于短期绩效奖励计划。

Day 29

1. A [解析] 员工福利是企业基于雇佣关系，依据国家的强制法令及相关规定，以企业自身的支付能力为依托，向员工所提供的、用于改善其本人和家庭生活质量的各种以非货币薪酬和延期支付形式为主的补充性报酬与服务。

2. B [解析] 自愿性福利包括收入保障计划和员工服务计划。其中，员工服务计划包括雇员援助计划、员工咨询计划、教育援助计划、家庭援助计划、家庭生活安排计划和其他福利计划。

3. B [解析] 自愿性福利包括收入保障计划和员工服务计划。

4. ABCD [解析] 员工福利管理包括福利计划、福利预算、福利沟通、福利的评价与反馈、福利计划的成本控制。

5. ABDE [解析] 一套好的员工福利计划应具有以下一些特征：亲和性、灵活性、竞争性、成本效能、可操作性、特色性。

6. A [解析] 一种有效的福利模式必须由三个因素构成：①企业必须要宣传自己的福利目标，并确保任何一次沟通都能达到这些目标；②必须通过合适的渠道来传播这些信息；③沟通的内容必须具体、完整，不能用有碍交流的复杂专业术语。A项属于福利计划的内容。

Day 30

1. ABCD [解析] 弹性福利计划的实施方式包括附加福利计划、混合匹配福利计划、核心福利计划、标准福利计划。E项属于企业健康保险计划。

2. B [解析] 根据《中华人名共和国信托法》《企业年金办法》等，将企业年金的管理运营规定为4个主体，即受托人、账户管理人、投资管理人和托管人。

3. ACE [解析] 企业年金具有以下特征：①企业自主建立；②具有补充性质；③由企业和

职工共同缴费；④经办方式多种多样；⑤国家给予税收优惠政策；⑥企业年金基金实行市场化投资运营。

4. ABC [解析] 建立企业年金对企业及其职工的好处在于：①有利于提高职工退休后的收入水平；②有利于企业长远发展；③可以享受国家税收优惠政策。

5. ABC [解析] 企业健康保险计划一般可分为商业保险、内部自我保险、指定服务计划。

6. (1) A [解析] 职位薪酬是指企业根据员工所承担的工作在企业中的相对价值来确定员工的基本薪酬。案例中，公司重新设计了薪酬体系，确定了职位评价体系，A项正确。

(2) D [解析] 案例中，对于核心业务骨干人员按90分位的市场薪酬水平支付薪酬，说明薪酬水平较高，应为市场领先战略。

7. (1) C [解析] 制定薪酬时的竞争性原则，是指在社会上的人才市场中，企业的薪酬标准要有一定的吸引力，才足以战胜市场中同行业、同等规模的其他企业，获得企业所需的核心人才。本案例中，汤姆洗衣公司支付的工资比市场平均工资高出8%，对劳动力市场上的求职者具有很大的吸引力，体现了薪酬制定的竞争性，C项正确。

(2) C [解析] 劳动力市场的供需关系与竞争状况是影响薪酬设定的一个重要的外在因素。一般而言，供大于需时，劳动力价格（薪资）会下降，供小于需时，劳动力价格（薪资）会上升。因此通过关注每天的求职广告，可以了解本行业中的劳动力供给数量，从而根据实际情况调整本企业的薪资水平，C项正确。

(3) A [解析] 员工对薪酬分配的公平感是设计薪酬制度和进行薪酬管理时的首要考虑因素。薪酬的公平性可以分为三个层次：①外部公平性，即同一行业或同一地区或同等规模的不同企业中类似职位的薪酬应当基本相同；②内部公平性，指同一企业中不同职位所获薪酬应正比于各自的贡献，只要比值一致便是公平；③个人公平性，涉及同一企业中占据相同职位的人所获薪酬基本相同。根据题意，A项正确。

(4) B [解析] 支付较高的薪酬可以吸引、保留和激励员工，但也要考虑公司自身的经营状况和财务实力，这是支付给员工高于市场平均工资水平的前提条件。根据题意，B项正确。

8. (1) ABC [解析] 薪资幅度是指反映薪资差别的最高和最低薪资率间的变化；薪资幅度应足够大，以便对员工出色的工作表现给予激励；薪资幅度最低点通常是某人刚进入单位时的薪资率；而薪资水平越高，相应的薪资幅度也应当越大。根据题意，A、B、C三项正确。

(2) C [解析] 在薪资结构设计完成时，有些员工目前的工资可能低于设计的薪资幅度最低点的水平，通常采取的对策是提高此员工的报酬，使其靠近薪资幅度的最低点，不能让员工产生不公平感。根据题意，C项正确。

(3) ACD [解析] 传统的薪酬体系设计原则包括公平性原则、竞争性原则、激励性原则、经济性原则、合法性原则。团队性原则属于现代的薪酬体系设计原则，根据题意，A、C、D三项正确。

第九章 培训与开发

学习指导

本章所涉知识点内容难度不大，考试所占分值相对较少。本章考试题型以单选题、多选题为主，案例题偏少，考查范围较集中。培训开发的目的、类型、方法是主要考点，其他知识点简单了解即可。

日期	考点
Day31	➢培训与开发的目的 ➢培训与开发的类型 ➢培训与开发的方法 ➢培训与开发体系
Day32	➢培训与开发的需求分析 ➢培训与开发计划的制订 ➢培训与开发的实施 ➢培训与开发的效果评估
Day33	➢培训与开发的监督和改进

▶▶▶ Day 31

考点：培训与开发的目的

1. ［单选］培训与开发的目的不包括（　　）。
   A. 帮助员工胜任本职工作　　　　B. 提高组织或个人的绩效
   C. 增强组织或个人的适应能力　　D. 帮助员工升职加薪

2. ［单选］人力资源管理的核心要素是（　　）。
   A. 培训与开发　　　　　　　　　B. 技能提升
   C. 意识水平的提高　　　　　　　D. 工作动机的提高

考点：培训与开发的类型

3. ［单选］下列关于外部培训与开发优点的说法，错误的是（　　）。
   A. 外部培训与开发可以扩大员工的视野
   B. 外部培训与开发能够让员工了解其他公司的生产经营状况
   C. 外部培训与开发能够让员工接触到其他公司管理规划和方案
   D. 外部培训与开发可以使员工将理论与实践有机结合

4. [多选] 在专业技术人员的业务素质培训中，培训的主要内容通常包括（　　）。
   A. 专业知识 B. 业务技能
   C. 管理知识 D. 管理技能
   E. 领导技能

5. [单选] 对决策管理层进行培训与开发的主要内容是（　　）。
   A. 知识和意识、经营技能和领导技能
   B. 专业知识提升
   C. 专业知识、业务技能与工作态度
   D. 如何处理人际关系

6. [单选] 针对不同内容的培训与开发不包括（　　）。
   A. 基础知识教育 B. 专业知识培训
   C. 操作技能培训和开发 D. 在职培训与开发

7. [单选] 强调专业知识、管理知识与技能、人际关系技巧的培训与开发，适用的对象是（　　）。
   A. 高级管理人员 B. 监督管理人员
   C. 专业技术人员 D. 操作人员

▼ 考点：培训与开发的方法

8. [单选] 案例研讨法适用的培训对象是（　　），旨在提高培训对象的决策能力。
   A. 实际操作人员 B. 专业技术人员
   C. 中层以上的管理人员 D. 一线生产人员

9. [单选] 下列关于培训中的讲授法的说法，错误的是（　　）。
   A. 讲授法可以同时培训众多受训人员
   B. 讲授法能够节约培训时间和经费
   C. 讲授法适用于向全体受训人员介绍某一专门领域的内容
   D. 讲授法可以让受训人员积极主动参与培训与开发

10. [单选] 开设专题讲座属于培训与开发方法中的（　　）。
    A. 讨论法 B. 讲授法
    C. 视听法 D. 案例研讨法

11. [单选] 角色扮演法主要用于（　　）。
    A. 提高管理人员的知识和竞争意识
    B. 改善员工在工作中的人际关系
    C. 规范员工的实务操作
    D. 提高管理人员的经营技能

12. [单选] 下列关于培训中的操作示范法的说法，错误的是（　　）。
    A. 它是职前培训与开发中被广泛采用的一种方法
    B. 适用于具有机械性特点的工种
    C. 这种训练方法有时显得单调而枯燥

D. 这种训练方法比较有趣

13. [多选] 关于培训中的管理游戏法，下列说法正确的有（   ）。
    A. 它是一种模拟训练方法
    B. 是当前一种较先进的管理意识与能力训练方法
    C. 比案例研讨法具有更加生动、更加具体的特征
    D. 实施费用昂贵，应用上有待进一步研究推广
    E. 适用对象是企业中较高层次的管理者

14. [单选] 下列不属于现场的个体培训与开发步骤的是（   ）。
    A. 培训研究　　　　　　　　　　B. 准备
    C. 传授　　　　　　　　　　　　D. 练习

◆ 考点：培训与开发体系

15. [单选] 下列关于培训与开发体系的说法，不正确的是（   ）。
    A. 在对员工进行培训与开发时，可选用一种或选择若干种并用或交叉应用
    B. 组织的培训与开发是一个多层次、多内容、多形式与多方法的体系
    C. 培训与开发的对象是中层以下管理人员和员工
    D. 培训与开发需要做到因需施教、因材施教、因地制宜

✎ 学习笔记

Day 32

考点：培训与开发的需求分析

1. ［单选］培训与开发需求分析中的（　　），旨在明确每一项工作职责的任务要求、能力要求和人员的素质要求。
   A. 组织分析　　　　　　　　　　B. 工作任务分析
   C. 人员综合素质分析　　　　　　D. 人员分析

2. ［单选］培训开发需求中，通过对某类人员任职资格分析、概括确定培训开发需求的是（　　）。
   A. 问卷法　　　　　　　　　　　B. 绩效分析法
   C. 查阅工作说明书法　　　　　　D. 任务分析法

3. ［多选］下列方法中，主要用于培训与开发需求分析的有（　　）。
   A. 申报法　　　　　　　　　　　B. 管理游戏法
   C. 面谈法　　　　　　　　　　　D. 角色扮演法
   E. 任务分析法

4. ［多选］培训与开发需求分析中的组织分析内容包括（　　）。
   A. 公司战略　　　　　　　　　　B. 可获得的培训资源
   C. 企业文化　　　　　　　　　　D. 人员技能、能力和综合素质
   E. 公司整体人力资源状况

考点：培训与开发计划的制订

5. ［单选］培训与开发计划不包括（　　）。
   A. 进行培训与开发的需求分析
   B. 制定操作程序
   C. 培训与开发方法
   D. 培训与开发形式

考点：培训与开发的实施

6. ［单选］下列关于培训与开发实施的说法，错误的是（　　）。
   A. 它是培训与开发计划的具体化
   B. 它包括培训与开发时间和地点的选定
   C. 它包括培训与开发效果评估
   D. 它包括培训与开发的控制

考点：培训与开发的效果评估

7. ［单选］评估受训人员对培训与开发的主观感受和看法，属于培训与开发效果评估中的（　　）。
   A. 反应评估　　　　　　　　　　B. 学习评估
   C. 工作行为评估　　　　　　　　D. 结果评估

8. ［单选］培训与开发效果的评估不包括（　　）。

A. 反应评估　　　　　　　　　　B. 学习评估

C. 工作行为评估　　　　　　　　D. 过程评估

📝 **学习笔记**

Day 33

▼ 考点：培训与开发的监督和改进

1. [单选]（　　）的主要目的是保证培训过程按照要求被管理和执行，以提高组织培训与开发活动的有效性。

    A. 对培训与开发进行监督

    B. 培训与开发需求分析

    C. 培训与开发效果评估

    D. 培训与开发实施

2. [案例] 小张原来是程序员，后来跳槽到一家新公司任项目经理，由于缺乏管理经验，公司的人力资源部门给小张安排了培训，让他参加了一个大学开设的项目管理学习班。经过两个星期的集中培训，小张觉得自己对管理理论有了系统的认识，在经营和管理意识上也有了很大提高，心想可以在工作中一展身手了。可他领导的第一个项目却并不成功，小张很纳闷：书本上学的理论到了实践中怎么就不起作用了呢？

    根据以上材料，回答下列问题：

    (1) 小张属于公司中的中层管理人员，如果要训练他的决策能力，帮助他学习如何在紧急状况下处理各类事件，最好的培训方法是（　　）。

    A. 讲授法   B. 自我学习法

    C. 拓展训练法   D. 案例研讨法

    (2) 人力资源部门对这次小张的培训与开发进行效果评估，他们主要看小张把学习应用于工作的程度，这种评估属于（　　）。

    A. 反应评估   B. 学习评估

    C. 工作行为评估   D. 组织部门评估

    (3) 外部培训与开发可以选择的机构包括（　　）。

    A. 全日制大中专院校

    B. 行政部门主办的开发机构

    C. 见习或代理工作

    D. 社会力量办学

    (4) 应该对受训人员进行培训需求分析，以下属于组织分析范畴的是（　　）。

    A. 工作绩效评估分析

    B. 人员技能、能力和综合素质分析

    C. 培训需求调查分析

    D. 可获得的培训资源分析

3. [案例] 安倩是一家人力资源咨询公司的培训师。一天她到一家公司去推销自己，可是该公司的经理不愿意进行人力资源管理培训方面的工作，因为他认为这没有多大价值，并且还增加成本。后来在安倩的一再鼓动下，经理勉强答应，但将费用压得很低，其要求是把公司所有人，不分岗位、工种，全都集合在一起，听听课就算了。安倩强调说："我们公司与您合作不仅仅是为了利润，我们更想做好一点，帮您把公司做得更好，让您更成功,这才是我们的宗旨。"经理听后很感动,于是答应了安倩的请求。

根据以上材料,回答下列问题:

(1) 安倩劝说经理的理由可能是(   )。

A. 培训与开发能加强员工彼此协作

B. 培训与开发能提高组织和个人绩效

C. 培训与开发能增强组织和个人的适应与应变能力

D. 培训与开发能提高和增强职工对组织的认同感

(2) 对经理的"把公司所有人集合起来听一下课"思想的评价,正确的是(   )。

A. 节约成本,功效很大

B. 节约成本,功效不大

C. 应该把公司人员分为不同类别来进行培训

D. 无所谓

(3) 若安倩要帮该公司进行人力培训,其采用的方法包括(   )。

A. 讲授法   B. 讨论法

C. 角色扮演法   D. 阶梯技术

(4) 人力资源培训的程序有(   )。

A. 人力培训与开发需求分析

B. 人力培训与开发的计划制订

C. 人力培训与开发效果的评估

D. 人力培训与开发的反馈

✏️ 学习笔记

本章学习检查表

知识点名称	初次学习		第一次复习		第二次复习	
	做对题目数/总题目数	学习日期	做对题目数/总题目数	复习日期	做对题目数/总题目数	复习日期
培训与开发的目的						
培训与开发的类型						
培训与开发的方法						
培训与开发体系						
培训与开发的需求分析						
培训与开发计划的制订						
培训与开发的实施						
培训与开发的效果评估						
培训与开发的监督和改进						

填写建议：

"做对题目数/总题目数"记录自己各知识点做题的情况，比如，某知识点总题目数10题，自己做对了其中7题，记录为7/10。

"学习日期"和"复习日期"记录自己学习和复习各知识点的日期。

备忘录

参考答案及解析

Day 31

1. D [解析] 培训与开发的目的主要有：帮助员工胜任本职工作、提高组织或个人的绩效、增强组织或个人的适应能力、增强员工对组织的认同感和归属感。

2. A [解析] 培训与开发作为人力资源管理的一个核心要素，是现代组织管理的一个重要手段和方法。组织中的人力资源只有依靠不断的培训与开发，才能从根本上保持组织的竞争优势。

3. D [解析] 外部培训与开发的优点包括：①可以扩大员工的视野；②能够让员工了解其他公司的生产经营状况；③能够让员工接触到其他公司管理规划和方案。外部培训与开发的缺点是从理论学习到实践的迁移较为困难。D项属于外部培训与开发的缺点。

4. AB [解析] 专业技术人员主要从专业知识、业务技能与工作态度三方面进行培训与开发。C、D两项属于监督管理层的培训内容，E项属于决策管理层的培训内容。

5. A [解析] 对决策管理层进行培训与开发的主要内容包括知识和意识、经营技能和领导技能。

6. D [解析] 针对不同内容的培训与开发包括基础知识教育、专业知识培训、操作技能培训与开发、价值观及企业文化塑造。

7. B [解析] 对监督管理人员进行培训与开发的重点是管理知识与技能、专业知识，以及如何处理人际关系等实务技巧。

8. C [解析] 案例研讨法适用的培训对象是中层以上管理人员，目的是训练他们具有良好的决策能力，帮助他们掌握紧急状况下处理事件的方法。

9. D [解析] 讲授法适用于向全体受训人员介绍某一专门领域的内容，优点是可以同时培训众多受训人员，能够节约培训时间和经费；缺点是受训人员不能主动参与培训与开发，只能从讲授者的演讲中被动、有限度地思考与吸收。A、B、C三项正确，D项错误。

10. B [解析] 培训与开发中经常开设的专题讲座形式属于讲授法，B项正确。

11. B [解析] 角色扮演法是指由受训人员扮演某种训练任务的角色，真正体验到所扮演角色的感受与行为，以发现及改进自己原先的工作态度与行为表现。适用对象为实际操作人员或管理人员，多用于改善人际关系的训练。B项正确。

12. D [解析] 操作示范法有时显得单调而枯燥，为此，培训师要结合其他培训与开发方法，最好是交替进行，以增强培训与开发的效果。D项错误。

13. BCDE [解析] 管理游戏法不是一种模拟训练方法，A项描述的是角色扮演法。

14. A [解析] 现场的个体培训与开发包括四个步骤：准备、传授、练习、跟踪观察。

15. C [解析] 培训与开发体系在对员工进行培训与开发时，可选用一种或选择若干种并用或交叉应用；组织的培训与开发是一个多层次、多内容、多形式与多方法的体系；培训与开发需要做到因需施教、因材施教、因地制宜。培训与开发的对象包括全体人员，C项错误。

Day 32

1. B [解析] 工作任务分析旨在确定培训与开发应该包括哪些内容。这类分析将明确说明每一项工作职责的任务要求、能力要求和对人员的素质要求。

2. C [解析] 培训与开发需求分析方法中的查阅工作说明书是指通过对某一类人员任职资格的分析、概括来确定培训与开发需求。

3. ACE [解析] 培训与开发需求分析的方法包括：①申报法；②问卷法；③面谈法；④任务分析法；⑤绩效分析法；⑥查阅工作说明书。A、C、E三项正确。

4. ABCE [解析] 培训与开发需求分析主要来自三个方面：组织分析、工作任务分析和人员分析。组织分析包括三个方面的因素：①公司战略；②可获得的培训资源；③组织支持。此外，企业文化、组织目标、组织整体人力资源状况也是组织分析的重要内容。A、B、C、E四项正确。

5. A [解析] 制订培训与开发计划包括制定操作程序、选择和设计相应的培训与开发内容、培训与开发方法、培训与开发形式等。

6. C [解析] 培训与开发的实施是计划的具体化，主要包括选定时间和地点、准备用具及有关资料、选择教师、培训与开发的控制。A、B、D三项正确，C项错误。

7. A [解析] 反应评估，即评估受训人员对培训与开发的主观感受和看法。

8. D [解析] 培训与开发效果的评估包括反应评估、学习评估、工作行为评估、结果评估、投资收益评估。

Day 33

1. A [解析] 对培训与开发进行监督的主要目的是保证培训过程按照要求被管理和执行，以提高组织培训与开发活动的有效性。A项正确。

2. (1) D [解析] 案例研讨法适用的对象是中层及以上管理人员，目的是训练他们具有良好的决策能力，帮助他们掌握在紧急的情况下处理事件的方法，D项正确。

   (2) C [解析] 工作行为评估主要是评估培训与开发是否带来了受训人员行为上的改变，以及受训人员把所学的运用到工作上的程度，C项正确。

   (3) ABD [解析] 外部培训与开发可以选择的机构包括：①全日制大中专院校和成人高等院校；②地方政府和行政部门主办的开发机构；③社会力量办学。

   (4) D [解析] 组织分析主要包括以下三个方法的因素：①公司战略；②可获得的培训资源；③组织支持。

3. (1) BCD [解析] 培训与开发和人力资源管理招聘、绩效考核、薪酬管理等环节是密不可分的，贯穿于人力资源管理的各个环节。组织实施培训与开发主要的目的包括：①帮助员工胜任本职工作；②提高组织或个人的绩效；③增强组织或个人的适应能力；④增强员工对组织的认同感和归属感。B、C、D三项正确。

   (2) C [解析] 经理的这种思想是不正确的，应该把公司人员分为不等类别来进行培训，这样才能有的放矢，取到效果，让员工和组织都受益。

   (3) ABC [解析] 培训与开发的效果在很大程度上取决于培训与开发方法的选择。采用合适的方法，可以提高受训人员的兴趣与注意力，从而取得培训与开发的最佳效果。安倩对该公司进行人力培训的受训对象属于群体，因此可以选择的方法包括讲授法、讨论法、操作示范法、案例研讨法、角色扮演法、管理游戏法和视听法。A、B、

C三项正确。

（4）ABC [解析] 人力资源培训与开发的程序包括：①培训与开发的需求分析；②计划制订；③实施；④效果评估。同时，还必须对培训与开发的整个过程进行监督。A、B、C三项正确。

本章强化测试

第十章 员工关系管理

> **学习指导**

本章所涉知识点内容主要围绕企业的相关制度展开。本章考点比较集中,但细碎内容较多,学习时要注意理解。

日期	考点
Day34	➢员工入职管理 ➢员工在职管理 ➢员工离职管理 ➢实习生管理
Day35	➢员工手册 ➢企业规章制度设计 ➢压力控制与管理 ➢冲突管理 ➢职业倦怠 ➢职业损伤与职业病 ➢过度劳动 ➢劳动保护
Day36	➢员工援助计划在我国的发展 ➢员工援助计划的主要内容 ➢员工援助计划效果的测量 ➢员工援助计划的作用 ➢员工援助计划的执行模式 ➢员工援助计划的实施要点
Day37	➢影响企业执行员工援助计划的因素

▶▶▶ Day 34

▽ **考点**:员工入职管理

1. [单选] 外部招聘过程中的各阶段歧视分类中,属于简历筛选阶段的歧视的是(　　)。

　　A. 户籍歧视

　　B. 性别歧视

　　C. 年龄歧视

　　D. 经验歧视

2. [单选] 甄选阶段的歧视不包括（　　）。
   A. 身材、相貌歧视　　　　　　B. 经验歧视
   C. 健康歧视　　　　　　　　　D. 性格歧视

3. [单选] 招聘广告在性质上一般属于（　　）。
   A. 合同　　　　　　　　　　　B. 协议
   C. 要约　　　　　　　　　　　D. 要约邀请

4. [多选] 录用信内容中的关键条款包括（　　）。
   A. 体检合格　　　　　　　　　B. 薪酬水平
   C. 福利待遇　　　　　　　　　D. 岗位安排
   E. 职责权限

5. [单选] 下列关于试用期的陈述，错误的是（　　）。
   A. 试用期是用人单位和劳动者建立劳动关系后为互相了解而约定的不超过6个月的考察期
   B. 同一用人单位与同一劳动者能约定多次试用期
   C. 试用期的工资不得低于本单位相同岗位最低档工资的80%，并不得低于用人单位所在地的最低工资标准
   D. 用人单位在试用期内解除劳动关系需提前3日通知劳动者

6. [单选] 下列关于三方协议法律效力的分析，错误的是（　　）。
   A. 三方协议是当事人针对过去签订劳动合同、确立劳动关系达成的协议
   B. 三方协议符合民事法律行为的构成要件，具有法律效力
   C. 三方协议依法成立后对三方当事人均具有法律约束力
   D. 三方协议是三方当事人意思表示一致的产物

7. [单选] 为尽量减少应届毕业生违约事件的发生，企业应明确三方协议中（　　）的问题。
   A. 工作内容
   B. 岗位职责
   C. 公休制度
   D. 违约金条约的法律适用和金额

▼ 考点：员工在职管理

8. [单选] 下列关于社会保险的陈述，错误的是（　　）。
   A. 为职工办理社会保险是用人单位的法定义务
   B. 企业可以用商业保险来代替社会保险
   C. 具有非营利性
   D. 企业不可以用商业保险来代替社会保险

9. [单选] 下列加班情况中，属于不支付加班费的是（　　）。
   A. 安排劳动者延长工作时间
   B. 休息日安排劳动者工作又不能安排补休的

C. 不定时工作制领导者加班工作的

D. 法定休息日安排劳动者工作的

10. [单选] 员工根据用人单位的要求，在法定节假日或公休假日从事生产或工作属于（　　）。

   A. 公休制度
   B. 加班
   C. 加点
   D. 工时调整

11. [单选] 下列选项中，不属于培训协议核心内容的是（　　）。

   A. 服务期限
   B. 培训工作分析
   C. 用人单位就服务期限应对劳动者提供的培训及其他额外福利待遇
   D. 劳动者违约应承担的违约责任

▼ 考点：员工离职管理

12. [单选] 下列关于离职面谈的说法，正确的是（　　）。

   A. 离职面谈通常应由离职者关系比较密切的同事实施
   B. 离职员工通常不愿意再对所离开的企业发表自己的看法
   C. 离职面谈应该是开放式的面谈，无须事先准备
   D. 离职面谈的内容可以包括员工个人未来的职业生涯规划

13. [单选] 下列关于员工关系管理中离职的说法，错误的是（　　）。

   A. 解聘可分为即时解聘和预告解聘
   B. 辞职是员工单方面离职行为
   C. 协商离职须经双方协商一致
   D. 协商解除只要达成协议，不可即时解除，必须提前通知

14. [单选] 下列关于协商解除劳动合同的陈述，错误的是（　　）。

   A. 员工和企业都可以主动向对方提出解除劳动合同关系的请求
   B. 协商解除只要达成协议，即可即时解除，无须提前通知
   C. 协商解除如果是企业提出的，须支付经济补偿金，最多不超过6个月
   D. 必须经双方平等自愿协商一致达成协议，才能解除合同

15. [单选] 下列选项中，不属于企业变革中处理劳动关系的基本原则的是（　　）。

   A. 依法原则
   B. 平等协商原则
   C. 公平自愿原则
   D. 维护公共利益原则

16. [多选] 按裁员的动因划分，企业裁员的类型有（　　）。

   A. 经济性裁员
   B. 非经济性裁员
   C. 绩效评比裁员
   D. 结构性裁员
   E. 优化性裁员

▼ 考点：实习生管理

17. ［单选］下列不属于实习生协议应当包括的内容的是（　　）。

　　A. 实习要求及实习期限　　　　　　B. 实习报酬

　　C. 转正时间　　　　　　　　　　　D. 劳动保护

✎ 学习笔记

Day 35

考点：员工手册

1. [单选] 下列关于员工手册的说法，不正确的是（　　）。
   A. 员工手册在编写过程中，应注意内容明确、措辞严谨、条款严密、称谓统一、语言简洁规范
   B. 员工手册的制定权是法律赋予工会权利的重要组成部分
   C. 员工手册在本单位内施行后，应当通过民主程序向劳动者公示
   D. 用人单位依据员工手册对劳动者进行的管理包括对劳动者违纪违法行为予以依法处理

考点：企业规章制度设计

2. [单选] 下列关于请假管理制度的说法，正确的是（　　）。
   A. 企业不能将病假作为事假处理
   B. 用人单位有权不批准员工所请的任何病假
   C. 每一位员工均可享受带薪年休假
   D. 企业可以规定，病假超过一定天数后按旷工处理

3. [单选] 某医生从三甲医院跳槽去了一家诊所，带走了病人的联系方式并给这些病人打电话告知这家诊所的地址。在这种情形中，属于商业秘密的是（　　）。
   A. 病人的联系方式
   B. 医生的跳槽行为
   C. 医生的新单位地址
   D. 医生的原单位名称

4. [单选] 员工关系管理中，企业奖惩的原则不包括（　　）。
   A. 奖惩有据　　　　　　　　B. 奖惩分明
   C. 奖惩及时　　　　　　　　D. 奖惩灵活

5. [多选] 考勤管理过程中常出现的问题有（　　）。
   A. 员工由他人代打卡
   B. 员工请事假得到领导批准，之后自行延期
   C. 员工请假由其他领导代批
   D. 员工由他人代请假，事后不办理补假手续
   E. 员工早退

6. [单选] 下列不属于保密协议设计时应注意事项的是（　　）。
   A. 规范保密行为和泄密行为
   B. 明确规定违约金的数额
   C. 明确界定商业秘密的范围
   D. 损失赔偿责任约定上应明确赔偿计算方法

▼ 考点：压力控制与管理

7. [单选] 企业压力管理过程模型中最核心的一个环节是（　　）。
   A. 预防阶段　　　　　　　　　　B. 反应阶段
   C. 处理阶段　　　　　　　　　　D. 善后阶段

8. [多选] 压力管理的一般流程包括（　　）。
   A. 预防阶段　　　　　　　　　　B. 预警阶段
   C. 反应阶段　　　　　　　　　　D. 处理阶段
   E. 评估阶段

9. [单选] 下列不属于员工减压措施的是（　　）。
   A. 缩短工作时间，降低劳动强度
   B. 改善组织的工作环境和条件
   C. 从企业文化氛围上帮助员工提高心理保健能力
   D. 在组织制度、程序上帮助员工提高心理保健能力

▼ 考点：冲突管理

10. [多选] 下列关于冲突管理理论中冲突的解决方法的说法，正确的有（　　）。
   A. 劳资双方因工资增长方案的分歧引发的冲突应采用上级仲裁法来解决
   B. 对员工怠工可以采取拖延法来解决
   C. 员工之间因一些不切实际的想法而产生冲突时，管理者可采取教育法解决
   D. 对员工之间发生的冲突可以采取无视法，暂不予理睬
   E. 对因双方一时冲动引起的员工之间的冲突可以采用转移目标法来解决

11. [单选] 下列选项中，不属于冲突产生的原因的是（　　）。
   A. 处事策略不同
   B. 不良的沟通和信息谬传
   C. 工资水平差异
   D. 个体差异

▼ 考点：职业倦怠

12. [单选] 下列现象中，属于职业倦怠的是（　　）。
   A. 甲是新手司机，第一天上路十分紧张，当天夜里做梦还在开车
   B. 乙是学生，新学期开学前返校，百般不情愿
   C. 丙担任员工关系专员五年，主要工作是进行员工离职面谈，感觉精神疲惫，再不休息就要病了
   D. 丁是典型的工作狂，上班时精神亢奋，下班后虽感疲惫但心情愉快

13. [单选] 根据心理学家马斯兰和杰克逊的定义，职业倦怠是一种心理上的综合病症，主要有三方面的表现，其中（　　）是这一系列症状的主要方面。
   A. 情感衰竭　　　　　　　　　　B. 人格解体
   C. 个人成就感丧失　　　　　　　D. 动机丧失

14. [单选] 下列关于职业倦怠的干预内容的说法，不正确的是（   ）。
    A. 对管理者进行心理技能培训，帮助员工建立心理恢复计划
    B. 通过有效提供物质和精神支持改善职业倦怠现象
    C. 适当丰富工作内容、采取轮岗的方式，缓冲乃至消除疲劳感和乏味感
    D. 严格执行奖惩制度，发现问题严肃处理

◆ 考点：职业损伤与职业病

15. [单选] 下列关于各种职业损伤预防措施的说法，错误的是（   ）。
    A. 电脑办公时间过长会危害视力，可以多吃胡萝卜等富含维生素A的食物来预防
    B. 大运动量的运动和流汗可以预防因长时间使用电脑带来的组织损伤
    C. 长期在空调密闭环境中工作的人，应该安排适当的户外运动
    D. 激光打印机会对呼吸系统造成危害，需要经常开窗通风

16. [多选] 认定职业病的条件包括（   ）。
    A. 所接触的有害因素的剂量（强度或浓度）无论是过去还是现在，足以导致疾病的发生
    B. 该疾病不是常见普通疾病
    C. 该疾病应与工作场所的职业性有害因素密切有关
    D. 工作年限必须达到足以引起职业病的年限
    E. 必须区别职业性与非职业性疾病所起的作用，前者的可能性必须大于后者

◆ 考点：过度劳动

17. [多选] 下列关于过度劳动问题的对策和建议的说法，正确的有（   ）。
    A. 完善劳动基准立法
    B. 修改工时和定额的有关规定
    C. 尽量使其工作简单化
    D. 保障劳动者的休息休闲权
    E. 强化劳动保障监察执法

18. [单选] 下列不属于产生过度劳动主要因素的是（   ）。
    A. 生理因素
    B. 家庭因素
    C. 社会因素
    D. 管理因素

◆ 考点：劳动保护

19. [单选] 下列关于劳动保护的陈述，错误的是（   ）。
    A. 劳动保护包括劳动安全和劳动卫生两个方面
    B. 劳动保护包括员工其他劳动权利和劳动报酬等方面的保护
    C. 劳动保护不包括生活中的卫生保健工作
    D. 劳动卫生可以防范职业病的发生

20. [单选] 下列不属于劳动保护管理内容的是（   ）。
    A. 制定劳动保护制度
    B. 编制安全技术措施和计划
    C. 加强劳动防护用品的管理
    D. 明确工作内容

Day 36

▶ **考点**：员工援助计划在我国的发展

1. ［单选］员工援助计划的侧重点在我国经历的变化包括（　　）。
   A. 从个案咨询向心理体检等多维度发展
   B. 手机应用软件主动干预
   C. 服务方式从被动到互动
   D. 向服务群体宣传和与之互动

▶ **考点**：员工援助计划的主要内容

2. ［多选］员工援助计划的内容包括（　　）。
   A. 员工健康体检与健康增进方案
   B. 员工压力管理
   C. 企业文化建设
   D. 员工自身不良情绪管理辅导
   E. 绩效考核改进方案

▶ **考点**：员工援助计划效果的测量

3. ［单选］员工援助计划测量方式不包括（　　）。
   A. 成本—效益分析　　　　　　B. 过程评估
   C. 人员评估　　　　　　　　　D. 临床评估

4. ［单选］将评估的重点集中在推动和实施员工援助计划过程中的各个方面，主要包括员工对项目的组织、实施及成效的态度和满意感的员工援助计划测量方式是（　　）。
   A. 成本—效益分析　　　　　　B. 过程评估
   C. 临床评估　　　　　　　　　D. 效果评估

▶ **考点**：员工援助计划的作用

5. ［单选］员工援助计划在员工方面的作用不包括（　　）。
   A. 帮助员工解决感情上的问题
   B. 帮助员工解决生活上的问题
   C. 促进员工身心健康
   D. 帮助员工实现自我成长及职业生涯规划

▶ **考点**：员工援助计划的执行模式

6. ［单选］组织自行设置员工援助计划实施的专职部门，聘请具有社会工作、心理、咨询、辅导等专业人员来策划实施该项目是指员工援助计划执行模式中的（　　）。
   A. 整合模式　　　　　　　　　B. 联合模式
   C. 内置模式　　　　　　　　　D. 外置模式

7. ［单选］下列选项中，不属于马西等人员工援助计划的执行模式的是（　　）。
   A. 内置模式　　　　　　　　　B. 外设模式
   C. 联合模式　　　　　　　　　D. 共同委托模式

▼ 考点：员工援助计划的实施要点

8. ［单选］员工援助计划的实施要点不包括（　　）。

    A. 向生活贫困的职工家庭提供资助

    B. 做好职业心理健康宣传

    C. 在企业内部构建支持性工作环境

    D. 开展多种形式员工心理咨询

学习笔记

Day 37

▼ 考点：影响企业执行员工援助计划的因素

1. [多选] 影响企业执行员工援助计划的因素包括（　　）。
   A. 组织的实力
   B. 组织的规模
   C. 工会组织
   D. 联合模式
   E. 员工特性

2. [案例] 2018年8月，李某入职甲软件公司（以下简称甲公司）担任销售总监，双方签订了为期2年的劳动合同，并签订了竞业限制协议。入职之后李某的工作表现一直非常好，公司的销售业绩保持着良好的上升势头。但是，在2020年年初，李某向甲公司提出解除劳动合同，并希望可以尽快办理离职手续，公司总经理为此感到很头痛。

    根据以上材料，回答下列问题：

    (1) 下列关于约定竞业限制的说法，正确的是（　　）。
    A. 李某没有从事技术性岗位，甲公司不得与其约定竞业限制
    B. 李某与甲公司签订的劳动合同期限不足5年，李某可以不履行竞业限制约定
    C. 无论甲公司是否支付竞业限制经济补偿，李某都应当履行竞业限制约定
    D. 甲公司可以与李某约定竞业限制的范围

    (2) 解聘过程中企业的下列做法，错误的有（　　）。
    A. 试用期内可以随意解聘员工
    B. 解聘无过错的员工，必须提前30日书面通知员工本人方可解除
    C. 解聘有过错的员工，可以随时通知员工解除
    D. 企业解聘员工时应注意程序的合法性

    (3) 以下情形中，企业需要支付经济补偿金的有（　　）。
    A. 员工提前30日书面通知用人单位解除劳动合同
    B. 由用人单位提出并经双方协商一致解除劳动合同
    C. 即时解聘
    D. 预告解聘

    (4) 如果该公司希望与李某进行离职面谈，以下说法正确的有（　　）。
    A. 为达到最好的面谈效果，必须由人力资源部负责人进行离职面谈
    B. 为提高面谈效率，应提前准备谈话大纲
    C. 应当在面谈中了解离职员工离职的真正原因或导致其离职的主要事件
    D. 应注意留下离职员工长期常用的联系方式

3. [案例] 弱电工程师小李在一家高科技企业上班。一天，小李收到公司人力资源部的邮件，说他上月考勤全部为迟到，依据公司奖惩制度，给予其严重警告，并扣发上月绩效工资6 000元，只保留底薪3 500元。他连忙去找人力资源部经理，说他理解的公司文化是鼓励员工采取弹性工时、干好本职工作即可，所以他一直都是上午10点到单位，但经常在家里加班，以前也没有扣过工资。而且他从来不知道公司有奖惩制度，不知者无过。但是，人力资源部经理却说："公司的新规定已经在公司内网上挂了两个月了。"小李后

来了解到，公司的考勤和奖惩新规定是两个月前人力资源部在一次部门经理例会上宣布的，确实在内网首页上登载过，但很快就淹没在其他通知里了。

根据以上材料，回答下列问题：

(1) 下列关于该公司的考勤及奖惩制度的说法，正确的是（   ）。

A. 该制度具有法律效力，因为已经公示了，尽到了告知义务

B. 该制度不具有法律效力，因为没有通过民主程序，也没有尽到对员工的普遍告知义务

C. 该制度具有法律效力，对员工考勤并进行相应奖惩是企业管理者的基本权力

D. 该制度不具有法律效力，弹性工时制的劳动者有决定何时劳动的权力

(2) 该公司的奖惩机制存在的问题在于（   ）。

A. 没有明确奖惩对象

B. 未能注意奖惩的及时性

C. 奖惩方式不合理

D. 未能实现奖惩标准的规范化

(3) 该公司的考勤管理应该注意（   ）。

A. 考勤的流程应符合劳动法的规定

B. 人力资源部门要及时做好相关文件的归档工作

C. 做好考勤监督，避免员工代人打卡现象发生

D. 将考勤结果严格保密

(4) 小李主张自己权利的正确方式是（   ）。

A. 辞职

B. 向公司高层申诉

C. 通过不去公司上班来表达不满

D. 向部门经理反映情况并由部门经理与人力资源部协商解决

✎ 学习笔记

本章学习检查表

知识点名称	初次学习		第一次复习		第二次复习	
	做对题目数/总题目数	学习日期	做对题目数/总题目数	复习日期	做对题目数/总题目数	复习日期
员工入职管理						
员工在职管理						
员工离职管理						
实习生管理						
员工手册						
企业规章制度设计						
压力控制与管理						
冲突管理						
职业倦怠						
职业损伤与职业病						
过度劳动						
劳动保护						
员工援助计划在我国的发展						
员工援助计划的主要内容						
员工援助计划效果的测量						
员工援助计划的作用						
员工援助计划的执行模式						
员工援助计划的实施要点						
影响企业执行员工援助计划的因素						

填写建议:

"做对题目数/总题目数"记录自己各知识点做题的情况,比如,某知识点总题目数10题,自己做对了其中7题,记录为7/10。

"学习日期"和"复习日期"记录自己学习和复习各知识点的日期。

备忘录

参考答案及解析

Day 34

1. A [解析] 简历筛选阶段的歧视有：①户籍歧视；②地域、星座、属相、血型等刻板印象歧视；③民族歧视；④婚姻状况、怀孕歧视。B、C、D三项属于发布招聘广告阶段的歧视。

2. B [解析] 甄选阶段的歧视包括：①身材、相貌歧视；②性格歧视；③健康歧视；④残疾人歧视。

> •考点再现•
>
> Q_{1-2} 外部招聘过程中的各阶段歧视分类。
>
> （1）发布招聘广告阶段的歧视：①性别歧视；②年龄歧视；③经验歧视；④学历、院校歧视。
>
> （2）简历筛选阶段的歧视：①户籍歧视；②地域、星座、属相、血型等刻板印象歧视；③民族歧视；④婚姻状况、怀孕歧视。
>
> （3）甄选阶段的歧视包括：①身材、相貌歧视；②性格歧视；③健康歧视；④残疾人歧视。

3. D [解析] 招聘广告在性质上属于"要约邀请"，因而不具有法律约束力。

4. BCDE [解析] 录用信内容中的关键条款包括薪酬水平、福利待遇、岗位安排、职责权限。

5. B [解析] 在劳动合同中约定试用期时，注意同一用人单位与同一劳动者只能约定一次试用期，B项错误。

6. A [解析] 三方协议是当事人针对未来签订劳动合同、确立劳动关系达成的协议，A项错误。

7. D [解析] 为尽量减少应届毕业生违约事件的发生，企业应明确三方协议中违约金条款的法律适用和金额的问题，D项正确。

8. B [解析] 社会保险是国家强制保险，为职工办理社会保险是用人单位的法定义务，企业不可以用商业保险来代替社会保险，两者有着本质区别，B项错误。

9. C [解析] 在实际中，计算加班工资应注意以下几点：①员工自愿延长工作时间的不属于加班；②综合计算工时制人员在标准工作时间内没有加班收入；③实行不定时工作制的领导者没有加班收入；④实行计件工资制的，再额定安排工作的应认定为"加班"。

10. B [解析] 加班是指员工根据用人单位的要求，在法定节假日或公休假日从事生产或工作。

11. B [解析] 一个完善的培训协议的核心内容应包括三个部分：①服务期限；②用人单位就服务期限应对劳动者提供的培训及其他额外福利待遇；③劳动者违约应承担的违约责任。B项错误。

12. D [解析] 一般应让离职员工的直线主管作为面谈者参与其中。此外，还要对需要面谈的问题做好准备。离职面谈一般包括离职后本岗位后续工作开展的建议及离职后个人职业生涯规划等，D项正确。

13. D [解析] 协商解除具有的特点之一是只要达成协议，即可即时解除，无须提前通知，D项错误。

14. C [解析] 协商解除如果是企业提出的，须根据员工的工作年限支付经济补偿金，最多不超过12个月，C项错误。

15. C [解析] 企业变革中处理劳动关系的基本原则包括：①依法原则；②平等协商原则；③维护公共利益原则；④职工参与原则；⑤职工安置先行原则。

16. ADE [解析] 按裁员的动因划分，企业裁员一般可分为经济性裁员、结构性裁员和优化性裁员。

17. C [解析] 实习协议一般包含：①实习要求；②实习期限；③实习岗位及工作时间；④实习管理；⑤实习报酬；⑥劳动保护；⑦协议解除或变更；⑧法律效力。

Day 35

1. B [解析] 员工手册的法律效力具体体现在两个方面：一方面，员工手册的制定权是法律赋予企业的用人权的重要组成部分（B项错误）；另一方面，用人单位依据员工手册对劳动者进行的管理，包括对劳动者违纪违法行为予以依法处理。

2. A [解析] 企业不能擅自增减病假期的期限，更不能将病假视为事假处理，A项正确。用人单位无权不批准员工所请的任何病假，B项错误。员工工作满1年可以享受带薪年休假，C项错误。病假不能按照旷工处理，D项错误。

3. A [解析] 商业秘密指不为公众所熟悉、能为权利人带来经济利益，具有实用性并经权利人采取保密措施的技术信息和经营信息。题干中，病人的联系方式属于保密内容。

4. D [解析] 企业奖惩制度包括：①奖惩的对象和时机；②奖惩的方式；③奖惩的原则；④奖惩的标准。其中奖惩的原则包括：①奖惩有据；②奖惩及时；③奖惩公开；④奖惩分明；⑤对于不合理、不公平的惩罚，员工有申诉的权利。

5. BCD [解析] 考勤管理过程中常会出现以下问题：①员工请假由其他领导代批；②员工请事假得到领导批准，但请假期限过后自行延期；③员工请假由他人代申请，事后不办理补假手续。

6. B [解析] 保密协议的设计应当注意以下三点：①明确界定商业秘密的范围；②规范保密行为和泄密行为；③损失赔偿责任约定上应明确赔偿计算方法。

7. C [解析] 压力管理的处理阶段是压力管理过程模型中最重要的一个环节，是建立在预防阶段和反应阶段的理论基础上的具体应用和实施，是解决企业员工压力问题的关键。

8. ABCD [解析] 压力管理的一般流程包括预防阶段、预警阶段、反应阶段、处理阶段、善后阶段。

9. A [解析] 减压措施包括以下几个方面：①改善组织的工作环境和条件，减轻或消除恶劣的工作条件给员工带来的压力；②从企业文化氛围上帮助员工提高心理保健能力，使其学会缓解压力，自我放松；③在组织制度、程序上帮助员工减轻压力，加强过程管理。

10. CE [解析] 常见的冲突解决方法如表10-1所示。

表 10-1 常见的冲突解决方法

冲突处理方法	适用条件
协商法	冲突双方势均力敌且理由都很合理
教育法	员工因一些不切实际的想法而产生冲突时，管理者可以帮助员工认清自身的现实情况（C 项正确）
拖延法	双方冲突并不十分严重，且是由认识引起的，同时对工作并没有太大的影响
和平共处法	冲突双方求同存异，承认和接受对方的某些方面
转移目标法	员工间的冲突是因为双方一时的冲动所引起的（E 项正确）
上级仲裁法	冲突比较严重，且一方明显不合情理

11. C [解析] 冲突产生的原因包括：①处事策略不同；②不良的沟通和信息谬传；③个体差异。

12. C [解析] 职业倦怠指个体在工作重压下产生的身心疲惫与耗竭的状态。C 项，丙担任员工关系专员五年，感觉精神疲惫，再不休息就要病了，这属于职业倦怠。

13. A [解析] 职业倦怠是一种心理上的综合病症，主要表现为情感衰竭、人格解体和个人成就感丧失。其中，情感衰竭是这一系列症状的主要方面，指一种过度的付出感以及情感资源的耗竭感。

14. D [解析] 企业对职业倦怠的干预内容包括：①做好企业心理调查工作，及时发现员工职业倦怠问题及程度；②对管理者进行心理技能培训，帮助员工建立心理恢复计划；③通过有效提供物质和精神支持改善职业倦怠现象；④适当丰富工作内容，采取轮岗的方式，缓冲乃至消除疲劳感和乏味感；⑤营造轻松和谐的人际关系，引导员工建立坦诚和谐的文化氛围；⑥依据员工需要的变化不断更新激励机制；⑦提升员工成就感，给员工个人带来良好的心理暗示。

15. B [解析] 多运动，运动量不需要太大，经常改变体位，避免长时间一种姿势工作，有利于预防电脑办公带来的组织伤害，B 项错误。

16. ACE [解析] 认定职业病的三个条件包括：①该疾病应与工作场所的职业性有害因素密切有关；②所接触的有害因素的剂量（强度或浓度）无论是过去还是现在，足以导致疾病的发生；③必须区别职业性与非职业性疾病所起的作用，前者的可能性必须大于后者。A、C、E 三项正确。

17. ABDE [解析] 过度劳动问题的对策和建议：①完善劳动基准立法；②修改工时和定额的有关规定；③强化劳动保障监察执法；④保障劳动者的休息休闲权；⑤考虑将"过劳死"纳入工伤保险。A、B、D、E 四项正确。

18. B [解析] 产生过度劳动的主要因素有：①生理因素；②心理因素；③经济因素；④社会因素；⑤管理因素；⑥文化因素。

19. B [解析] 劳动保护包括劳动安全和劳动卫生两个方面，不包括员工其他劳动权利和劳动报酬等方面的保护，也不包括生活中的卫生保健和伤病医疗工作，B 项错误。

20. D [解析] 劳动保护管理的内容包括：①制定劳动保护制度；②编制安全技术措施和计划；③加强劳动防护用品的管理；④安全生产检查。

第十章　员工关系管理

Day 36

1. A [解析] 员工援助计划在我国经历的变化分为两方面：①侧重点从个案咨询向心理体检、团体辅导、集体培训和宣教服务等多个维度发展；②服务方式从被动等待，到通过现代数字技术，如微信、手机应用软件等方式主动干预，向服务群体宣传和与之互动。A项正确，B、C、D三项错误。

2. ABDE [解析] 员工援助计划的主要内容由三部分组成：①处理造成问题的外部压力源，即减少或消除不适当的管理和环境因素；②处理压力所造成的反应，即情绪、行为及生理等方面症状的缓解；③改变个体自身的弱点。还包括压力测评、组织改善、教育培训、压力咨询、健康体检、健康增进方案、员工绩效改善、员工自信心的提高等项目。A、B、D、E四项正确。

3. C [解析] 员工援助计划测量方式可以分为三类，即成本—效益分析、过程评估、临床评估。

4. B [解析] 过程评估将评估的重点集中在推动和实施员工援助计划过程中的各个方面，主要包括员工对项目的组织、实施及成效的态度和满意感。

5. A [解析] 员工援助计划在员工方面的作用包括：①帮助员工解决生活上的问题；②促进员工身心健康；③帮助员工实现自我成长及职业生涯规划。

6. C [解析] 内置模式指组织自行设置员工援助计划实施的专职部门，聘请具有社会工作、心理、咨询、辅导等专业人员来策划实施该项目。

7. D [解析] 马西等人认为，员工援助计划的执行模式可以分为内置模式、外设模式、联合模式、整合模式四种。

8. A [解析] 员工援助计划的实施要点包括：①做好职业心理健康宣传；②在企业内部构建支持性工作环境；③开展多种形式员工心理咨询；④组织全员培训等。

Day 37

1. ABCE [解析] 影响企业执行员工援助计划的因素有组织的实力、组织的规模、工会组织、组织文化、行业差异、员工特性等。

2. (1) D [解析] 竞业限制的人员限于用人单位的高级管理人员、高级技术人员和其他负有保密义务的人员。竞业限制的实质是对劳动者择业权的限制，其目的在于保护用人单位的商业秘密。李某作为销售总监，是单位的高级管理人员，所以甲公司可以与李某约定竞业限制范围。

(2) AB [解析] 在解聘过程中需要注意的问题包括：①试用期内不可随意解聘员工；②解聘有过错的员工要以事实为根据，以制度为准绳；③解聘无过错的员工应提前30天书面通知员工本人，或支付相当于该员工一个月工资的代通知金，并根据其工作年限支付经济补偿金；④企业在解聘员工时，还需要注意程序的合法性。

(3) BD [解析] 员工提前30日书面通知解除劳动合同，或因员工存在过错的解聘，企业不需要支付经济补偿金。双方协商一致解除的情况下，如果是员工提出，企业不需要支付经济补偿金；如果是企业提出，则需要支付。预告解聘需要支付经济补偿金。

(4) BCD [解析] 离职面谈一般应让离职员工的直线主管作为面谈者参与其中，A项错误。

3. (1) B [解析] 该制度不具有法律效力，因为没有通过民主程序，也没有尽到对员工的普遍告知义务。

(2) BC [解析] 案例中，小李在本月收到上月的奖惩通知，且奖惩的方式简单粗暴，故企业的奖惩没有做到奖惩及时和奖惩方式合理，B、C两项正确。

(3) ABC [解析] 在考勤管理方面，应注意：①操作流程应符合劳动法的规定；②做好考勤监督，避免员工代人打卡现象发生；③人力资源部门要及时做好相关文件的归档工作。考勤结果并不属于严格保密的内容，D项错误。

(4) BD [解析] 案例中，小李可以将自己的情况上报给高层领导，并且通过各方面协调进行解决。B、D两项正确。A、C两项属于消极方式，不应采取。

本章强化测试

第三部分 人力资源与社会保险政策

第十一章　劳动法律关系

学习指导

本章主要涉及劳动法相关内容。劳动法律关系的概念，劳动法律关系的主体和客体，劳动法律关系的基本内容，劳动法律关系的产生、变更和消灭等考点是本章的考查重点。本章考点相对集中，对劳动法律关系的基本内容考查较多。本章知识点内容属于识记类内容，学习时除了看课程，也要加强记忆，考试基本为原文考查。

日期	考点
Day38	➢劳动法的概念 ➢劳动法的调整对象 ➢我国劳动法的适用范围 ➢劳动法的重要原则
Day39	➢劳动法律关系的概念 ➢劳动法律关系的主体和客体 ➢劳动法律关系的基本内容 ➢劳动法律关系的产生、变更和消灭
Day40	➢劳动法的表现形式 ➢劳动法确立的主要制度 ➢我国批准的国际劳工公约

▶▶▶ Day 38

▼ **考点**：劳动法的概念

1. ［单选］劳动法是调整（　　）的法律规范的总称。
    A. 雇佣关系
    B. 劳动关系和与劳动关系有密切联系的其他社会关系
    C. 经济关系
    D. 劳务关系

▽ **考点**：劳动法的调整对象

2. [单选] 下列社会关系中，不属于劳动法的调整对象的是（ ）。

　A. 民办非企业单位与其职工因培训而发生的关系

　B. 个体工商户与其聘请的帮工因加班费争议而发生的关系

　C. 劳动行政部门与某建筑公司因查出拖欠农民工工资而发生的关系

　D. 参加职业培训的劳动者与培训机构发生的关系

3. [多选] 劳动关系的主要特征包括（ ）。

　A. 劳动关系基于用工事实而产生

　B. 劳动关系只能在劳动者和用人单位之间产生

　C. 劳动关系是仅具有财产关系属性的社会关系

　D. 劳动关系既具有法律上的平等性，又具有实现这种关系的隶属性

　E. 劳动关系是仅具有人身关系属性的社会关系

4. [多选] 下列关于劳动关系与劳务关系的说法，正确的有（ ）。

　A. 双方当事人及其关系不同

　B. 劳动风险责任承担不同

　C. 适用法律相同

　D. 劳动主体的待遇不同

　E. 组织形式不同

5. [单选] 下列选项中，不属于与劳动关系密切联系的其他社会关系的是（ ）。

　A. 因实施社会保险制度而发生的社会关系

　B. 因劳动争议调解和仲裁而发生的社会关系

　C. 因人事纠纷而引发的社会关系

　D. 因劳动安全卫生管理和服务而发生的社会关系

▽ **考点**：我国劳动法的适用范围

6. [单选] 用人单位设立的分支机构，依法取得营业执照或者（ ）的，也可以作为用人单位与劳动者订立劳动合同。

　A. 合格证书

　B. 登记证书

　C. 鉴定证书

　D. 授权证书

7. [多选] 适用劳动法的劳动者包括（ ）。

　A. 企业、个体经济组织形成劳动关系的劳动者

　B. 国家机关、事业单位建立劳动关系的劳动者

　C. 农业劳动者和家庭保姆

　D. 社会团体建立劳动关系的劳动者

　E. 民办非企业单位组织形成劳动关系的劳动者

▽ **考点**：劳动法的重要原则

8. ［单选］下列不属于劳动法的基本原则的是（　　）。
   A. 劳动关系协调的合同化
   B. 劳动条件的基准化
   C. 劳动者保障的社会化
   D. 劳动执法的基准化

✎ **学习笔记**

Day 39

▼ 考点：劳动法律关系的概念

1. [单选] 下列选项中，不属于劳动法律关系与劳动关系的联系的是（   ）。
   A. 劳动关系是劳动法律关系产生的基础
   B. 劳动法律关系不仅仅反映劳动关系
   C. 劳动法律关系是劳动关系在法律上的表现形式
   D. 劳动关系的内容是劳动，劳动法律关系的内容是法定的义务和权利

2. [单选] 下列关于劳动法律关系的表述，错误的是（   ）。
   A. 劳动法律关系属于经济基础的范畴
   B. 劳动法律关系是以劳动法律规范的存在为前提的，发生在劳动法律规范调整劳动关系的范围之内
   C. 劳动法律关系的内容是法定的权利和义务
   D. 劳动法律关系是思想意志关系的组成部分

3. [单选] 劳动者与用人单位之间在实现劳动过程中依据劳动法律规范而形成的劳动权利与义务的关系为（   ）。
   A. 劳动法律关系   B. 劳动关系
   C. 劳动合同关系   D. 事实劳动关系

▼ 考点：劳动法律关系的主体和客体

4. [单选] 下列选项中，属于劳动法律关系的主体的是（   ）。
   A. 学龄前儿童   B. 用人单位
   C. 行为   D. 财务

▼ 考点：劳动法律关系的基本内容

5. [单选] 劳动者应当履行的义务不包括（   ）。
   A. 完成劳动任务   B. 提高职业技能
   C. 执行劳动安全卫生规程 D. 工资奖金的分配

6. [单选] 下列选项中，不属于公平就业权内容的是（   ）。
   A. 妇女就业平等权
   B. 少数民族劳动者就业平等权
   C. 外籍人员就业平等权
   D. 农村劳动者进城就业平等权

7. [多选] 劳动者的基本权利包括（   ）。
   A. 平等就业和选择职业的权利
   B. 取得劳动报酬的权利
   C. 休息休假的权利
   D. 获得劳动安全卫生保护的权利
   E. 工资奖金分配的权利

8. [单选]《中华人民共和国劳动法》中规定的用人单位的权利不包括（　　）。
   A. 劳动用工权
   B. 依法解除劳动合同的权利
   C. 工资奖金分配权
   D. 最低工资标准制定权

9. [多选]在劳动法律关系中，以下属于用人单位的义务的有（　　）。
   A. 遵守国家规定的工作时间，合理安排休息休假
   B. 为劳动者劳动权利的实现提供条件保障
   C. 依法建立安全卫生制度及劳动纪律
   D. 及时反馈是否录用
   E. 需要劳动者提供担保

▼ 考点：劳动法律关系的产生、变更和消灭

10. [多选]以下说法正确的有（　　）。
    A. 劳动法律关系的产生，是指劳动法律关系主体之间为实现一定的劳动过程，依照劳动法规，通过签订劳动合同而建立的劳动权利与劳动义务关系
    B. 劳动法律关系的变更，是指劳动法律关系主体间已经形成的劳动法律关系，由于一定的客观情况出现而引起法律关系中某些要素的变化
    C. 劳动法律关系的消灭，是指劳动法律关系主体间的劳动法律关系依法解除或终止
    D. 劳动法律关系的变更表现为双方履行劳动合同中，经协商变更了工作岗位等
    E. 劳动法律关系的变更表现为双方履行劳动合同中，主体地位的改变等

学习笔记

Day 40

考点：劳动法的表现形式

1. [单选] 我国劳动法的形式，按其规范的效力层次和范围不同，可分为（　　）类。
   A. 5
   B. 6
   C. 7
   D. 8

2. [单选] 以下（　　）属于劳动行政法规。
   A. 《中华人民共和国劳动法》
   B. 《最低工资规定》
   C. 《女职工劳动保护特别规定》
   D. 《违反和解除劳动合同的经济补偿办法》

3. [单选] 根据我国劳动法的形式，《集体合同规定》《最低工资规定》等属于（　　）。
   A. 法律
   B. 劳动行政法规
   C. 地方性法规
   D. 劳动规章

考点：劳动法确立的主要制度

4. [多选] 劳动法确立的主要制度包括（　　）。
   A. 促进就业制度
   B. 劳动合同和集体合同制度
   C. 工资标准制度
   D. 劳动标准制度
   E. 劳动争议处理制度

考点：我国批准的国际劳工公约

5. [单选] 《准予就业最低年龄公约》规定，准许就业的最低年龄，不得低于完成义务教育的年龄，在任何情况下不得低于（　　）岁。
   A. 11
   B. 13
   C. 15
   D. 18

学习笔记

本章学习检查表

知识点名称	初次学习		第一次复习		第二次复习	
	做对题目数/总题目数	学习日期	做对题目数/总题目数	复习日期	做对题目数/总题目数	复习日期
劳动法的概念						
劳动法的调整对象						
我国劳动法的适用范围						
劳动法的重要原则						
劳动法律关系的概念						
劳动法律关系的主体和客体						
劳动法律关系的基本内容						
劳动法律关系的产生、变更和消灭						
劳动法的表现形式						
劳动法确立的主要制度						
我国批准的国际劳工公约						

填写建议：

"做对题目数/总题目数"记录自己各知识点做题的情况，比如，某知识点总题目数10题，自己做对了其中7题，记录为7/10。

"学习日期"和"复习日期"记录自己学习和复习各知识点的日期。

备忘录

参考答案及解析

Day 38

1. B ［解析］广义的劳动法是指调整劳动关系及与劳动关系有密切联系的其他社会关系的法律规范的总称。

2. D ［解析］劳动法的调整对象主要是劳动关系。A、B、C三项属于劳动关系的范围。参加培训的劳动者与培训机构之间的关系不属于劳动关系，故不属于劳动法调整对象，D项错误。

3. ABD ［解析］劳动关系的主要特征是：①劳动关系基于用工事实而产生；②劳动关系只能在劳动者和用人单位之间产生；③劳动关系是具有人身关系、财产关系属性的社会关系；④劳动关系既具有法律上的平等性，又具有实现这种关系的隶属性。A、B、D三项正确。

4. ABD ［解析］劳动关系与劳务关系的区别包括：①双方当事人及其关系不同；②劳动风险责任承担不同；③劳动主体的待遇不同；④适用法律不同。A、B、D三项正确。

5. C ［解析］与劳动关系密切联系的其他社会关系包括：①因劳动力市场监督管理而发生的社会关系；②因实施社会保险制度而发生的社会关系；③因用人单位工资总量宏观调控和实施最低工资保障而发生的社会关系；④因劳动争议调解和仲裁而发生的社会关系；⑤因监督检查劳动法律、法规执行情况而发生的社会关系；⑥因工会组织职工参与民主管理、维护职工合法权益而发生的社会关系；⑦因劳动安全卫生管理和服务而发生的社会关系。

6. B ［解析］《中华人民共和国劳动合同法实施条例》将依法成立的会计师事务所、律师事务所等合伙组织和基金会纳入了法定用人单位范围。根据该条例，用人单位设立的分支机构，依法取得营业执照或者登记证书的，也可以作为用人单位与劳动者订立劳动合同，B项正确。

7. ABDE ［解析］适用劳动法的劳动者包括：①企业、个体经济组织形成劳动关系的劳动者；②国家机关、事业单位建立劳动关系的劳动者；③社会团体建立劳动关系的劳动者；④民办非企业单位组织形成劳动关系的劳动者。A、B、D、E四项正确。

8. D ［解析］劳动法的基本原则包括：①劳动关系协调的合同化；②劳动条件的基准化；③劳动者保障的社会化。

Day 39

1. D ［解析］D项描述的是劳动法律关系与劳动关系的区别。

2. A ［解析］劳动法律关系是思想意志关系的组成部分，属于上层建筑范畴；劳动关系是生产关系的组成部分，属于经济基础范畴，A项错误。

3. A ［解析］劳动法律关系是指劳动者与用人单位之间在实现劳动过程中依据劳动法律规范而形成的劳动权利与义务的关系，A项正确。

4. B ［解析］劳动法律关系的主体包括劳动者、用人单位，B项正确。学龄前儿童不属于劳动者范围，A项错误。行为、财务都属于劳动法律关系的客体，C、D两项错误。

5. D ［解析］劳动者应当履行的义务包括完成劳动任务、提高职业技能、执行劳动安全卫生规程、遵守劳动纪律和职业道德、履行法律法规规定的其他义务，D项错误。

6. C ［解析］公平就业权包含的内容有妇女就业平等权、少数民族劳动者就业平等权、残疾人就业平等权、传染病病原携带者就业平等权、农村劳动者进城就业平等权、处理就业歧视的方式，不包括外籍人员就业平等权，C项错误。

7. ABCD [解析] 劳动者的权利包括：①平等就业和选择职业的权利；②取得劳动报酬的权利；③休息休假的权利；④获得劳动安全卫生保护的权利；⑤接受职业技能培训的权利；⑥享受社会保险和福利的权利；⑦申请劳动争议处理的权利；⑧法律法规规定的其他劳动权利。A、B、C、D四项正确。工资奖金分配的权利是用人单位的权利，E项错误。

8. D [解析] 用人单位的权利包括劳动用工权、依法解除劳动合同的权利、工资奖金分配权，不包括最低工资标准制定权，D项错误。

9. ABC [解析] 用人单位的义务包括：①为劳动者劳动权利的实现提供条件保障；②建立职业培训制度，按国家规定提取和使用职业培训经费，有计划地对劳动者进行职业培训；③认真履行劳动合同；④为劳动者组建工会及工会依法开展活动提供帮助，就职工参与民主管理和保护劳动者合法权益等事宜，依法与工会或职工代表进行平等协商；⑤依法保证并合理安排劳动者的休息和休假，遵守国家规定的工作时间；⑥遵守按劳分配的原则，按时足额支付劳动者工资及各项待遇；⑦保护劳动者身体健康和生命安全，依法建立各项安全卫生制度及内部规章制度和劳动纪律，严格执行国家安全卫生标准；⑧依法保障女职工和未成年劳动者享有特殊的劳动保护待遇；⑨依据国家规定参加社会保险，缴纳社会保险费，同时创造条件兴办集体福利事业，改善和提高劳动者的福利待遇。

10. ABCD [解析] 劳动法律关系是指劳动法律关系主体之间为实现一定的劳动过程，依照劳动法规，通过签订劳动合同而建立的劳动权利与劳动义务关系，A项正确。劳动法律关系的变更，是指劳动法律关系主体间已经形成的劳动法律关系，由于一定的客观情况出现而引起法律关系中某些要素的变化，表现为双方履行劳动合同中，经协商变更了工作岗位等，B、D两项正确，E项错误。劳动法律关系的消灭，是指劳动法律关系主体间的劳动法律关系依法解除或终止，C项正确。

Day 40

1. C [解析] 我国劳动法的形式，按其规范的效力层次和范围不同，可分为7类。

2. C [解析] 劳动法的表现形式，按其规范的效力层次与范围不同，可以分为7类。其中包括《中华人民共和国劳动合同法实施条例》《劳动保障监察条例》《女职工劳动保护特别规定》《禁止使用童工规定》《职工带薪年休假条例》《人力资源市场暂行条例》《保障农民工工资支付条例》等国务院制定的劳动行政法规。

3. D [解析] 劳动法表现形式包括《集体合同规定》《最低工资规定》《违反和解除劳动合同的经济补偿办法》《工资支付暂行规定》等国务院劳动行政部门和地方政府制定的劳动规章，D项正确。

4. ABDE [解析] 劳动法确立的主要制度包括促进就业制度、劳动合同和集体合同制度、劳动标准制度、劳动争议处理的制度等，A、B、D、E四项正确。

5. C [解析]《准予就业最低年龄公约》规定，准许就业的最低年龄，不得低于完成义务教育的年龄，在任何情况下不得低于15岁。

本章强化测试

第十二章 就业与职业培训

> **学习指导**
>
> 本章所涉知识点内容比较简单，历年考试所占分值也比较少，考查的知识点基本集中于职业中介服务部分，学习时可通过做题加深印象。其他知识点考查频率较低，不是重点内容，简单了解即可。

日期	考点
Day41	▶ 我国的就业政策 ▶ 用人单位在促进就业中的权利和义务 ▶ 对特殊就业群体的促进就业措施 ▶ 禁止使用童工的法律规定
Day42	▶ 公共就业服务 ▶ 职业中介服务 ▶ 就业援助 ▶ 失业预警制度 ▶ 失业登记制度
Day43	▶ 职业培训 ▶ 职业资格制度的创立和改革 ▶ 职业资格 ▶ 职业标准体系 ▶ 外国人在我国的就业
Day44	▶ 港澳台居民在内地（大陆）就业

▶▶▶ Day 41

▽ **考点**：我国的就业政策

1. ［多选］根据《中华人民共和国就业促进法》，我国的就业方针有（　　）。
   A. 政府促进就业　　　　　　　　　　B. 全面实行就业准入
   C. 政府机关介绍就业　　　　　　　　D. 市场调节就业
   E. 劳动者自主择业

▼ 考点：用人单位在促进就业中的权利和义务

2. [单选] 下列关于用人单位自主用人权的说法，错误的是（　　）。
　　A. 用人单位有权决定招用劳动者的时间和数量
　　B. 用人单位有权决定劳动者权益范围
　　C. 用人单位有权决定用工形式
　　D. 用人单位有权决定招用劳动者的条件

3. [多选] 在促进就业方面，用人单位承担的义务有（　　）。
　　A. 保障劳动者平等就业和选择职业的权利
　　B. 保障职工享有休息休假的权利
　　C. 不得安排加班
　　D. 不得安排职业技能培训
　　E. 保障劳动者享受社会保险和福利的权利

▼ 考点：对特殊就业群体的促进就业措施

4. [单选]（　　）录用人员，以传染病病原携带者为由拒绝录用，属于歧视。
　　A. 宾馆　　　　　　　　　　　　B. 理发店
　　C. IT 技术人员　　　　　　　　　D. 饭店

5. [多选] 我国法律对（　　）提供特殊就业保护。
　　A. 女职工　　　　　　　　　　　B. 农村劳动力
　　C. 高校毕业生　　　　　　　　　D. 失业人员
　　E. 退役军人

▼ 考点：禁止使用童工的法律规定

6. [单选] 除法律规定的文艺、体育和特种工艺单位外，禁止其他用人单位招用未满（　　）周岁的未成年人。
　　A. 14　　　　　　　　　　　　　B. 15
　　C. 16　　　　　　　　　　　　　D. 18

✎ 学习笔记

Day 42

考点：公共就业服务

1. [单选] 下列关于公共就业服务的表述，错误的是（　　）。
   A. 公共就业服务主要为就业困难人员提供就业援助
   B. 公共就业服务由政府主导设立，私营机构具体运营
   C. 公共就业服务机构不得从事经营性活动
   D. 公共就业服务机构应为劳动者提供免费的就业服务

2. [单选]（　　）是指根据社会需要和各种职业岗位的从业要求，结合择业者的个性特点，帮助其选择适合的职业或专业，以及帮助用人单位选择合格的劳动者，从而达到人与职业合理匹配的指导过程。
   A. 公共就业服务 B. 职业指导
   C. 就业促进   D. 职业中介服务

考点：职业中介服务

3. [单选] 设立职业中介机构或其他机构开展职业中介活动，须经（　　）批准，并获得职业中介许可证。
   A. 国务院   B. 劳动行政部门
   C. 地方各级人民政府 D. 工商行政部门

4. [单选] 下列不属于职业中介机构的业务内容的是（　　）。
   A. 为劳动者介绍用人单位或为用人单位推荐劳动者
   B. 收集和发布职业供求信息
   C. 组织职业招聘洽谈会
   D. 外包人力资源管理咨询服务

5. [单选] 根据《中华人民共和国就业促进法》，设立职业中介机构的条件不包括（　　）。
   A. 有一定数量的具备相应职业资格的专职工作人员
   B. 有明确的章程和管理制度
   C. 具有良好的信用记录
   D. 有开展业务必备的固定场所

考点：就业援助

6. [多选] 就业援助对象主要包括（　　）。
   A. 高校毕业生   B. 农村劳动力
   C. 退役军人   D. 就业困难人员
   E. 零就业家庭

7. [单选] 用人单位安排残疾人就业的比例不得低于本单位在职职工总数的（　　）。
   A. 0.5%   B. 1%
   C. 1.5%   D. 2.5%

▼ 考点：失业预警制度

8. [单选]（　　）是指通过对反映就业、失业状况的监测指定跟踪分析，当监测指标达到或接近设定的失业预算线时，及时进行失业预报。

   A. 就业援助　　　　　　　　　　　　B. 失业预警
   C. 失业登记　　　　　　　　　　　　D. 法律援助

▼ 考点：失业登记制度

9. [多选] 以下符合失业登记条件的有（　　）。

   A. 有劳动能力
   B. 16周岁以上
   C. 有就业要求
   D. 处于无业状态的城镇常住人口
   E. 在法定劳动年龄内

10. [多选] 失业登记的范围包括（　　）。

    A. 年满18周岁，从各类学校毕业、肄业的
    B. 个体工商户业主或私营企业业主停业、破产停止经营的
    C. 承包土地被征用，符合当地规定条件的
    D. 军人退出现役的
    E. 刑满释放、假释、监外执行的

11. [单选] 应当由公共就业服务机构注销其失业登记的情形，不包括（　　）。

    A. 已享受基本养老保险待遇的
    B. 已参加职业培训的
    C. 完全丧失劳动能力的
    D. 连续6个月未与公共就业服务机构联系的

✎ 学习笔记

▶▶▶ **Day 43**

▼ **考点**：职业培训

1. ［单选］下列不属于职业培训的主要形式的是（　　）。
   A. 就业前培训
   B. 再就业培训
   C. 劳动预备制度
   D. 企业职工培训

2. ［单选］企业应当按照国家有关规定提取职工教育经费，对劳动者进行（　　）培训和继续教育培训。
   A. 职业技能　　　　　　　　　　B. 创业
   C. 就业前　　　　　　　　　　　D. 再就业

3. ［多选］我国的职业培训机构包括（　　）。
   A. 技工学校
   B. 就业培训中心
   C. 社会力量办学
   D. 企业职工培训中心
   E. 大专院校

▼ **考点**：职业资格制度的创立和改革

4. ［单选］下列关于职业资格制度的表述，错误的是（　　）。
   A. 职业资格包括专业技术人员职业资格和技能人员职业资格
   B. 国家职业资格目录实行动态调整
   C. 国家职业资格目录实行清单式管理，目录之外一律不得许可和认定职业资格
   D. 目前，我国共有专业技术人员职业资格60项

▼ **考点**：职业资格

5. ［单选］职业资格制度的适用范围不包括（　　）。
   A. 准入类专业技术人员职业资格
   B. 技能人员职业资格
   C. 水平评价类专业技术人员职业资格
   D. 水平评价类技能人员职业资格

▼ **考点**：职业标准体系

6. ［单选］专业职业能力考核组织开展的依据是（　　）。
   A. 国家职业标准
   B. 行业企业评价规范
   C. 经备案的考核规范
   D. 技能类职业评价标准

▽ **考点**：外国人在我国的就业

7. ［多选］外国人在中国就业必须具备的条件有（　　）。

　　A. 年满 16 周岁，身体健康

　　B. 无犯罪记录

　　C. 境内有确定的用人单位

　　D. 已办理社会保险登记

　　E. 具有从事其工作必需的专业技能或相适应的知识水平

✎ **学习笔记**

Day 44

考点：港澳台居民在内地（大陆）就业

1. [单选] 下列关于港澳台人员在内地（大陆）就业的相关规定，错误的是（   ）。
   A. 需要办理港澳台人员就业证
   B. 可凭港澳台居民身份证在内地（大陆）办理人力资源社会保障业务
   C. 可凭港澳居民来往内地（大陆）通行证办理人力资源社会保障业务
   D. 应将港澳台人员纳入当地就业创业管理服务体系

2. [案例] 六月毕业季正是大学生求职高峰期。小刘是某大学人力资源管理专业的应届毕业生，朋友建议他到公共就业服务机构或者职业中介机构应聘。小刘通过互联网向一家职业中介机构发布了求职信息，职业机构以诚信原则为由，让小刘将毕业证留下并支付150元的押金，小刘见状立即将求职信息撤回。事后，小刘又向导师求助，在导师的帮助下，顺利找到了工作。

   根据以上材料，回答下列问题：

   (1) 公共就业服务机构应为劳动者免费提供的服务包括（   ）。
   A. 就业政策法规咨询
   B. 职业指导和职业介绍
   C. 对就业困难人员实施就业援助
   D. 提供法律诉讼服务

   (2) 职业中介机构的禁止行为有（   ）。
   A. 提供虚假就业信息
   B. 为无合法证照的用人单位提供职业中介服务
   C. 伪造、涂改、转让职业中介许可证
   D. 招工

   (3) 关于该职业中介机构的做法，下列说法正确的是（   ）。
   A. 该职业中介机构扣押小刘毕业证的行为是错误的
   B. 该职业中介机构要求小刘支付押金的行为是错误的
   C. 该职业中介机构要求小刘支付150元押金，没有超过押金支付的限额，是没有问题的
   D. 该职业中介机构扣押的是小刘的毕业证，并没有扣押身份证，是没有问题的

   (4) 就业援助包括（   ）。
   A. 就业援助对象
   B. 就业援助措施
   C. 残疾人就业的用人单位责任
   D. 女性就业的用人单位责任

学习笔记

本章学习检查表

知识点名称	初次学习		第一次复习		第二次复习	
	做对题目数/总题目数	学习日期	做对题目数/总题目数	复习日期	做对题目数/总题目数	复习日期
我国的就业政策						
用人单位在促进就业中的权利和义务						
对特殊就业群体的促进就业措施						
禁止使用童工的法律规定						
公共就业服务						
职业中介服务						
就业援助						
失业预警制度						
失业登记制度						
职业培训						
职业资格制度的创立和改革						
职业资格						
职业标准体系						
外国人在我国的就业						
港澳台居民在内地（大陆）就业						

填写建议：

"做对题目数/总题目数"记录自己各知识点做题的情况，比如，某知识点总题目数10题，自己做对了其中7题，记录为7/10。

"学习日期"和"复习日期"记录自己学习和复习各知识点的日期。

备忘录

参考答案及解析

Day 41

1. ADE [解析] 根据《中华人民共和国就业促进法》，我国的就业方针是把扩大就业放在经济社会发展的突出位置，实施积极的就业政策，坚持劳动者自主择业、市场调节就业、政府促进就业的方针，多渠道扩大就业。A、D、E 三项正确。

2. B [解析] 用人单位的自主用人权，是指用人单位在法律规定范围内，有权根据本单位生产经营管理的需要，自主决定招用劳动者的时间、条件、数量和用工形式及工资报酬待遇等。

3. ABE [解析] 用人单位有依法保障并合理安排劳动者的休息和休假的义务，但并不是说不能安排加班，C 项错误。用人单位要依法保障劳动者接受职业技能培训的权利，D 项错误。

4. C [解析] 涉及从事直接入口食品工作的人员，在宾馆、饭店、理发店等公共场所直接服务顾客的人员等，应当取得健康证后方可上岗。

5. BCE [解析] 我国实施促进就业措施的特殊就业群体包括：①高校毕业生；②农村劳动力；③残疾人；④传染病病原携带者；⑤退役军人。B、C、E 三项正确。

6. C [解析] 禁止用人单位招用未满 16 周岁的未成年人。文艺、体育和特种工艺单位招用未满 16 周岁的未成年人，必须依照国家有关规定，履行审批手续，并保障其接受义务教育的权利。

Day 42

1. B [解析] 公共就业服务是政府通过设立公共就业服务机构，为劳动者提供免费的就业服务，为就业困难人员提供就业援助。公共就业服务机构不得从事经营性活动。地方各级人民政府和有关部门、公共就业服务机构举办招聘会，不得向劳动者收取费用。综上所述，A、C、D 三项正确，B 项错误。

2. B [解析] 职业指导是指根据社会需要和各种职业岗位的从业要求，结合择业者的个性特点，帮助其选择适合的职业或专业，以及帮助用人单位选择合格的劳动者，从而达到人与职业合理匹配的指导过程。

3. B [解析] 设立职业中介机构或其他机构开展职业中介活动，须经劳动行政部门批准，并获得职业中介许可证，B 项正确。

4. D [解析] 职业中介机构的业务内容包括：①为劳动者介绍用人单位或为用人单位推荐劳动者；②收集和发布职业供求信息；③组织职业招聘洽谈会；④开展职业指导、人力资源管理咨询服务。

5. C [解析] 根据《中华人民共和国就业促进法》，设立职业中介机构应当具备下列条件：①有明确的章程和管理制度；②有开展业务必备的固定场所、办公设施和一定数额的开办资金；③有一定数量具备相应职业资格的专职工作人员；④法律、法规规定的其他条件。

6. DE [解析] 就业援助对象主要包括就业困难人员和零就业家庭。

7. C [解析]《残疾人就业条例》规定，用人单位安排残疾人就业的比例不得低于本单位在职职工总数的1.5%。具体比例由省、自治区、直辖市人民政府根据本地区的实际情况规定。

8. B [解析] 失业预警是指通过对反映就业、失业状况的监测指定跟踪分析，当监测指标达到或接近设定的失业预算线时，及时进行失业预报。

9. ACDE [解析] 在法定劳动年龄内，有劳动能力、有就业要求、处于无业状态的城镇常住人员，可以到公共就业服务机构进行失业登记。

10. BCE [解析] 失业登记的范围包括：①年满16周岁，从各类学校毕业、肄业的（A项错误）；②从企业、机关、事业单位等各类用人单位失业的；③个体工商户业主或私营企业业主停业、破产的（B项正确）；④承包土地被征用，符合当地规定条件的（C项正确）；⑤退役军人未纳入国家统一安置的（D项错误）；⑥刑满释放、假释、监外执行的（E项正确）；⑦各地规定的其他失业人员。

11. B [解析] 登记失业人员出现下列情形之一的，由公共就业服务机构注销其失业登记：①被用人单位录用的；②从事个体经营或创业，并领取工商营业执照的；③已从事有稳定收入的劳动，并且月收入不低于当地最低工资标准的；④已享受基本养老保险待遇的；⑤完全丧失劳动能力的；⑥入学、服兵役、移居境外的；⑦被判刑收监执行或被劳动教养的；⑧终止就业要求或拒绝接受公共就业服务的；⑨连续6个月未与公共就业服务机构联系的；⑩已进行就业登记的其他人员或各地规定的其他情形。

Day 43

1. D [解析] 职业培训的主要形式有：①就业前培训；②劳动预备制度；③再就业培训；④创业培训。

2. A [解析]《中华人民共和国就业促进法》规定，企业应当按照国家有关规定提取职工教育经费，对劳动者进行职业技能培训和继续教育培训。

3. ABCD [解析] 我国的职业培训机构包括技工学校、就业训练中心、社会力量办学及企业职工培训中心等，不包括大专院校，A、B、C、D四项正确。

4. D [解析] 目前，我国共有专业技术人员职业资格59项，D项错误。

5. D [解析] 按照国家现行要求，职业资格制度的适用范围包括准入类专业技术人员职业资格、水平评价类专业技术人员职业资格和技能人员职业资格。原有的水平评价类技能人员职业资格将退出职业资格目录，D项错误。

6. C [解析] 职业资格评价要依据国家职业标准组织开展；职业技能等级认定要依据国家职业标准或行业企业评价规范组织开展；专业职业能力要依据经备案的考核规范组织开展。

7. BCE [解析] 外国人在我国就业必须具备下列条件：①年满18周岁，身体健康，无犯罪记录，境内有确定的用人单位，具有从事其工作所必需的专业技能和相适应的知识水平；②所从事的工作符合我国经济社会发展需要，为国内急需紧缺的专业人员；③法律法规对外国人来华工作另有规定的，从其规定。B、C、E三项正确。

Day 44

1. A [解析] 2018年7月28日,国务院印发《关于取消一批行政许可事项的决定》,取消台港澳人员在内地就业许可,A项错误。

2. (1) ABC [解析] 公共就业服务机构应为劳动者免费提供下列服务:①人力资源供求、市场工资指导价位、职业培训等信息发布;②职业介绍、职业指导和创业开业指导;③就业创业和人才政策法规咨询;④对就业困难人员实施就业援助;⑤办理就业登记、失业登记等事务;⑥办理高等学校、中等职业学校、技工学校毕业生接收手续;⑦流动人员人事档案管理;⑧县级以上人民政府确定的其他服务。A、B、C三项正确。

(2) ABC [解析] 职业中介机构的禁止行为包括:①提供虚假就业信息;②为无合法证照的用人单位提供职业中介服务;③伪造、涂改、转让职业中介许可证;④扣押劳动者的居民身份证和其他证件,或者向劳动者收取押金;⑤其他违反法律、法规规定的行为。A、B、C三项正确。

(3) AB [解析] 职业中介机构的禁止行为之一是:扣押劳动者的居民身份证或其他证件,或者向劳动者收取押金。

(4) ABC [解析] 就业援助包括就业援助对象、就业援助措施、残疾人就业的用人单位责任。

本章强化测试

第十三章 招用人员

> **学习指导**
>
> 本章所涉知识点内容较多，考点较为集中。法定用工形式、招聘、劳动合同订立原则及订立劳动合同的时间考查较多，是重要考点，其余内容考试涉及较少，学习时简单了解即可。

日期	考点
Day45	➢用人单位自主用人权 ➢法定用工形式 ➢特殊人员的使用 ➢招聘 ➢就业登记 ➢录用条件 ➢职工名册
Day46	➢劳动合同的概念 ➢劳动合同法律特征 ➢劳动合同订立原则
Day47	➢劳动合同的内容 ➢订立劳动合同的时间 ➢劳动合同法律效力的确认
Day48	➢社会保险的概念 ➢参加社会保险的范围 ➢社会保险登记 ➢社会保险缴费 ➢跨地区劳务派遣的社会保险
Day49	➢岗位设置 ➢公开招聘和竞聘上岗 ➢聘用合同 ➢考核和培训 ➢奖励和处分
Day50	➢工资福利和社会保险

Day 45

▶ **考点**：用人单位自主用人权

1. ［单选］用人单位自主招用人员的途径不包括（　　）。
   A. 参加职业招聘洽谈会
   B. 委托报纸、广播、电视、互联网等大众传播媒介发布招聘信息
   C. 建立培训基地，直接招用培训人员
   D. 委托公共就业服务机构或职业中介机构

▶ **考点**：法定用工形式

2. ［多选］下列属于我国企业法定用工形式的有（　　）。
   A. 非全日制用工
   B. 劳务派遣用工
   C. 劳动合同用工
   D. 劳务用工
   E. 租借用工

3. ［单选］下列关于法定用工形式的说法，错误的是（　　）。
   A. 劳动合同用工是我国的企业基本用工形式
   B. 劳务派遣用工形式存在三方关系
   C. 非全日制用工形式中的劳动者在每个用人单位的工作时间每周都不能超过20小时
   D. 职工被借调期间受到工伤事故伤害的，由原用人单位承担工伤保险责任

4. ［单选］《工伤保险条例》规定，职工被借调期间受到工伤事故伤害的，由（　　）承担工伤保险责任。
   A. 借调单位
   B. 原用人单位
   C. 所在地行政机关
   D. 原用人单位与借调单位

▶ **考点**：特殊人员的使用

5. ［多选］除法定用工形式，用人单位在使用人员方面还有一些特殊情形，以下属于特殊用工人员的有（　　）。
   A. 残疾人
   B. 超龄人员
   C. 高校毕业生
   D. 在校学生
   E. 专业军人

6. ［单选］以下关于超龄人员使用的说法，错误的是（　　）。
   A. 超龄人员是指超过国家规定的退休年龄的人员
   B. 用人单位使用超过法定退休年龄但未能享受基本养老保险待遇的人员，双方建立的是劳务关系
   C. 已经依法享受养老保险待遇的人员发生用工争议，按劳务关系处理
   D. 超过法定退休年龄的务工农民，发生争议按劳动关系处理

▶ **考点**：招聘

7. ［单选］下列关于用人单位招用人员的说法，错误的是（　　）。
   A. 用人单位招用人员时不得发布虚假招聘广告

B. 用人单位可以要求被录用人员提供担保

C. 用人单位不得扣押被录用人员的居民身份证

D. 用人单位招用人员时应当向劳动者提供平等的就业机会

8. [单选] 以下不属于用人单位招聘劳动者时的义务的是（　　）。

　　A. 如实告知劳动者有关工作的情况

　　B. 对劳动者的个人资料予以保密

　　C. 可以扣押录用人员的身份证

　　D. 及时反馈是否录用

9. [单选] 招用未持相应工种职业资格证书人员的，须组织其在上岗前参加培训，使其取得（　　）后方可上岗。

　　A. 领导认可　　　　　　　　　　B. 公司考核合格

　　C. 职业资格证书　　　　　　　　D. 人力资源部门经理许可

考点：就业登记

10. [单选] 劳动者被用人单位招用的，由用人单位自录用之日起（　　）日内办理就业登记手续。

　　A. 15　　　　　　　　　　　　　B. 20

　　C. 30　　　　　　　　　　　　　D. 7

考点：录用条件

11. [单选] 下列关于录用条件的说法，正确的是（　　）。

　　A. 用人单位不能因劳动者不符合录用条件而解除劳动合同

　　B. 录用条件的内容属于用人单位的保密事项

　　C. 录用条件由劳动法律规定

　　D. 用人单位提出的录用条件应当让劳动者知晓

考点：职工名册

12. [单选] 下列选项中，不属于职工名册内容的是（　　）。

　　A. 劳动者姓名　　　　　　　　　B. 现住址

　　C. 工作经验　　　　　　　　　　D. 用工形式

学习笔记

Day 46

考点：劳动合同的概念

1. [单选] 劳动合同是劳动关系双方当事人依法约定的明确（　　）的协议。
   A. 劳动者权利和义务　　　　　　B. 用人单位权利和义务
   C. 劳动者的权利　　　　　　　　D. 双方权利和义务

考点：劳动合同法律特征

2. [单选] 以下不属于劳动合同法律特征的是（　　）。
   A. 劳动合同的当事人是企业
   B. 劳动合同是双方当事人在平等自愿、协商一致的基础上达成的协议，双方当事人的法律地位是平等的
   C. 劳动合同当事人在职责上具有从属关系
   D. 劳动合同的内容涉及劳动者完成再生产的过程

考点：劳动合同订立原则

3. [多选]《中华人民共和国劳动合同法》规定，订立劳动合同，应当遵循的原则有（　　）。
   A. 合法与公平　　　　　　　　　B. 等价互惠
   C. 平等自愿　　　　　　　　　　D. 协商一致
   E. 诚实信用

4. [单选] 下列关于订立劳动合同的合法原则的说法，不正确的是（　　）。
   A. 订立劳动合同的程序与形式合法
   B. 从事繁重体力劳动的只需年满16周岁
   C. 订立劳动合同的主体必须合法
   D. 劳动合同的内容合法

5. [单选] 劳动合同的内容或各项条款，在法律法规允许范围内，由双方当事人共同讨论、协商，取得一致意思表示后确定，体现的是（　　）。
   A. 公平原则　　　　　　　　　　B. 平等自愿原则
   C. 协商一致原则　　　　　　　　D. 合法原则

✎ 学习笔记

Day 47

考点：劳动合同的内容

1. [单选] 下列事项中，属于劳动合同必备条款的是（   ）。
   A. 劳动纪律
   B. 补充保险
   C. 劳动报酬
   D. 违反劳动合同责任

2. [单选] 下列劳动合同条款中，不属于约定条款的是（   ）。
   A. 社会保险
   B. 保守秘密
   C. 福利待遇
   D. 试用期

3. [单选] 下列关于无固定期限劳动合同的说法，错误的是（   ）。
   A. 用人单位与劳动者协商一致，可以订立无固定期限劳动合同
   B. 只要劳动者提出订立无固定期限劳动合同，用人单位就应当与劳动者订立无固定期限劳动合同
   C. 劳动者在用人单位连续工作满 10 年，续订劳动合同时，用人单位应与劳动者订立无固定期限劳动合同
   D. 劳动者可以不与用人单位订立无固定期限劳动合同

4. [多选] 下列关于劳动合同试用期的说法，正确的有（   ）。
   A. 用人单位与劳动者可以随时约定试用期
   B. 劳动合同期限不满六个月不得约定试用期
   C. 以完成一定工作任务为期限的劳动合同不得约定试用期
   D. 试用期包含在劳动合同期限内
   E. 劳动合同仅约定试用期的，试用期不成立

考点：订立劳动合同的时间

5. [单选] 下列关于用人单位与劳动者建立劳动关系时间的说法，正确的是（   ）。
   A. 用人单位自用工之日起即与劳动者建立劳动关系
   B. 用人单位自劳动合同签订之日起与劳动者建立劳动关系
   C. 用人单位自用工之日起一个月后即与劳动者建立劳动关系
   D. 用人单位自录用通知送达劳动者之日起即与劳动者建立劳动关系

6. [单选] 自用工之日起 1 个月内，经用人单位书面通知后，劳动者不与用人单位订立书面劳动合同的，用人单位应当书面通知劳动者（   ），无须向劳动者支付经济补偿。
   A. 解除劳动合同
   B. 终止劳动关系
   C. 解除劳务合同
   D. 终止劳务关系

7. [单选] 已经建立劳动关系，未同时订立书面劳动合同的，应当自用工之日起（   ）内订立书面劳动合同。
   A. 12 天
   B. 15 天
   C. 1 个月
   D. 3 个月

▼ 考点：劳动合同法律效力的确认

8. [单选] 下列关于劳动合同效力的说法，正确的是（　　）。
   A. 劳动合同经用人单位与劳动者协商，只须用人单位盖章即生效
   B. 用人单位可以在劳动合同中免除自己的法定责任
   C. 劳动争议仲裁机构有权确认劳动合同无效
   D. 劳动合同被确认无效，用人单位无须向劳动者支付劳动报酬

9. [多选] 下列劳动合同中，无效或者部分无效的有（　　）。
   A. 以欺诈、胁迫的手段或者乘人之危，使对方在违背真实意思的情况下订立或者变更劳动合同的
   B. 用人单位和劳动者之间存在争议的
   C. 用人单位免除自己的法定责任、排除劳动者权利的
   D. 违反法律、行政法规强制性规定的
   E. 用人单位对劳动者存在歧视的

✎ 学习笔记

Day 48

▽ **考点**：社会保险的概念

1. ［单选］实施社会保险的根本目的是（　　）。
   A. 补偿性　　　　　　　　　　　B. 公开性
   C. 保障性　　　　　　　　　　　D. 互济性

▽ **考点**：参加社会保险的范围

2. ［单选］以下不属于法定保险范围的是（　　）。
   A. 基本养老保险　　　　　　　　B. 基本医疗保险
   C. 失业保险　　　　　　　　　　D. 企业年金

▽ **考点**：社会保险登记

3. ［单选］个人申请办理社会保险登记，以（　　）作为社会保障号码，取得社会保障卡和医保电子凭证。
   A. 手机号码　　　　　　　　　　B. 银行卡号
   C. 系统自动生成的号码　　　　　D. 公民身份号码

▽ **考点**：社会保险缴费

4. ［多选］以下关于社会保险缴费的说法，正确的有（　　）。
   A. 正常情况下，用人单位也可根据本单位情况申请缓缴或减免
   B. 用人单位应当委托中介机构申报
   C. 职工应当缴纳的社会保险费由用人单位代扣代缴
   D. 用人单位未按时足额缴纳社会保险费的，由社会保险费征收机构责令其限期缴纳或者补足
   E. 灵活就业人员，可以直接向社会保险费征收机构缴纳

5. ［单选］用人单位未按规定申报应当缴纳的社会保险费数额的，按照该单位上月缴费额的（　　）确定应当缴纳数额。
   A. 100%　　　　　　　　　　　　B. 110%
   C. 120%　　　　　　　　　　　　D. 130%

▽ **考点**：跨地区劳务派遣的社会保险

6. ［单选］劳动派遣单位跨地区派遣劳动者的，应当在（　　）为被派遣劳动者参加社会保险。
   A. 派遣公司所在地　　　　　　　B. 用工单位所在地
   C. 第三方地址　　　　　　　　　D. 由用人单位和劳动者协商确定

✎ **学习笔记**

Day 49

▽ 考点：岗位设置

1. [单选] 事业单位拟订岗位设置方案，应当报（　　）备案。

    A. 人事综合管理部门

    B. 国务院

    C. 劳动争议仲裁机构和社会保险部门

    D. 当地政府管理部门

▽ 考点：公开招聘和竞聘上岗

2. [单选] 下列不属于事业单位公开招聘工作人员程序的是（　　）。

    A. 制定公开招聘方案

    B. 考试、考察

    C. 公示拟聘人员名单

    D. 发布招聘广告

▽ 考点：聘用合同

3. [单选] 以下关于事业单位聘用合同管理的说法，错误的是（　　）。

    A. 聘用制度是事业单位的基本用人制度

    B. 事业单位与工作人员订立的聘用合同一般不低于3年

    C. 初次就业与事业单位订立3年以上合同的，试用期为6个月

    D. 连续旷工超过15个工作日，事业单位可以解除聘用合同

▽ 考点：考核和培训

4. [单选] 事业单位考核的类别不包括（　　）。

    A. 平时考核

    B. 专项考核

    C. 聘期考核

    D. 年度考核

5. [多选] 下列关于事业单位工作人员的培训的规定，表述错误的有（　　）。

    A. 岗前培训包括公共科目和专业科目，必须在聘用之日起6个月内完成

    B. 岗前培训累计时间不少于40学时或者5天

    C. 在岗培训在一个聘期内至少参加一次不少于20学时或者3天的专业科目脱产培训

    D. 事业单位工作人员每年度参加各类培训的时间累计不少于40学时或者5天

    E. 事业单位工作人员培训情况应当作为其考核的内容和岗位聘用、等级晋升的重要依据之一

▽ 考点：奖励和处分

6. [多选] 事业单位工作人员有（　　）行为的，给予处分。

    A. 损害国家声誉和利益

    B. 失职渎职

C. 挥霍、浪费国家资财
D. 利用工作之便谋取不正当利益
E. 和同事在工作时间起个人争执

学习笔记

Day 50

考点：工资福利和社会保险

1. [多选] 事业单位工作人员工资包括（   ）。

   A. 基本工资   B. 奖金

   C. 绩效工资   D. 津贴

   E. 补贴

2. [案例] 职工李某于 2019 年 3 月 1 日被招入某公司时，公司忘记与其订立劳动合同，李某知道公司如果不与其订立书面劳动合同，依法需要向其支付双倍工资，因此一直不动声色。直至公司对劳动合同进行普查时，才发现与李某漏签了劳动合同。于是，公司提出要与李某补签书面劳动合同。但李某要求公司先支付其另一倍工资，否则不同意补签书面劳动合同。公司表示如果李某不同意补签书面劳动合同，公司将随时与李某终止劳动关系。随后，因李某不同意订立书面劳动合同，公司向李某送达了终止劳动关系的书面通知。李某收到书面通知后，要求公司给予其经济补偿，但公司予以拒绝。双方因此发生了争议。

   根据以上材料，回答下列问题：

   (1) 下列关于公司与李某订立书面劳动合同的说法，正确的是（   ）。

   A. 公司与李某必须在 2019 年 2 月 28 日前订立书面劳动合同

   B. 公司可以随时与李某订立书面劳动合同

   C. 公司与李某应当在 2019 年 3 月 31 日前订立书面劳动合同

   D. 公司与李某应当签订无固定期限劳动合同

   (2) 下列关于李某要求公司支付两倍工资的说法，正确的是（   ）。

   A. 公司应自 2019 年 3 月 1 日起向李某支付两倍工资

   B. 无论公司是否与李某订立书面劳动合同，都无须向李某支付两倍工资

   C. 只要李某提出要求，公司就应向李某支付两倍工资

   D. 公司应当自 2019 年 4 月 1 日起向李某支付两倍工资

   (3) 下列关于公司与李某终止劳动关系的说法，正确的是（   ）。

   A. 公司可以随时与李某终止劳动关系

   B. 公司不得与李某终止劳动关系

   C. 公司如在 2019 年 3 月 20 日书面通知李某订立书面劳动合同，若李某不同意，公司应当书面通知李某终止劳动关系

   D. 公司与李某未订立书面劳动合同，双方不存在劳动关系，也不存在终止劳动关系问题

   (4) 下列关于公司与李某终止劳动关系给予经济补偿的说法，正确的有（   ）。

   A. 公司与李某终止劳动关系，无须给予李某经济补偿

   B. 因李某不愿意订立书面劳动合同，如公司在 2019 年 3 月 20 日书面通知李某终止劳动关系，公司无须给予李某经济补偿

   C. 因公司未与李某订立书面劳动合同，如李某要求终止劳动关系，公司应当给予李某经济补偿

D. 只要公司提出与李某终止劳动关系，公司就应当给予李某经济补偿

3. [案例] 某大学招聘应届博士毕业生小张为该校在编教师，双方约定，聘用合同期限为2016年6月27日至2019年6月26日，小张如解除聘用合同，应提前6个月通知单位。工作第二年，小张因多次发生教学事故考核不合格。小张认为很没面子，于2018年7月1日书面通知单位解除聘用合同，单位未答复。2018年8月1日，小张主动离职。

根据以上材料，回答下列问题：

(1) 该大学与小张所签聘用合同的试用期最长不能超过（　　）个月。

A. 3
B. 6
C. 9
D. 12

(2) 小张存在（　　）情形时，该大学可以解除聘用合同。

A. 连续旷工超过5个工作日，或者1年内累积旷工超过15个工作日的
B. 连续旷工超过10个工作日，或者1年内累积旷工超过30个工作日的
C. 连续旷工超过10个工作日，或者1年内累积旷工超过45个工作日的
D. 连续旷工超过15个工作日，或者1年内累积旷工超过30个工作日的

(3) 小张连续（　　）年年度考核不合格，该大学可以解除聘用合同。

A. 1
B. 2
C. 3
D. 4

(4) 下列关于小张离职行为的说法，正确的是（　　）。

A. 不合法，小张没有正当事由不能解除聘用合同
B. 合法，法律规定劳动者提前30天通知可以单方解除聘用合同
C. 不合法，因为合同约定了小张解除聘用合同应当提前6个月通知
D. 不合法，小张在年度考核不合格的情况下，不能主动解除聘用合同

✎ 学习笔记

本章学习检查表

知识点名称	初次学习		第一次复习		第二次复习	
	做对题目数/总题目数	学习日期	做对题目数/总题目数	复习日期	做对题目数/总题目数	复习日期
用人单位自主用人权						
法定用工形式						
特殊人员的使用						
招聘						
就业登记						
录用条件						
职工名册						
劳动合同的概念						
劳动合同法律特征						
劳动合同订立原则						
劳动合同的内容						
订立劳动合同的时间						
劳动合同法律效力的确认						
社会保险的概念						
参加社会保险的范围						
社会保险登记						
社会保险缴费						
跨地区劳务派遣的社会保险						
岗位设置						
公开招聘和竞聘上岗						
聘用合同						
考核和培训						
奖励和处分						
工资福利和社会保险						

填写建议：

"做对题目数/总题目数"记录自己各知识点做题的情况，比如，某知识点总题目数 10 题，自己做对了其中 7 题，记录为 7/10。

"学习日期"和"复习日期"记录自己学习和复习各知识点的日期。

备忘录

参考答案及解析

Day 45

1. C [解析] 用人单位自主招用人员的途径包括：①参加职业招聘洽谈会；②委托报纸、广播、电视、互联网等大众传播媒介发布招聘信息；③委托公共就业服务机构或职业中介机构。

2. ABC [解析] 法定用工形式包括非全日制用工、劳务派遣用工、劳动合同用工。

3. C [解析] 非全日制用工形式中的劳动者在每个用人单位的工作时间每周都不能超过24小时，C项错误。

4. B [解析]《工伤保险条例》第四十三条规定，职工被借调期间受到工伤事故伤害的，由原用工单位承担工伤保险责任，但原用人单位与借调单位可以约定补偿办法。

5. BD [解析] 特殊用工人员包括：①超龄人员；②在校学生。B、D两项正确。

6. B [解析] 用人单位使用超过法定退休年龄但未能享受基本养老保险待遇的人员，双方关系应为劳动关系，B项错误。

7. B [解析] 用人单位招用人员的禁止行为包括：①发布虚假招聘广告；②要求被录用人员提供担保；③扣押被录用人员的居民身份证。B项错误。

8. C [解析] 用人单位在招聘时应如实告知劳动者有关工作的情况，并对劳动者的个人资料予以保密，应当根据劳动者的要求，及时向其反馈是否录用的情况，A、B、D三项正确。C项为用人单位招用人员的禁止行为。

9. C [解析] 招用未持相应工种职业资格证书人员的，须组织其在上岗前参加培训，使其取得职业资格证书后方可上岗，C项正确。

10. C [解析] 劳动者被用人单位招用的，由用人单位自录用之日起30日内办理就业登记手续。

11. D [解析] 劳动者在试用期间被证明不符合录用条件，用人单位可以解除劳动合同。现行法律没有对录用条件作出界定。如果用人单位以不符合录用条件为由解除与劳动者的劳动合同，那么应事先规定明确的录用条件，而且要让劳动者知晓，D项正确。

12. C [解析] 职工名册应当包括劳动者姓名、性别、公民身份证号码、户籍地址及现住址、联系方式、用工形式、用工起始时间、劳动合同期限等内容。

Day 46

1. D [解析] 劳动合同是劳动关系双方当事人依法约定的明确双方权利和义务的协议。

2. A [解析] 劳动合同法律特征包括：①劳动合同的当事人必须一方是企业、个体经济组织、民办非企业单位等组织或事业单位、国家机关、社会团体，另一方是劳动者本人（A项错误）；②劳动合同是双方当事人在平等自愿、协商一致的基础上达成的协议，双方当事人的法律地位是平等的，其内容涉及劳动者完成再生产的过程，劳动合同当事人在职责上具有从属关系（B、C、D三项正确）。

3. ACDE [解析] 订立劳动合同，应当遵循合法原则、公平原则、平等自愿原则、协商一致原则、诚实信用原则，A、C、D、E 四项正确。

4. B [解析] 合法是劳动合同有效并受法律保护的前提条件。首先，订立劳动合同的主体必须合法，要求劳动者必须是达到法定最低就业年龄，从事繁重体力劳动的，必须年满 18 周岁（B 项错误，C 项正确）。其次，要求劳动合同的内容必须合法（D 项正确）。最后，要求订立劳动合同的程序与形式合法（A 项正确）。

5. C [解析] 劳动合同订立原则包括合法原则、公平原则、平等自愿原则、协商一致原则、诚实信用原则。合法原则是指订立劳动合同的行为不得与法律、行政法规相抵触。公平原则是指在劳动合同订立过程及劳动合同内容的确定上应当体现公平。平等自愿原则是指用人单位和劳动者在签订劳动合同时法律地位上的平等。协商一致原则是指劳动合同的内容或各项条款，在法律法规允许的范围内，由双方当事人共同讨论、协商，在取得完全一致的意思表示后确定。诚实信用原则是指用人单位与劳动者在订立劳动合同中，应当真实地提供相关信息，不得以欺骗或诱导的方式签订劳动合同。

Day 47

1. C [解析] 劳动合同必备条款包括：①用人单位的名称、住所和法定代表人或者主要负责人；②劳动者的姓名、住址和居民身份证或者其他有效身份证件号码；③劳动合同期限；④工作内容和工作地点；⑤工作时间和休息休假；⑥劳动报酬；⑦社会保险；⑧劳动保护、劳动条件和职业危害防护；⑨法律法规规定应当纳入劳动合同的其他事项。C 项正确。

2. A [解析] 劳动合同约定事项包括：①试用期；②培训；③保守秘密；④补充保险和福利待遇等。A 项属于劳动合同的必备条款。

3. B [解析] 用人单位与劳动者协商一致，可以订立无固定期限劳动合同；劳动者可以不与用人单位订立无固定期限劳动合同。有下列情形之一，劳动者提出或者同意续订、订立劳动合同的，除劳动者提出订立固定期限劳动合同外，应当订立无固定期限劳动合同：①劳动者在该用人单位连续工作满 10 年的；②连续两次订立固定期限劳动合同的。综上所述，B 项错误。

4. CDE [解析] 同一用人单位与同一劳动者只能约定一次试用期。劳动合同期限三个月以上不满一年的，试用期不得超过一个月；劳动合同期限一年以上不满三年的，试用期不得超过两个月；三年以上固定期限和无固定期限的劳动合同，试用期不得超过六个月。以完成一定工作任务为期限的劳动合同或者劳动合同期限不满三个月的，不得约定试用期。试用期包含在劳动合同期限内。劳动合同仅约定试用期的，试用期不成立，该期限为劳动合同期限。C、D、E 三项正确。

5. A [解析] 用人单位自用工之日起即与劳动者建立劳动关系，A 项正确。

6. B [解析] 自用工之日起一个月内，经用人单位书面通知后，劳动者不与用人单位订立书面劳动合同的，用人单位应当书面通知劳动者终止劳动关系，无须向劳动者支付经济补偿，但是应当依法向劳动者支付其实际工作时间的劳动报酬，B 项正确。

7. C [解析] 已经建立劳动关系，未同时订立书面劳动合同的，应当自用工之日起一个月内订立书面劳动合同，C项正确。

8. C [解析] 劳动合同由用人单位与劳动者协商一致，并经用人单位与劳动者在劳动合同文本上签字或盖章生效，A项错误。用人单位免除自己的法定责任、排除劳动者权利的，劳动合同无效或部分无效，B项错误。对劳动合同无效或者部分无效有争议的，由劳动争议仲裁机构或者人民法院确认，C项正确。劳动合同被确认无效，劳动者已付出劳动的，用人单位应当向劳动者支付劳动报酬，D项错误。

9. ACD [解析] 根据《中华人民共和国劳动合同法》，下列劳动合同无效或者部分无效：①以欺诈、胁迫的手段或者乘人之危，使对方在违背真实意思的情况下订立或者变更劳动合同的；②用人单位免除自己的法定责任、排除劳动者权利的；③违反法律、行政法规强制性规定的（A、C、D三项正确）；④用人单位和劳动者之间存在争议的，可以通过调解等方法解决，不影响劳动合同效力（B项错误）；⑤用人单位对劳动者存在歧视，不影响劳动合同效力（E项错误）。

Day 48

1. C [解析] 保障性是实施社会保险的根本目的，就是保障劳动者在其失去劳动能力或暂时中断生活来源之后的基本生活，从而维护社会稳定。

2. D [解析]《中华人民共和国社会保险法》规定，职工应当参加基本养老保险、基本医疗保险、工伤保险、失业保险、生育保险。

3. D [解析] 个人申请办理社会保险登记，以公民身份号码作为社会保障号码，取得社会保障卡和医保电子凭证，D项正确。

4. CDE [解析] 用人单位非因不可抗力等法定事由不得缓缴、减免社会保险费，A项错误。用人单位应当自行申报、按时足额缴纳社会保险费，B项错误。

5. B [解析] 用人单位未按规定申报应当缴纳的社会保险费数额的，按照该单位上月缴费额的110%确定应当缴纳数额，缴费单位补办申报手续后，由社会保险费征收机构按照规定结算。

6. B [解析] 劳动派遣单位跨地区派遣劳动者的，应当在用工单位所在地为被派遣劳动者参加社会保险，B项正确。

Day 49

1. A [解析] 事业单位拟订岗位设置方案，应当报人事综合管理部门备案，A项正确。

2. D [解析] 事业单位公开招聘工作人员按照下列程序进行：①制定公开招聘方案；②公布招聘岗位、资格条件等招聘信息；③审查应聘人员资格条件；④考试、考察；⑤体检；⑥公示拟聘人员名单；⑦订立聘用合同，办理聘用手续。

3. C [解析] 关于事业单位聘用合同管理的相关规定如下：①聘用制度是事业单位的基本用人制度（A项正确）。②聘用合同期限一般不低于3年（B项正确）；初次就业的聘用合同期限3年以上的，试用期为12个月（C项错误）。③事业单位工作人员在本单位连续工作满10年且距法定退休年龄不足10年，提出订立聘用至退休的合同的，应当照此订立。④事业单位工作人员连续旷工超过15个工作日，或1年内累计旷工超过30个工作日的，事业单位可以解除聘用合同（D项正确）。

4. B [解析] 事业单位考核分为平时考核、年度考核和聘期考核。

5. ACD [解析] 岗前培训包括公共科目和专业科目，一般在聘用之日起6个月内完成，最长不超过12个月，A项错误。在岗培训在一个聘期内至少参加一次不少于20学时或者3天的公共科目脱产培训，C项错误。事业单位工作人员每年度参加各类培训的时间累计不少于90学时或者12天，D项错误。

6. ABCD [解析] 事业单位工作人员有下列行为之一的，给予处分：①损害国家声誉和利益的；②失职渎职的；③利用工作之便谋取不正当利益的；④挥霍、浪费国家资财的；⑤严重违反职业道德、社会公德的；⑥其他严重违反纪律的。

Day 50

1. ACDE [解析] 事业单位工作人员工资包括基本工资、绩效工资和津贴、补贴。

2. （1）C [解析] 李某于2019年3月1日被招入某公司，按照《中华人民共和国劳动合同法》的规定，该公司应在一个月内，即在2019年3月31日前与李某订立书面劳动合同，并履行用人单位的法定义务，否则应承担未订立书面劳动合同的法律责任。

（2）D [解析] 用人单位自用工之日起超过一个月不满一年未与劳动者订立书面劳动合同的，应当依照《中华人民共和国劳动合同法》第八十二条的规定向劳动者每月支付两倍的工资，并与劳动者补订书面劳动合同。用人单位向劳动者每月支付两倍工资的起算时间为用工之日起满一个月的次日，截止时间为补订书面劳动合同的前一日。因此，公司应当自2019年4月1日起向李某支付两倍工资。

（3）C [解析] 自用工之日起一个月内，经用人单位书面通知后，劳动者不与用人单位订立书面劳合同的，用人单位应当书面通知劳动者终止劳动关系，无须向劳动者支付经济补偿，但是应当依法向劳动者支付其实际工作时间的劳动报酬。李某于2019年3月1日被招入某公司，至2019年3月20日，属于在一个月内，如果公司此时书面通知李某订立书面劳动合同，而李某不同意，公司书面通知李某终止劳动关系符合《中华人民共和国劳动合同法》的有关规定。

（4）BC [解析] 根据《中华人民共和国劳动合同法实施条例》相关规定，自用工之日起一个月内，经用人单位书面通知后，劳动者不与用人单位订立书面劳动合同的，用人单位应当书面通知劳动者终止劳动关系，无须向劳动者支付经济补偿，B项正确。用人单位自用工之日起超过一个月不满一年未与劳动者订立书面劳动合同的，应当向劳动者每月支付两倍的工资，并与劳动者补订书面劳动合同；劳动者不与用人单位订立书面劳动合同的，用人单位应当书面通知劳动者终止劳动关系，并支付经济补偿，C项正确。

3. （1）D [解析] 初次就业的工作人员与事业单位订立的聘用合同期限3年以上的，试用期为12个月。

（2）D [解析] 事业单位工作人员连续旷工超过15个工作日，或者1年内累计旷工超过30个工作日的，事业单位可以解除聘用合同。

（3）B [解析] 事业单位工作人员年度考核不合格且不同意调整工作岗位，或者连续2年年度考核不合格的，事业单位提前 30 日书面通知，可以解除聘用合同。事业单位工作人员受到开除处分的，解除聘用合同。

（4）C［**解析**］事业单位工作人员提前 30 日书面通知事业单位，可以解除聘用合同。但是，双方对解除聘用合同另有约定的除外。

本章强化测试

第十四章 劳动标准与劳动保护

> **学习指导**
>
> 本章所涉知识点内容和生活息息相关，考试所占分值比较大。工时制度、休假制度、工资的构成形式及基本原则、最低工资保障制度考查较多，其余内容不难，但细节较多，要注意区分记忆。

日期	考点
Day51	➢工作时间 ➢休息休假
Day52	➢工资的概念 ➢工资的基本构成形式 ➢工资支付
Day53	➢特殊情况下的工资支付 ➢保障农民工工资支付制度 ➢最低工资保障制度
Day54	➢职工福利的内容 ➢职工福利费 ➢女职工和未成年工特殊劳动保护的基本内容 ➢女职工禁忌从事的劳动范围 ➢女职工在经期、孕期、产期、哺乳期的特殊劳动保护 ➢未成年工特殊劳动保护的主要内容 ➢违反女职工、未成年工特殊劳动保护规定的法律责任 ➢高温作业劳动保护 ➢劳动保护费

▶▶▶ Day 51

考点：工作时间

1. ［单选］下列关于工作时间的说法，正确的是（   ）。
   A. 用人单位应当保证劳动者每周至少休息1日
   B. 用人单位可以自行决定实行不定时工作制
   C. 用人单位实行综合计算工时工作制应当向劳动行政部门备案
   D. 职工全年月平均制度工作天数是21.75天

2. [单选] 按照职工全年月平均制度工作天数的折算办法，职工季工作日数是（   ）。
   A. 60 天/季
   B. 62 天/季
   C. 62.5 天/季
   D. 65 天/季

3. [单选] 综合计算工时工作制通常适用于（   ）。
   A. 因工作职责范围和工作条件不受标准工作时间限制的工作
   B. 从事受技术条件和自然条件限制的季节性或特殊性工作的劳动者
   C. 外勤工作人员
   D. 职业作家

4. [多选] 延长工作时间的限制条件包括（   ）。
   A. 企业生产经营需要
   B. 必须与工会协商
   C. 必须与劳动者协商
   D. 延长工作时间的长度必须合法
   E. 必须与行业协会协商

5. [单选] 下列关于我国现行的劳动标准的说法，正确的是（   ）。
   A. 以用人单位自定标准为主
   B. 全部属于法定标准
   C. 以法定劳动标准为主，是国家强制性标准
   D. 以法定劳动标准为主，是地方强制性标准

6. [单选] 下列关于公司安排员工工作和休息时间的说法，错误的是（   ）。
   A. 劳动者一般每周工作 5 日，休息 2 日
   B. 企业应保证员工每周至少休息 1 天
   C. 企业实行不定时工作制或综合计算工时制必须经过劳动行政部门审批
   D. 从事特别繁重或过度紧张的体力劳动等岗位劳动者，每日工作时间应少于 6 个小时

▼ 考点：休息休假

7. [单选] 下列节日中，全体公民放假的节日是（   ）。
   A. 妇女节
   B. 植树节
   C. 元宵节
   D. 端午节

8. [多选] 下列关于法定节假日的说法，正确的有（   ）。
   A. 国庆节是全体公民放假的节日
   B. 妇女节是全体公民放假的节日
   C. 清明节是部分公民放假的节日
   D. 青年节是部分公民放假的节日
   E. 教师节是不放假的节日

9. [单选] 李某大学毕业后先后在甲企业和乙企业各工作 6 年。去年年初，李某跳槽到丙企业工作，则李某今年可以享受（   ）天带薪年休假。
   A. 5
   B. 10
   C. 15
   D. 30

10. [单选] 某职工累计工作已满 20 年，会使其无法享受当年年休假的情形是（　　）。
    A. 请病假累计 2 个月以上的　　　　　　B. 请病假累计 3 个月以上的
    C. 请病假累计 4 个月以上的　　　　　　D. 请病假累计 1 个月以上的

11. [单选] 用人单位经职工同意不安排年休假的，应当在本年度内对职工应休未休年休假天数，按照其日工资收入的（　　）支付未休年休假工资报酬。
    A. 150%　　　　　　　　　　　　　　B. 200%
    C. 250%　　　　　　　　　　　　　　D. 300%

12. [单选] 职工新进用人单位且符合享受休假条件的，当年年度年休假天数折算方法为（　　）。
    A. （当年年度在本单位剩余工作日天数/250 天）×职工本人全年应当享受的年休假天数
    B. （当年年度在本单位剩余工作日天数/250 天）×职工本人全年剩余的年休假天数
    C. （当年年度在本单位剩余日历天数/365 天）×职工本人全年应当享受的年休假天数
    D. （当年年度在本单位剩余工作日天数/365 天）×职工本人全年剩余的年休假天数

13. [单选] 职工探亲假待遇中，职工探望配偶的，每年给予一方探亲假一次，假期为（　　）天。
    A. 7　　　　　　　　　　　　　　　　B. 15
    C. 60　　　　　　　　　　　　　　　 D. 30

14. [单选] 根据国务院有关行政部门规定，职工本人结婚或职工的直系亲属死亡时，可以根据具体情况，由本单位领导批准，酌情给予（　　）天的婚丧假。
    A. 1~5　　　　　　　　　　　　　　　B. 1~3
    C. 1~7　　　　　　　　　　　　　　　D. 1~2

15. [单选] 女职工怀孕未满 4 个月流产的，享受（　　）天产假。
    A. 15　　　　　　　　　　　　　　　 B. 7
    C. 10　　　　　　　　　　　　　　　 D. 30

✎ 学习笔记

Day 52

▽ **考点**：工资的概念

1. [单选] 工资收入不包括（　　）。
   A. 计时工资
   B. 奖金
   C. 计件工资
   D. 社会保险福利费

▽ **考点**：工资的基本构成形式

2. [单选]（　　）的特点是能够使劳动成果与劳动报酬直接联系起来。
   A. 计时工资
   B. 日工资
   C. 计件工资
   D. 年工资

3. [单选] 奖金的种类很多，下列选项中，不属于奖金种类的是（　　）。
   A. 超产奖
   B. 节约奖
   C. 特殊贡献奖
   D. 质量奖

4. [单选]（　　）是指为了补偿职工特殊的或额外的劳动消耗和生活费用，以及因其他特殊原因支付给职工的一类补充性费用。
   A. 计时工资
   B. 奖金
   C. 福利
   D. 津贴和补贴

5. [单选] 延长工作时间的工资报酬支付标准中，安排劳动者延长工作时间的，支付不低于工资（　　）的工资报酬。
   A. 150%
   B. 100%
   C. 200%
   D. 120%

6. [单选]《中华人民共和国劳动法》第四十六条规定，工资分配应当遵循按劳分配的原则，实行（　　）。
   A. 工资均等
   B. 计件工资
   C. 计时工资
   D. 同工同酬

▽ **考点**：工资支付

7. [单选] 下列关于工资支付的说法，错误的是（　　）。
   A. 用人单位不得以有价证券替代货币支付工资
   B. 用人单位至少每月向劳动者支付一次工资
   C. 用人单位在法定休假日安排劳动者工作，可以安排劳动者补休而不支付加班工资
   D. 用人单位在终止劳动合同时应一次性付清劳动者工资

8. [单选] 工资至少（　　）支付一次，实行周、日、小时工资制的可按周、日、小时支付工资。
   A. 每月
   B. 3个月
   C. 6个月
   D. 12个月

9. [多选] 下列劳动者的收入中，属于工资范围的有（　　）。
   A. 劳动者在国庆节期间加班获得的报酬

B. 劳动者获得工作服、清凉饮料等费用

C. 劳动者获得的生活困难补助费

D. 劳动者获得的年终奖金

E. 劳动者获得的翻译费

10. ［单选］劳动者获得的（　　）收入不属于工资范围。

　　A. 奖金　　　　　　　　　　　　B. 津贴

　　C. 加班加点费　　　　　　　　　D. 计划生育补贴

11. ［单选］员工因本人原因，给用人单位造成经济损失的，用人单位可按照劳动合同的约定要求其赔偿经济损失，经济损失的赔偿，可以从劳动者本人的工资中扣除，每月扣除的部分不得超过劳动者当月工资的（　　）。

　　A. 20%　　　　　　　　　　　　B. 30%

　　C. 40%　　　　　　　　　　　　D. 50%

✎ 学习笔记

Day 53

▼ **考点**：特殊情况下的工资支付

1. ［多选］用人单位有下列（　　）情形的，由劳动行政部门责令限期支付劳动报酬、加班费或者经济补偿。
   A. 未按照劳动合同的约定或者国家规定及时足额支付劳动者劳动报酬的
   B. 低于当地最低工资标准支付劳动者工资的
   C. 安排加班不支付加班费的
   D. 解除或者终止劳动合同后，未依照法律法规规定给予劳动者经济补偿的
   E. 员工因公出差未报销差旅费用的

2. ［单选］劳动者患病或非因工负伤治疗期间，在规定的医疗期内由企业按有关规定支付其病假工资或疾病救济费，病假工资或疾病救济费按照（　　）支付。
   A. 不得低于当地最低工资标准
   B. 不得低于当地社会平均工资
   C. 不得低于当地最低工资标准的80％
   D. 不得低于当地社会平均工资的80％

▼ **考点**：保障农民工工资支付制度

3. ［单选］用人单位应当按照工资支付周期编制书面工资支付台账，并至少保存（　　）年。
   A. 5　　　　　　　　　　　　　　B. 1
   C. 3　　　　　　　　　　　　　　D. 2

▼ **考点**：最低工资保障制度

4. ［多选］在劳动者提供正常劳动的情况下，用人单位应支付劳动者的工资在剔除（　　）后，不得低于当地最低工资标准。
   A. 延长工作时间工资　　　　　　　B. 高温津贴
   C. 基本工资　　　　　　　　　　　D. 夜班津贴
   E. 奖金

5. ［单选］最低小时工资标准适用于（　　）。
   A. 非全日制就业劳动者　　　　　　B. 派遣制就业劳动者
   C. 集体合同下的就业劳动者　　　　D. 进城务工的农民工

6. ［多选］确定和调整最低工资标准应综合考虑（　　）因素。
   A. 劳动者本人及平均赡养人口的最低生活费用
   B. 社会平均工资水平
   C. 劳动生产率
   D. 行业之间经济发展水平的差异
   E. 地区之间经济发展水平的差异

7. [多选] 下列关于最低工资标准的说法，正确的有（   ）。
   A. 用人单位应在最低工资标准发布后 10 日内将该标准向本单位全体劳动者公示
   B. 月最低工资标准适用于非全日制用工
   C. 同一省的不同行政区域可以有不同的最低工资标准
   D. 用人单位应当规定适用于本单位的最低工资标准
   E. 最低工资标准应当每年调整一次

✎ 学习笔记

Day 54

▼ **考点**：职工福利的内容

1. [多选] 职工个人福利又称为劳动者的福利待遇，主要内容包括（   ）。
   A. 带薪假期
   B. 冬季取暖补贴
   C. 上下班交通费补贴
   D. 探亲假路费补贴
   E. 独生子女补贴

2. [单选] 下列各项中，不属于企业职工福利设施的是（   ）。
   A. 托儿所
   B. 职工食堂
   C. 宿舍
   D. 图书馆

▼ **考点**：职工福利费

3. [单选] 根据企业所得税法律制度的规定，企业发生的职工福利费支出不超过工资薪金总额的（   ）的部分，准予扣除。
   A. 5%
   B. 8%
   C. 10%
   D. 14%

4. [单选] 下列各项中，不属于企业职工福利费的是（   ）。
   A. 补充养老保险费
   B. 补充医疗保险费
   C. 职工教育经费
   D. 职工异地安家费

▼ **考点**：女职工和未成年工特殊劳动保护的基本内容

5. [单选] 法律规定中所指的未成年工，是指（   ）的劳动者。
   A. 年满16周岁
   B. 年满18周岁
   C. 年满16周岁、不满18周岁
   D. 未满16周岁

6. [多选] 妇女在（   ）期间受特殊保护。
   A. 经期
   B. 孕期
   C. 产期
   D. 哺乳期
   E. 婚期

▼ **考点**：女职工禁忌从事的劳动范围

7. [单选] 下列不属于女职工禁忌从事的劳动范围的是（   ）。
   A. 矿山井下作业
   B. 体力劳动强度分级标准中规定的第三级体力劳动强度的作业
   C. 每小时负重6次以上、每次负重超过20公斤的作业
   D. 间断负重、每次负重超过25公斤的作业

▼ **考点**：女职工在经期、孕期、产期、哺乳期的特殊劳动保护

8. [单选]《中华人民共和国劳动法》第六十条规定，不得安排女职工在经期从事高处、低温、冷水作业和国家规定的第（   ）级体力劳动强度的劳动。
   A. 三
   B. 二
   C. 二级及以上
   D. 四

9. ［单选］《中华人民共和国劳动法》第六十一条规定，不得安排女职工在怀孕期间从事国家规定的第三级体力劳动强度的劳动和孕期禁忌从事的劳动，对怀孕（　　）个月以上的女职工，不得安排其延长工作时间和夜班劳动。
   A. 7　　　　　　B. 7.5　　　　　　C. 6.5　　　　　　D. 6

10. ［单选］下列关于产假的规定，表述错误的是（　　）。
    A. 女职工生育享受98天产假
    B. 在产前和产后的休假天数由员工自行决定
    C. 女职工难产，增加产假15天
    D. 多胞胎生育的，每多生育一个婴儿，增加产假15天

11. ［单选］用人单位应当在每天的劳动时间内为哺乳期女职工安排（　　）哺乳时间。
    A. 2小时　　　　B. 3小时　　　　C. 半小时　　　　D. 1小时

▼ 考点：未成年工特殊劳动保护的主要内容

12. ［单选］《中华人民共和国劳动法》第十五条规定，禁止用人单位招用未满（　　）周岁的未成年人。
    A. 18　　　　　　　　　　　　　B. 16
    C. 15　　　　　　　　　　　　　D. 14

13. ［单选］文艺、体育和特种工艺单位招用未满（　　）周岁的未成年人，必须遵守国家相关规定。
    A. 18　　　　　　　　　　　　　B. 16
    C. 15　　　　　　　　　　　　　D. 14

14. ［单选］下列选项中，不属于禁止未成年工从事的劳动的是（　　）。
    A. 矿山井下
    B. 有毒有害
    C. 服务行业
    D. 国家规定的第四级体力劳动强度的劳动

▼ 考点：违反女职工、未成年工特殊劳动保护规定的法律责任

15. ［多选］用人单位有下列（　　）行为的，由劳动保障行政部门责令改正，按照受侵害的劳动者每人1 000元以上5 000元以下的标准计算，处以罚款。
    A. 安排女职工从事矿山井下劳动、国家规定的第四级体力劳动强度的劳动或者其他禁忌从事的劳动的
    B. 安排女职工在经期从事高处、低温、冷水作业或者国家规定的第三级体力劳动强度的劳动的
    C. 安排女职工在怀孕期间从事国家规定的第三级体力劳动强度的劳动或者孕期禁忌从事的劳动的
    D. 安排怀孕7个月以上的女职工夜班劳动或者延长其工作时间的
    E. 女职工生育享受产假多于或等于98天的

▽ **考点**：高温作业劳动保护

16. [单选] 高温天气是指地市级以上气象主管部门所属气象台站向公众发布的日最高气温（　　）摄氏度以上的天气。

    A. 32
    B. 35
    C. 38
    D. 40

▽ **考点**：劳动保护费

17. [单选] 企业以（　　）形式发放的劳动保护支出，应区分支出性质并入工资或职工福利费中，按相应规定扣除。

    A. 支票
    B. 汇票
    C. 银行转账
    D. 现金

18. [案例] 李先生在Z公司已工作6年，在到Z公司之前，李先生曾在A公司工作了5年。Z公司计划今年国庆节前集中安排职工休年休假，因李先生在今年年初因身体原因请了2个月的病假，公司认为李先生不应该再享受年休假，双方因此产生了争议。李先生觉得Z公司该决定没有道理，遂向劳动争议仲裁委员会提出仲裁申请，请求裁决公司安排其休年假。在仲裁时李先生还想到，两年前的春节因为公司有紧急任务安排李先生来加班，并没有支付加班费，在节后安排了补休，李先生就该问题是否符合法律规定向仲裁委员会进行咨询。

    根据以上材料，回答下列问题：

    (1) 根据李先生在两家公司工作的年限，他在Z公司可享受（　　）天年假。

    A. 5
    B. 10
    C. 15
    D. 20

    (2) 根据李先生的工作年限，其不能享受年假的情况是（　　）。

    A. 请病假累计2个月以上
    B. 请病假累计3个月以上
    C. 请病假累计4个月以上
    D. 请病假累计5个月以上

    (3) 关于在法定节假日加班后安排补休的问题，以下表述正确的有（　　）。

    A. 公司安排补休符合法律规定
    B. 公司应支付不低于300%的工资
    C. 公司应支付不低于200%的工资
    D. 公司不应安排补休

    (4) 下列关于安排年休假方式的说法，错误的是（　　）。

    A. 年休假的时间由公司统一安排
    B. 年休假一般不得跨年安排
    C. 职工个人可以申请不休年休假，企业不需要支付加班工资
    D. 如果职工书面提出不休年休假的，企业应按照不低于工资300%支付工资

19. [案例] 2008年7月1日，王某初次就业进入甲公司工作，至2012年12月31日劳动合同终止。2013年1月1日，王某与乙公司建立劳动关系，在乙公司工作至2016年7月10日。王某在乙公司工作期间，乙公司未能安排王某带薪休年休假，也未向王某支付

应休未休年休假工资。王某向劳动争议仲裁委员会提出仲裁申请,要求乙公司支付其2015年和2016年应休未休年休假工资。乙公司认为,王某在其公司工作期间请病假累计1个多月,不应享受带薪年休假待遇,请求劳动人事争议仲裁委员会驳回王某的仲裁申请。

根据以上材料,回答下列问题:

(1) 王某可以享受的2015年度带薪年休假是( )天。
A. 5
B. 10
C. 15
D. 20

(2) 下列关于王某在乙公司工作期间能否享受带薪年休假的说法,正确的有( )。
A. 王某已连续工作1年以上,应享受带薪年休假待遇
B. 王某在乙公司工作期间累计请病假超过1个月,不应享受当年的带薪年休假待遇
C. 根据国家规定,乙公司应安排王某享受2016年度带薪年休假
D. 王某在乙公司工作期间是否能享受带薪年休假,应与其公司协商确定

(3) 如果王某在甲公司工作期间应享受带薪年休假,则其可享受的年休假是( )天。
A. 10
B. 9
C. 6
D. 5

(4) 关于王某累计请多长时间病假后不能享受带薪年休假的说法,下列选项正确的是( )。
A. 按照王某累计工作年限,累计请病假1个月以上,不享受当年带薪年休假
B. 按照王某累计工作年限,累计请病假2个月以上,不享受当年带薪年休假
C. 王某在乙公司工作期间,累计请病假达到1个月,不再享受带薪年休假
D. 王某在乙公司工作期间,累计请病假天数超过应休年休假天数时,不再享受带薪年休假

学习笔记

本章学习检查表

知识点名称	初次学习		第一次复习		第二次复习	
	做对题目数/总题目数	学习日期	做对题目数/总题目数	复习日期	做对题目数/总题目数	复习日期
工作时间						
休息休假						
工资的概念						
工资的基本构成形式						
工资支付						
特殊情况下的工资支付						
保障农民工工资支付制度						
最低工资保障制度						
职工福利的内容						
职工福利费						
女职工和未成年工特殊劳动保护的基本内容						
女职工禁忌从事的劳动范围						
女职工在经期、孕期、产期、哺乳期的特殊劳动保护						
未成年工特殊劳动保护的主要内容						
违反女职工、未成年工特殊劳动保护规定的法律责任						
高温作业劳动保护						
劳动保护费						

填写建议：

"做对题目数/总题目数"记录自己各知识点做题的情况，比如，某知识点总题目数10题，自己做对了其中7题，记录为7/10。

"学习日期"和"复习日期"记录自己学习和复习各知识点的日期。

备忘录

参考答案及解析

Day 51

1. A [解析] 用人单位应当保证劳动者每周至少休息1日，A项正确。企业实行不定时工作制，必须经劳动行政部门审批，B项错误。企业实行综合计算工时工作制，必须经劳动行政部门审批，C项错误。月计薪天数为21.75天，D项错误。

2. B [解析] 职工全年月平均制度工作天数的折算办法是：①年工作日：365天－104天（休息日）－13天（法定节假日）＝248天。②季工作日：248天/4季＝62天/季。③月工作日：248天/12月≈20.67天/月。

3. B [解析] 综合计算工时工作制通常适用于从事受技术条件和自然条件限制的季节性或特殊性工作的劳动者，B项正确。

4. ABCD [解析] 延长工作时间的限制条件包括：①企业生产经营需要；②必须与工会协商；③必须与劳动者协商；④延长工作时间的长度必须合法。A、B、C、D四项正确。

5. C [解析] 劳动标准是指以定量或定性形式对劳动条件最低标准的规范。我国现行的劳动标准以法定劳动标准为主，是国家强制性标准，主要包括工时、休息休假、工资等方面的法律法规规定。

6. D [解析] 根据国家规定，劳动者一般每周工作5日，休息2日。国家机关、事业单位实行统一的工作时间，星期六和星期日为周休息日，企业和不能实行国家规定的统一工作时间的事业单位，可以根据实际情况灵活安排周休息日，但用人单位应当保证劳动者每周至少休息1日。企业实行不定时工作制或综合计算工时工作制，都必须经过劳动行政部门审批。劳动者每日工作时间不超过8小时，每周工作时间不超过40小时，每周至少休息1日。但对于从事矿山井下作业、高处作业、严重有毒有害作业、特别繁重或过度紧张的体力劳动等岗位的劳动者，其每日工作时间应少于8小时。综上所述，D项错误。

7. D [解析] 全体公民放假的节日有新年、春节、清明节、劳动节、端午节、中秋节、国庆节，D项正确。

8. ADE [解析] 清明节、国庆节是全体公民放假的节日，妇女节、青年节是部分公民放假的节日，教师节不放假。A、D、E三项正确。

9. B [解析] 年休假标准是：职工累计工作已满1年不满10年的，年休假5天；已满10年不满20年的，年休假10天；已满20年的，年休假15天。题干中，李某工作年限累计12年，故可享受10天带薪年休假。

10. C [解析] 不享受当年年休假的情形：①职工依法享受寒暑假，其休假天数多于年休假天数的；②职工请事假累计20天以上且单位按照规定不扣工资的；③累计工作满1年不满10年的职工，请病假累计2个月以上的；④累计工作满10年不满20年的职工，请病假累计3个月以上的；⑤累计工作满20年以上的职工，请病假累计4个月以上的。职工已享受当年的年休假，年度内又出现上述第②③④⑤项情形之一的，不享受下一年度的年休假。

11. D [解析] 用人单位经职工同意不安排年休假的，应当在本年度内对职工应休未休年休假天数,按照其日工资收入的300%支付未休年休假工资报酬。

12. C [解析] 职工新进用人单位且符合享受年休假条件的,当年年度年休假天数,按照在本单位剩余日历天数折算确定,折算后不足一整天的部分将不享受年休假。折算方法:(当年年度在本单位剩余日历天数/365天)×职工本人全年应当享受的年休假天数。

13. D [解析] 职工探亲假待遇中,职工探望配偶的,每年给予一方探亲假一次,假期为30天,D项正确。

14. B [解析] 根据国务院有关行政部门规定,职工本人结婚或职工的直系亲属死亡时,可以根据具体情况,由本单位领导批准,酌情给予1~3天的婚丧假,B项正确。

15. A [解析] 女职工怀孕未满4个月流产的,享受15天产假;怀孕满4个月流产的,享受42天产假。

Day 52

1. D [解析] 工资是指劳动者依据国家规定和劳动合同约定通过提供劳动从其所在用人单位获得的全部劳动报酬,包括用人单位以各种形式支付的计时工资、计件工资、奖金、津贴、和补贴、延长工作时间的工资报酬及特殊情况下支付的工资等,但不包括社会保险福利费及其他非劳动收入。

2. C [解析] 计时工资根据时间单位不同,可分为月工资制、日工资制和小时工资制;计时工资的特点是操作简单易行,适用于任何企业和工种。计件工资是指对已做工作按计件单价支付的劳动报酬,其特点是能够使劳动成果与劳动报酬直接联系起来。

3. C [解析] 奖金的种类很多,主要有超产奖、质量奖、节约奖、安全生产奖。

4. D [解析] 津贴和补贴是指为了补偿职工特殊的或额外的劳动消耗和生活费用,以及因其他特殊原因支付给职工的一类补充性费用。

5. A [解析] 根据《中华人民共和国劳动法》第四十四条规定,有下列情形之一的,用人单位应当按照下列支付标准支付高于劳动者正常工作时间工资的工资报酬:①安排劳动者延长工作时间的,支付不低于工资150%的工资报酬;②休息日安排劳动者工作又不能安排补休的,支付不低于工资200%的工资报酬;③法定休假日安排劳动者工作的,支付不低于工资的300%的工资报酬。

6. D [解析]《中华人民共和国劳动法》第四十六条规定,工资分配应当遵循按劳分配的原则,实行同工同酬,工资水平在经济发展的基础上逐步提高,国家对工资总量实行宏观调控。

7. C [解析] 用人单位不得以有价证券替代货币支付工资,用人单位至少每月向劳动者支付一次工资,用人单位在终止劳动合同时应一次性付清劳动者工资。用人单位在法定休假日安排劳动者工作的,支付不低于工资的300%的工资报酬。A、B、D三项正确,C项错误。

8. A [解析] 工资至少每月支付一次,实行周、日、小时工资制的可按周、日、小时支付工资。

9. AD [解析] 按照我国的统计口径,工资总额一般由以下部分组成:①计时工资;②计件工资;③奖金;④津贴和补贴;⑤加班加点工资;⑥其他工资(含特殊情况下支付的工资）。A、D 两项正确。

10. D [解析] 以下收入不属于劳动者的工资范围：①单位支付给劳动者个人的社会保险福利费用，如丧葬抚恤救济费、生活困难补助费、计划生育补贴等；②劳动保护方面的费用，如用人单位支付给劳动者的工作服、解毒剂、清凉饮料费用等；③按规定未列入工资总额的各种劳动报酬及其他劳动收入，如根据国家规定发放的创造发明奖、自然科学奖、科学技术进步奖等奖项的奖金以及稿费、讲课费、翻译费等。

11. A [解析] 员工因本人原因，给用人单位造成经济损失的，用人单位可按照劳动合同的约定要求其赔偿经济损失，经济损失的赔偿，可以从劳动者本人的工资中扣除，每月扣除的部分不得超过劳动者当月工资的 20%。

Day 53

1. ABCD [解析] 用人单位有下列情形之一的，由劳动行政部门责令限期支付劳动报酬、加班费或者经济补偿：①未按照劳动合同的约定或者国家规定及时足额支付劳动者劳动报酬的；②低于当地最低工资标准支付劳动者工资的；③安排加班不支付加班费的；④解除或者终止劳动合同后，未依照法律法规规定给予劳动者经济补偿的。A、B、C、D 四项正确。

2. C [解析] 劳动者患病或非因工负伤治疗期间，在规定的医疗期内由企业按有关规定支付其病假工资或疾病救济费，病假工资或疾病救济费可以低于当地最低工资标准支付，但不能低于当地最低工资标准的 80%，C 项正确。

3. C [解析] 用人单位应当按照工资支付周期编制书面工资支付台账，并至少保存 3 年。

4. ABD [解析] 最低工资不包括延长工作时间的工资报酬，以货币形式支付的住房和用人单位支付的伙食补贴，中班、夜班、高温、低温、井下、有毒、有害等特殊工作环境和劳动条件下的津贴，国家法律法规、规章规定的社会保险福利待遇。

5. A [解析] 最低工资标准一般采取最低月工资标准和最低小时工资标准的形式。最低月工资标准适用于全日制就业劳动者，最低小时工资标准适用于非全日制就业劳动者，A 项正确。

6. ABCE [解析] 确定和调整最低工资标准应综合考虑以下因素：①劳动者本人及平均赡养人口的最低生活费用；②社会平均工资水平；③劳动生产率；④就业状况；⑤地区之间经济发展水平的差异。A、B、C、E 四项正确。

7. AC [解析] 最低工资标准每两年至少调整一次。在当地最低工资标准发布后，用人单位应在最低工资标准发布后 10 日内将该标准向本单位全体劳动者公示。月最低工资标准适用于全日制就业劳动者，最低小时工资标准适用于非全日制用工。最低工资的具体标准由省、自治区、直辖市人民政府规定，报国务院备案。省、自治区、直辖市范围内的不同行政区域可以有不同的最低工资标准。

Day 54

1. AD [解析] 职工福利划分为集体生活福利和职工个人福利。职工个人福利又称为劳动者的福利待遇，主要内容包括带薪假期、探亲假路费补贴、职工生活困难补贴、职工正常死亡丧葬补助费等。

2. D [解析] 企业的职工福利费主要在职工福利基金中列支，可分为以下三个方面：①为职工提供生活方便、减轻家务劳动负担而举办的集体福利设施，如职工食堂、托儿所、幼儿园、婴儿哺乳室、浴室、女职工卫生室及宿舍等；②为满足职工的不同需要，减轻生活开支而建立的福利补贴，如生活困难补贴、交通费补助、探亲假往返车船费补贴、幼儿入托费补贴、房贴、取暖费、清凉饮料及疗养费等；③为改善职工文化生活、建设精神文明和企业文化而建立的福利事业，如图书馆、阅览室、俱乐部、球场、游泳池、业余学校等。

3. D [解析] 企业发生的职工福利费支出，不超过工资薪金总额14%的部分，准予扣除。企业税前扣除时不是计提数而是实际发生的并且在14%范围之内的部分。

4. D [解析] 企业职工福利费是指企业为职工提供的除职工工资、奖金、津贴、纳入工资总额管理的补贴、职工教育经费、社会保险费和补充养老保险费、补充医疗保险费及住房公积金以外的福利待遇支出。

5. C [解析] 法律规定中所指的未成年工，是指年满16周岁、未满18周岁的劳动者，C项正确。

6. ABCD [解析] 妇女在经期、孕期、产期、哺乳期受特殊保护，A、B、C、D四项正确。

7. B [解析] 《女职工劳动保护特别规定》中规定的女职工禁忌从事的劳动范围包括：①矿山井下作业；②体力劳动强度分级标准中规定的第四级体力劳动强度的作业；③每小时负重6次以上、每次负重超过20公斤的作业，或间断负重、每次负重超过25公斤的作业。

8. A [解析] 《中华人民共和国劳动法》第六十条规定，不得安排女职工在经期从事高处、低温、冷水作业和国家规定的第三级体力劳动强度的劳动。

9. A [解析] 《中华人民共和国劳动法》第六十一条规定，不得安排女职工在怀孕期间从事国家规定的第三级体力劳动强度的劳动和孕期禁忌从事的劳动，对怀孕7个月以上的女职工，不得安排其延长工作时间和夜班劳动，A项正确。

10. B [解析] 《女职工劳动保护特别规定》第七条规定，女职工生育享受98天产假。产前假15天，产后假83天。所谓产前假15天，是指预产期前15天的休假。产前假一般不得放到产后使用。B项错误。

11. D [解析] 《女职工劳动保护特别规定》中明确，用人单位应当在每天的劳动时间内为哺乳期女职工安排1小时哺乳时间。

12. B [解析] 《中华人民共和国劳动法》第十五条规定，禁止用人单位招用未满16周岁的未成年人，也就是说，我国规定的最低就业年龄为16周岁。

13. B [解析] 文艺、体育和特种工艺单位招用未满16周岁的未成年人，必须遵守国家相关规定，B项正确。

14. C [解析] 《中华人民共和国劳动法》第四十六条规定，不得安排未成年工从事矿山井下、有毒有害、国家规定的第四级体力劳动强度的劳动和其他禁忌从事的劳动。

15. ABCD [解析] 用人单位有下列行为之一的，由劳动保障行政部门责令改正，按照受侵害的劳动者每人1 000元以上5 000元以下的标准计算，处以罚款：①安排女职工从事矿山井下劳动、国家规定的第四级体力劳动强度的劳动或者其他禁忌从事的劳动的（A项正确）；②安排女职工在经期从事高处、低温、冷水作业或者国家规定的第三级体力劳动强度的劳动的（B项正确）；③安排女职工在怀孕期间从事国家规定的第三级体力劳动强度的劳动或者孕期禁忌从事的劳动的（C项正确）；④安排怀孕7个月以上的女职工夜班劳动或者延长其工作时间的（D项正确）；⑤女职工生育享受产假少于国家规定假期（98天）的（E项错误）。

16. B [解析] 高温天气是指地市级以上气象主管部门所属气象台站向公众发布的日最高气温35摄氏度以上的天气。

17. D [解析] 企业以现金形式发放的劳动保护支出，应区分支出性质并入工资或职工福利费中，按相应规定扣除。

18. (1) B [解析]《职工带薪年休假条例》规定，职工累计工作已满1年不满10年的，年休假5天；已满10年不满20年的，年休假10天；已满20年的，年休假15天。

   (2) B [解析]《职工带薪年休假条例》规定，职工有下列情形之一的，不享受当年的年休假：①职工依法享受寒暑假，其休假天数多于年休假天数的；②职工请事假累计20天以上且单位按照规定不扣工资的；③累计工作满1年不满10年的职工，请病假累计2个月以上的；④累计工作满10年不满20年的职工，请病假累计3个月以上的；⑤累计工作满20年的职工，请病假累计4个月以上的。

   (3) BD [解析] 延长工作时间工资报酬也称加班加点工资或加班费。用人单位延长工作时间，必须支付相应的报酬。有下列情形之一的，用人单位应当按照下列标准支付高于劳动者正常工作时间工资的工资报酬：①安排劳动者延长工作时间的，支付不低于工资的150%的工资报酬；②休息日安排劳动者工作又不能安排补休的，支付不低于工资的200%的工资报酬；③法定休假日安排劳动者工作的，支付不低于工资的300%的工资报酬。实行综合计算工时工作制的职工，工作日是周休息日的，属于正常劳动；工作日是法定节日的，支付给职工不低于工资的300%的工资报酬。

   (4) D [解析] 单位根据生产、工作的具体情况，并考虑职工本人的意愿，统筹安排职工休年假。年休假在1个年度内可以集中安排，也可以分段安排，一般不跨年度安排。单位因生产、工作特点确有必要跨年度安排职工年休假的，可以跨一个年度安排。单位确因工作需要不能安排职工休年假的，经职工本人同意，可以不安排职工休年假。用人单位安排职工休年休假，但是职工因本人原因且书面提出不休年假的，用人单位可以只支付其正常工作期间的工资收入。

19. (1) A [解析] 职工累计工作已满1年不满10年的，年休假5天。案例中，王某于2013年1月1日与乙公司建立劳动关系，在乙公司工作至2015年时累计工作已满2年，根据规定可享受5天的带薪年休假。

   (2) AC [解析] 王某于2013年1月1日与乙公司建立劳动关系，至2015年时就已经连续工作2年以上，根据《职工带薪年休假条例》规定，机关、团体、企业、事业单位、民办非企业单位、有雇工的个体工商户等单位的职工连续工作1年以上的，享受带薪年休假，A项正确。累计工作满1年不满10年的职工，请病假累计2个月以上的，不享受当年年休假，B项错误，C项正确。用人单位应当保证职工享受带薪年休假，D项错误。

(3) D [解析] 案例中，王某于 2008 年 7 月 1 日进入甲公司工作，至 2012 年 12 月 31 日劳动合同终止时，在甲公司连续工作 4 年多。根据年休假标准，王某在甲公司可享受 5 天的带薪年休假。

(4) B [解析] 根据规定，累计工作满 1 年不满 10 年的职工，请病假累计 2 个月以上的，不享受当年年休假。

本章强化测试

思维导图

▶▶▶ Day 55

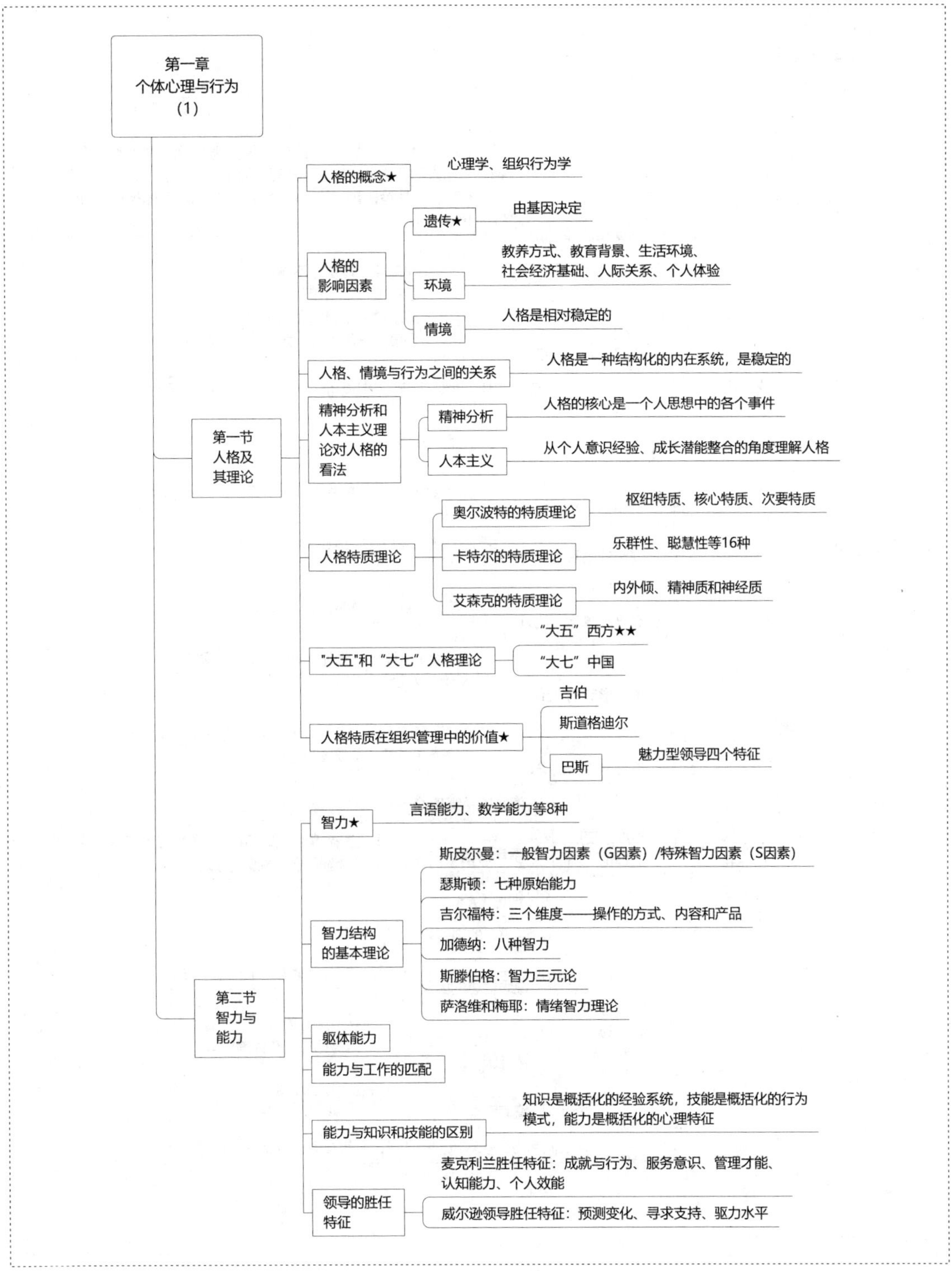

- 第一章 个体心理与行为（1）
  - 第一节 人格及其理论
    - 人格的概念★ —— 心理学、组织行为学
    - 人格的影响因素
      - 遗传★ —— 由基因决定
      - 环境 —— 教养方式、教育背景、生活环境、社会经济基础、人际关系、个人体验
      - 情境 —— 人格是相对稳定的
    - 人格、情境与行为之间的关系 —— 人格是一种结构化的内在系统，是稳定的
    - 精神分析和人本主义理论对人格的看法
      - 精神分析 —— 人格的核心是一个人思想中的各个事件
      - 人本主义 —— 从个人意识经验、成长潜能整合的角度理解人格
    - 人格特质理论
      - 奥尔波特的特质理论 —— 枢纽特质、核心特质、次要特质
      - 卡特尔的特质理论 —— 乐群性、聪慧性等16种
      - 艾森克的特质理论 —— 内外倾、精神质和神经质
    - "大五"和"大七"人格理论
      - "大五" 西方★★
      - "大七" 中国
    - 人格特质在组织管理中的价值★
      - 吉伯
      - 斯道格迪尔
      - 巴斯 —— 魅力型领导四个特征
  - 第二节 智力与能力
    - 智力★ —— 言语能力、数学能力等8种
    - 智力结构的基本理论
      - 斯皮尔曼：一般智力因素（G因素）/特殊智力因素（S因素）
      - 瑟斯顿：七种原始能力
      - 吉尔福特：三个维度——操作的方式、内容和产品
      - 加德纳：八种智力
      - 斯滕伯格：智力三元论
      - 萨洛维和梅耶：情绪智力理论
    - 躯体能力
    - 能力与工作的匹配
    - 能力与知识和技能的区别 —— 知识是概括化的经验系统，技能是概括化的行为模式，能力是概括化的心理特征
    - 领导的胜任特征
      - 麦克利兰胜任特征：成就与行为、服务意识、管理才能、认知能力、个人效能
      - 威尔逊领导胜任特征：预测变化、寻求支持、驱力水平

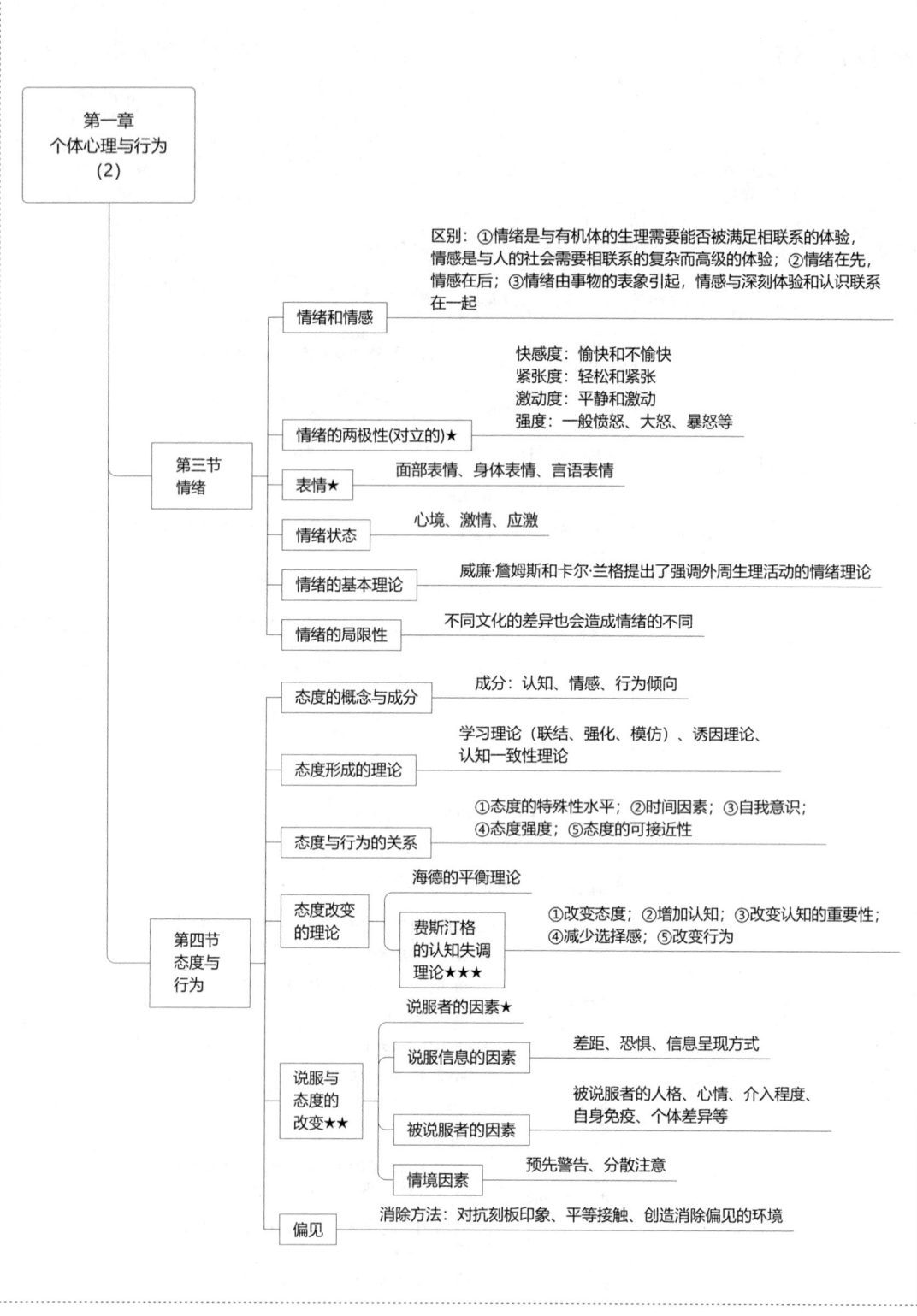

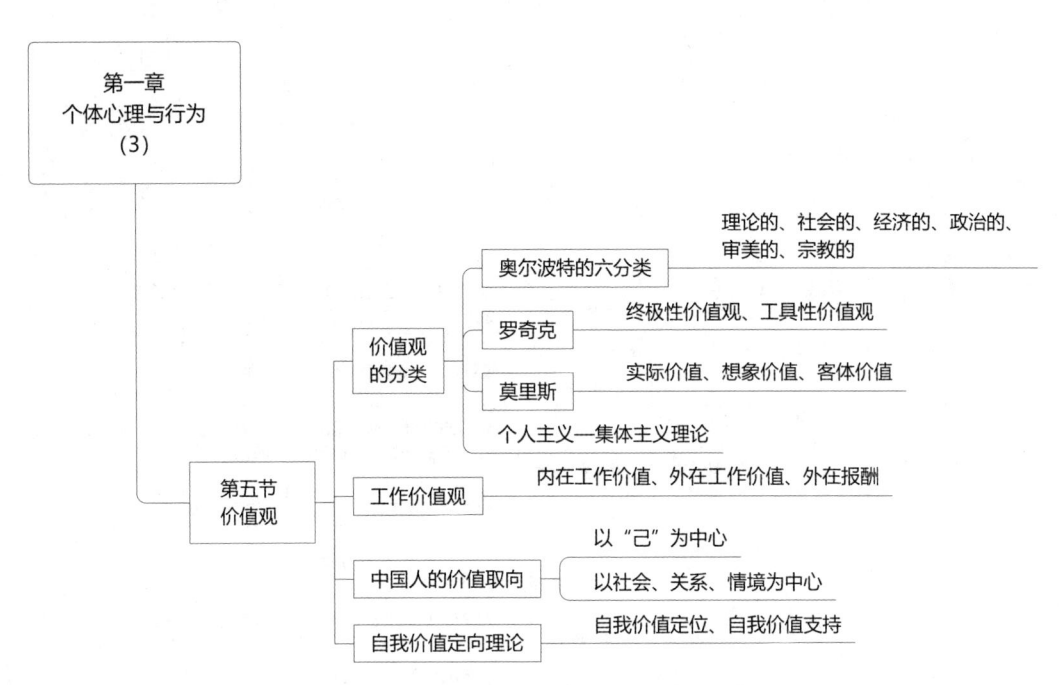

> **温馨贴士**

第一节重点考查"大五"和"大七"人格理论,出题概率较高,注意区分这两种人格理论的内容,切记不要混淆。第二节内容较多,不同人提出的观点也很多,在学习时要注意区分记忆,虽然本节内容在历年考查中出题概率较低,但也是一个学习的难点。第三、四两节内容在历年考查中重点考查费斯汀格的认知失调理论,其他的琐碎知识点也要加深记忆。第五节内容较多,理解起来有一定难度,容易混淆,注意区分理解。

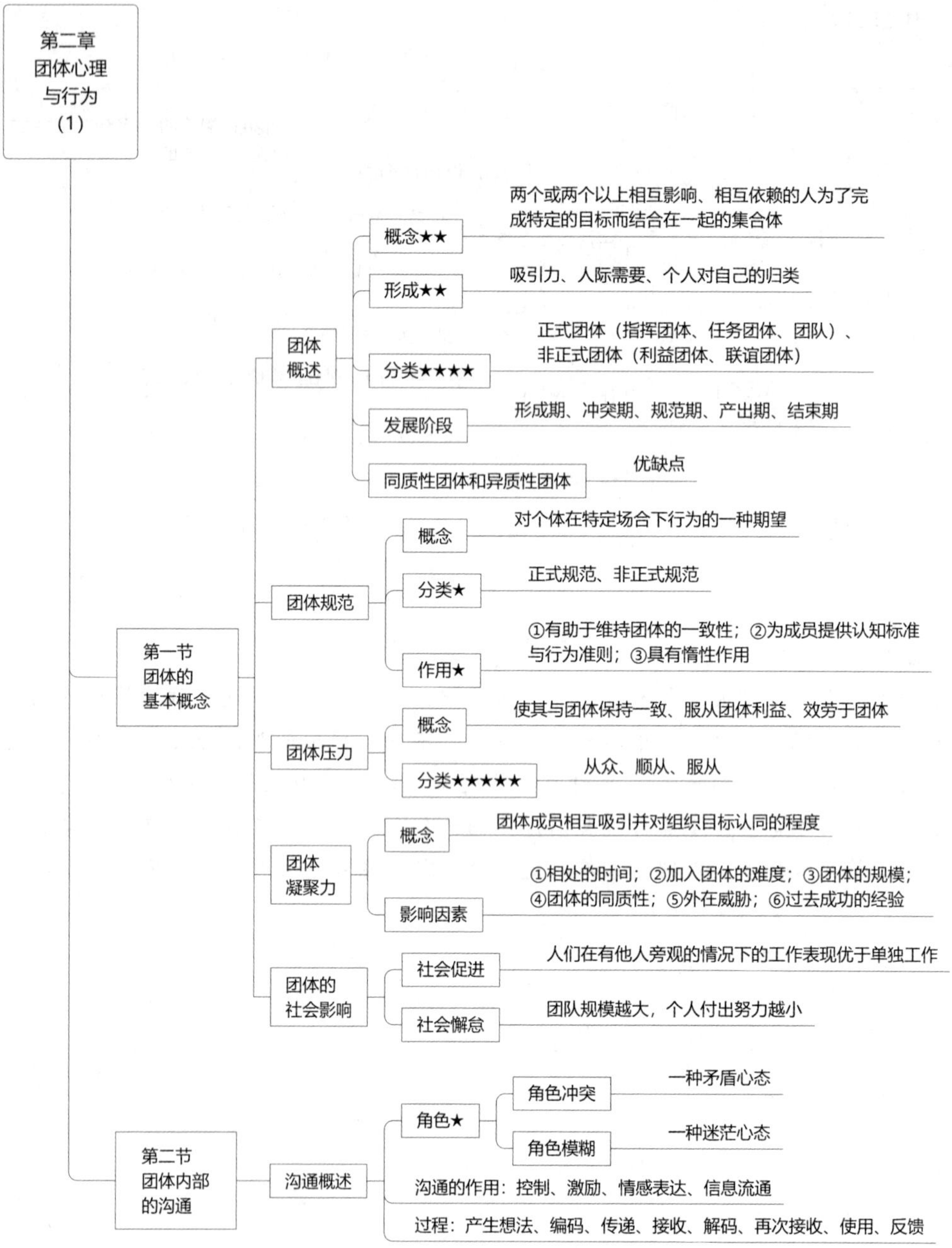

第二章 团体心理与行为（1）

第一节 团体的基本概念

团体概述

- **概念★★**：两个或两个以上相互影响、相互依赖的人为了完成特定的目标而结合在一起的集合体
- **形成★★**：吸引力、人际需要、个人对自己的归类
- **分类★★★★**：正式团体（指挥团体、任务团体、团队）、非正式团体（利益团体、联谊团体）
- **发展阶段**：形成期、冲突期、规范期、产出期、结束期
- **同质性团体和异质性团体**：优缺点

团体规范

- **概念**：对个体在特定场合下行为的一种期望
- **分类★**：正式规范、非正式规范
- **作用★**：①有助于维持团体的一致性；②为成员提供认知标准与行为准则；③具有惰性作用

团体压力

- **概念**：使其与团体保持一致、服从团体利益、效劳于团体
- **分类★★★★★**：从众、顺从、服从

团体凝聚力

- **概念**：团体成员相互吸引并对组织目标认同的程度
- **影响因素**：①相处的时间；②加入团体的难度；③团体的规模；④团体的同质性；⑤外在威胁；⑥过去成功的经验

团体的社会影响

- **社会促进**：人们在有他人旁观的情况下的工作表现优于单独工作
- **社会懈怠**：团队规模越大，个人付出努力越小

第二节 团体内部的沟通

沟通概述

- **角色★**
  - 角色冲突：一种矛盾心态
  - 角色模糊：一种迷茫心态
- **沟通的作用**：控制、激励、情感表达、信息流通
- **过程**：产生想法、编码、传递、接收、解码、再次接收、使用、反馈

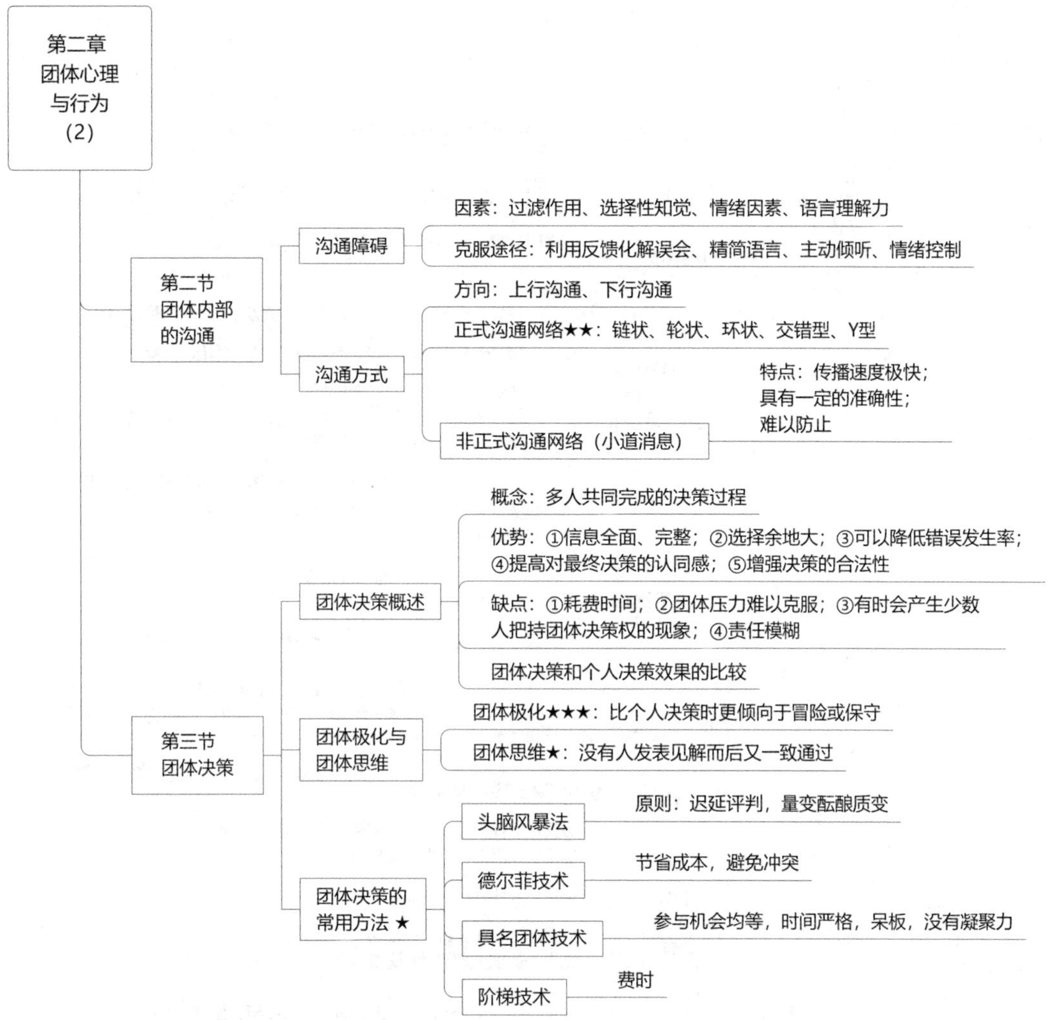

思维导图

```
第二章 团体心理与行为(2)
├── 第二节 团体内部的沟通
│   ├── 沟通障碍
│   │   ├── 因素：过滤作用、选择性知觉、情绪因素、语言理解力
│   │   └── 克服途径：利用反馈化解误会、精简语言、主动倾听、情绪控制
│   └── 沟通方式
│       ├── 方向：上行沟通、下行沟通
│       ├── 正式沟通网络★★：链状、轮状、环状、交错型、Y型
│       └── 非正式沟通网络（小道消息）
│           └── 特点：传播速度极快；具有一定的准确性；难以防止
└── 第三节 团体决策
    ├── 团体决策概述
    │   ├── 概念：多人共同完成的决策过程
    │   ├── 优势：①信息全面、完整；②选择余地大；③可以降低错误发生率；④提高对最终决策的认同感；⑤增强决策的合法性
    │   ├── 缺点：①耗费时间；②团体压力难以克服；③有时会产生少数人把持团体决策权的现象；④责任模糊
    │   └── 团体决策和个人决策效果的比较
    ├── 团体极化与团体思维
    │   ├── 团体极化★★★：比个人决策时更倾向于冒险或保守
    │   └── 团体思维★：没有人发表见解而后又一致通过
    └── 团体决策的常用方法★
        ├── 头脑风暴法 —— 原则：迟延评判，量变酝酿质变
        ├── 德尔菲技术 —— 节省成本，避免冲突
        ├── 具名团体技术 —— 参与机会均等，时间严格，呆板，没有凝聚力
        └── 阶梯技术 —— 费时
```

> **温馨贴士**

第一节为本章重点内容，考查频率较高的知识点有：团体的分类和团体压力的分类。一定要重点学习，该节内容较多，在学习中要注意知识的巩固。第二节主要是一些概念性内容，学习时要注意结合实际生活理解。第三节中的团体极化考查频率较高，要重点学习，对于团体决策的方法，要注意区分各个方法的优缺点和适用范围。

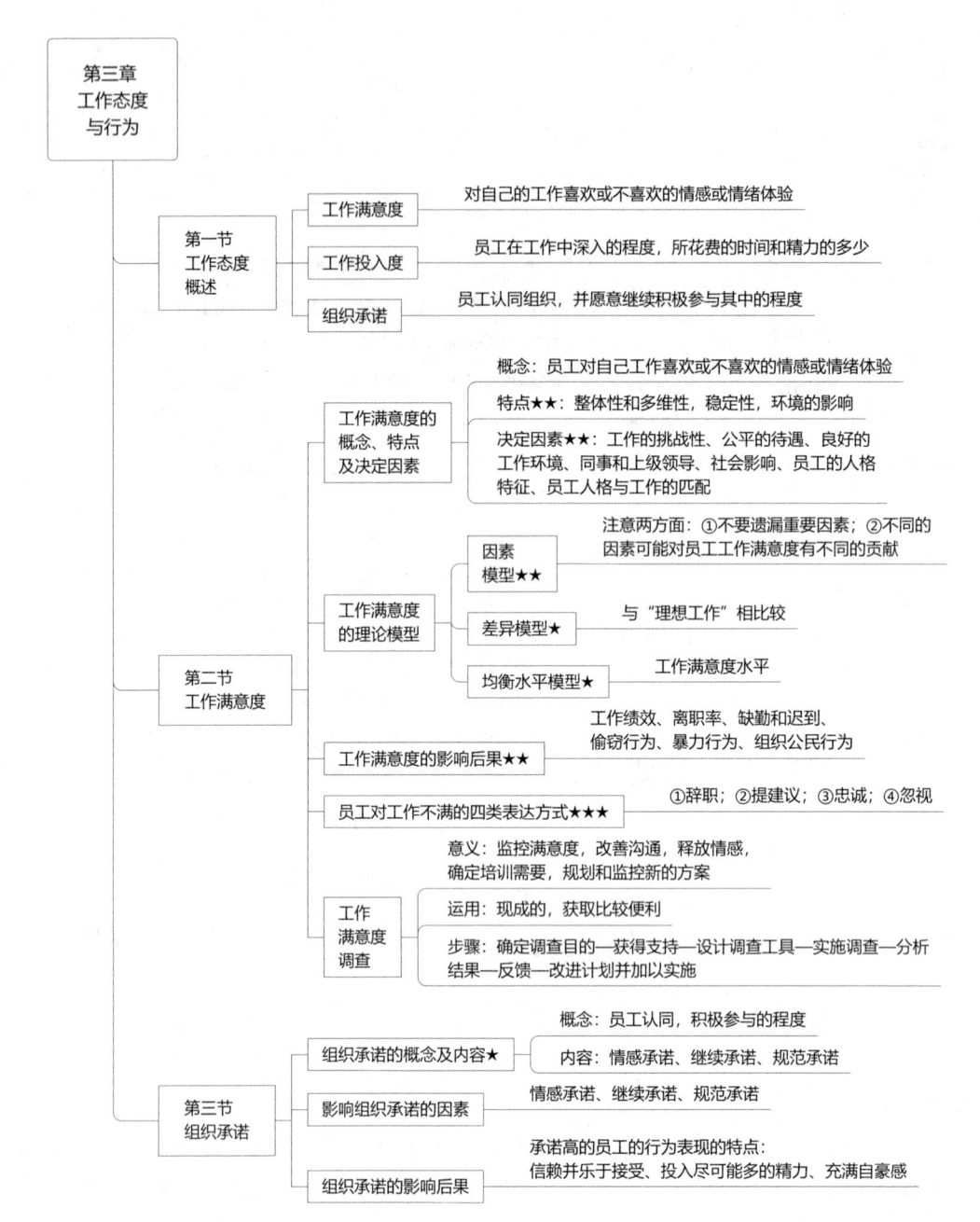

> **温馨贴士**

第二节为本章重点内容，主要考查的知识点为工作满意度的特点、决定因素，工作满意度理论，工作满意度的影响后果和员工对工作不满的四类表达方法。考查内容较多，但是本章学习难度不大，注意记忆即可。第三节内容历年考查较少，主要掌握组织承诺的概念及内容。

思维导图

第四章 人力资源及人力资源管理概述（1）

第一节 人力资源概述

人力资源的经济理论基础

- 生产要素理论中的人力资源★★★
  - 是一个重要的管理学概念
  - 四个阶段：①土地、劳动；②资本、劳动、土地；②资本、劳动、土地、组织；③资本、土地、劳动、组织、知识
- "X效率理论"与人力资源：人力资源要素在企业生产过程中的特殊作用
- 人力资本投资理论与人力资源★：西奥多·舒尔茨：人力资本投资收益率高于物力资本投资收益率

作为组织要素的人力资源

- 人力资源及其对组织的重要性★：德鲁克：人力资源是最富有生产力、最具有多种才能、最丰富的资源
- 企业资源基础理论中的人力资源：杰伊·巴尼提出的异质资源特性：价值性、稀缺性、难以模仿性、难以替代性

人力资源的定义、内涵与特性

- 概念：一个国家、地区或者组织所能够开发和利用的资源
- 内涵：①可以指人也可以指能力；②宏观、微观两层面；③当前人力资源和未来人力资源两层面；④重点是质量而不是数量
- 特征★：能动性、社会性、可开发性、时效性

第二节 人力资源管理概述

人力资源管理的历史沿革

- 萌芽阶段★：15—18世纪欧洲以家庭式管理关心工人福利的主张是现代人事管理思想的来源之一
- 科学管理阶段：19世纪泰勒强调操作规范化和差别计件工资制以及科学地挑选和训练工人
- 人际关系运动阶段：工业的崛起
- 传统人事管理成熟阶段：①经济学中的人力资本理论被正式提出；②第二次世界大战后兴起的行为科学不断发展；③人力资源会计作为一门学科出现
- 人力资源管理阶段：管理观念上的根本性变革
- 战略性人力资源管理阶段：发达市场经济国家人力资源管理已经成为一门相当成熟的学科

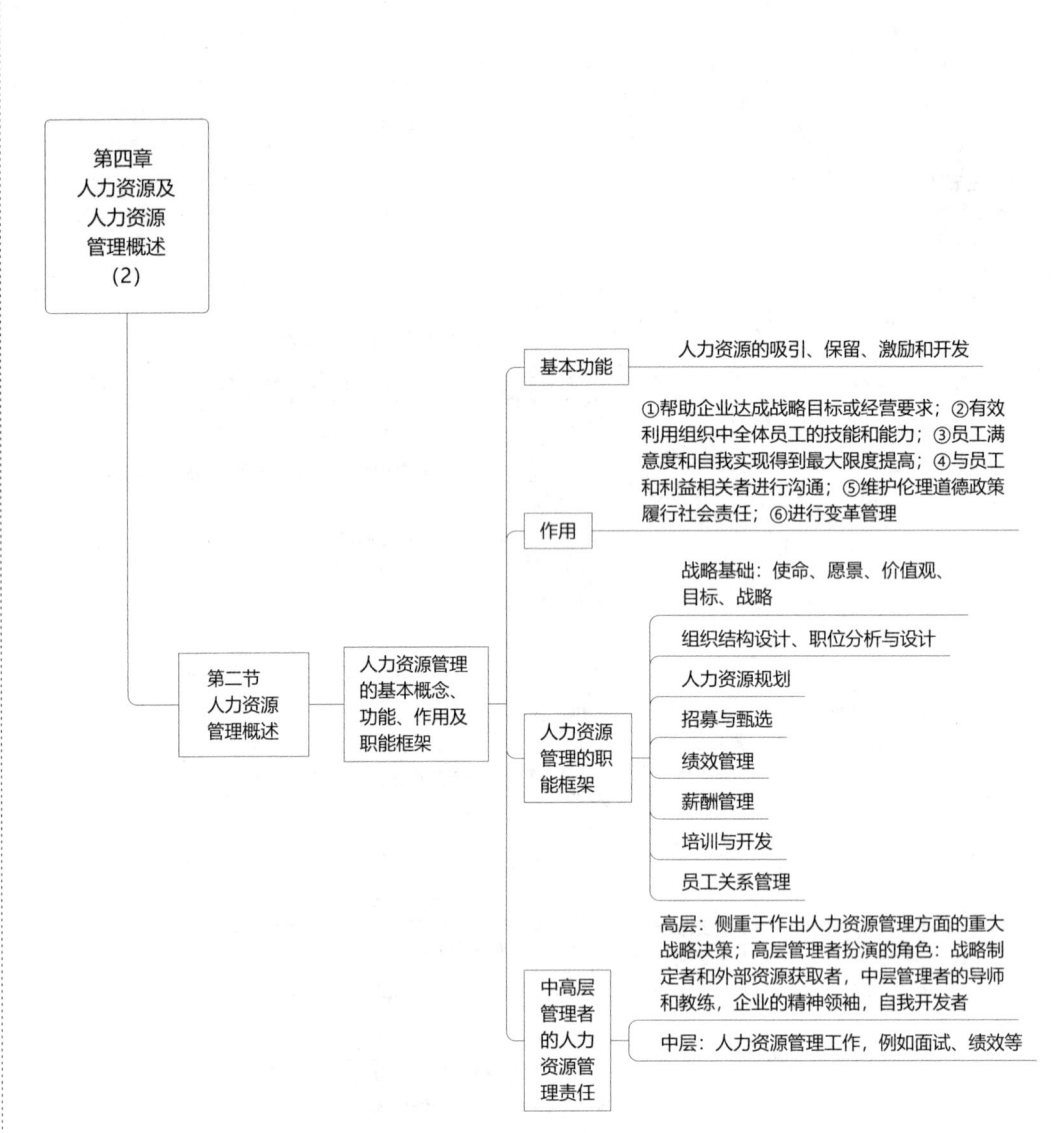

> **温馨贴士**
> 第一节主要是关于人力资源管理的一些基本理论,其中生产要素理论考查较多,学习时注意识记相关内容。第二节内容虽多,但考查较少,主要应了解人力资源管理历史沿革,其他内容简单了解即可,本章出案例分析题的可能性很小。

思维导图

- 第五章 工作分析（1）
  - 第一节 工作分析概述
    - 工作分析及相关概念
      - 概念★：通过系统分析的方法来确定工作的职责以及所需的知识和技能的过程
      - 术语：职业、工作族、工作、职位、职责、职权、任务
    - 工作分析的内容
      - 目的★★★：工作为何存在、有何意义
      - 内容★★★★：从事的工作活动和工作责任以及如何完成工作
      - 联系★：横向、纵向
      - 发生时间★：该项工作活动的时间安排
      - 工作环境：工作的自然环境，危险性，社会和心理环境
    - 工作分析的作用★★
      - 人力资源管理中的作用★★★★★：人力资源规划、人员招聘、培训与开发、绩效管理、工作评价、薪酬管理、员工职业生涯规划
      - 企业管理中的作用★★：完善工作、优化流程
    - 工作分析的实施流程
      - 准备阶段、实施阶段、结果形成阶段、结果应用阶段
    - 工作分析的实施技巧★★
      - 时机的选择、实施主体的选择、标杆职位的选择、取得相关人员的支持、其他
  - 第二节 工作分析的方法
    - 传统的工作分析方法★★★★★：访谈法、问卷调查法、观察法、工作实践法、工作日志法、文献分析法、主题专家会议法。传统工作分析方法适用范围的比较
    - 现代的工作分析方法：①以人为基础的系统性工作分析方法（职位分析问卷法、工作要素法、临界特质分析系统、能力要求法）；②以工作为基础的系统性工作分析方法（管理职位描述问卷法、关键事件法、功能性工作分析方法、工作任务清单分析法）

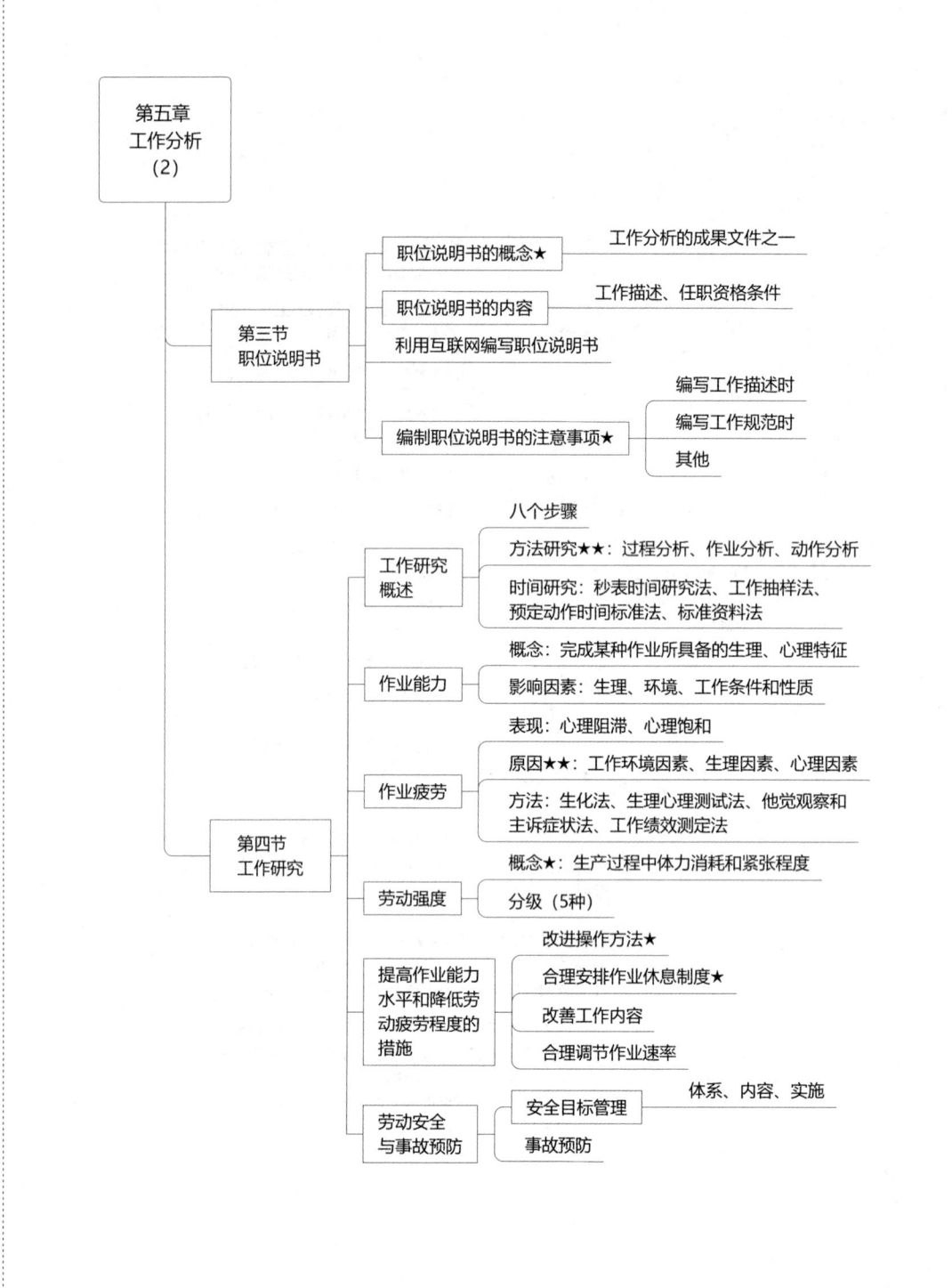

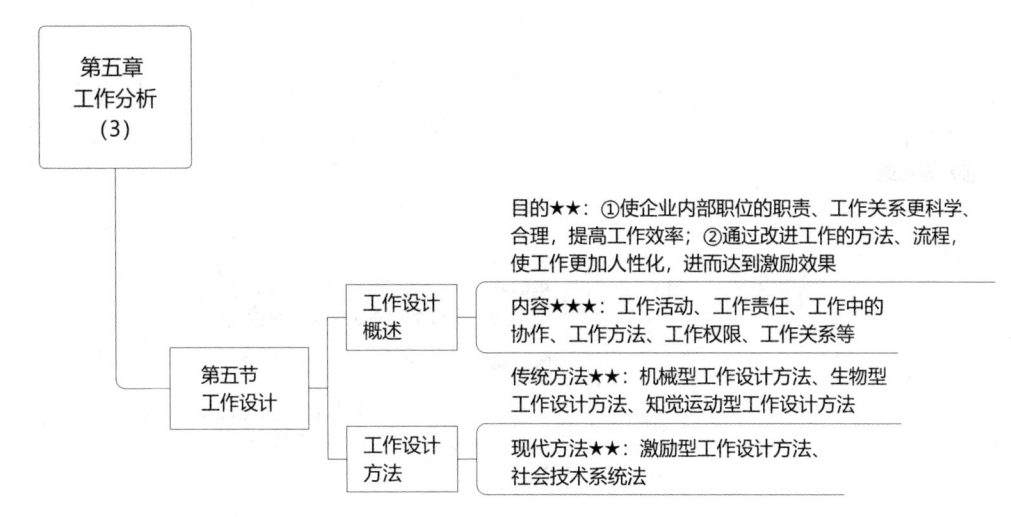

> **温馨贴士**

第一节内容考查频次非常高，占分比也非常高，是考查重点中的重点，几乎每个知识点都有考查的可能，一定要注意提高警惕，认真学习，及时巩固。第二、三节内容主要考查知识点为传统的工作分析方法，要注意区分各个分析方法的优缺点和适用范围。第四节内容相对其他章节考查较少，但知识点琐碎，结合近几年考查越发细致的趋势，有出题的可能性，考生学习中应重点掌握作业疲劳以及降低疲劳的措施，结合实例进行做题应用。第五节内容考查频率较高，要注意区分记忆，注意巩固。

Day 56

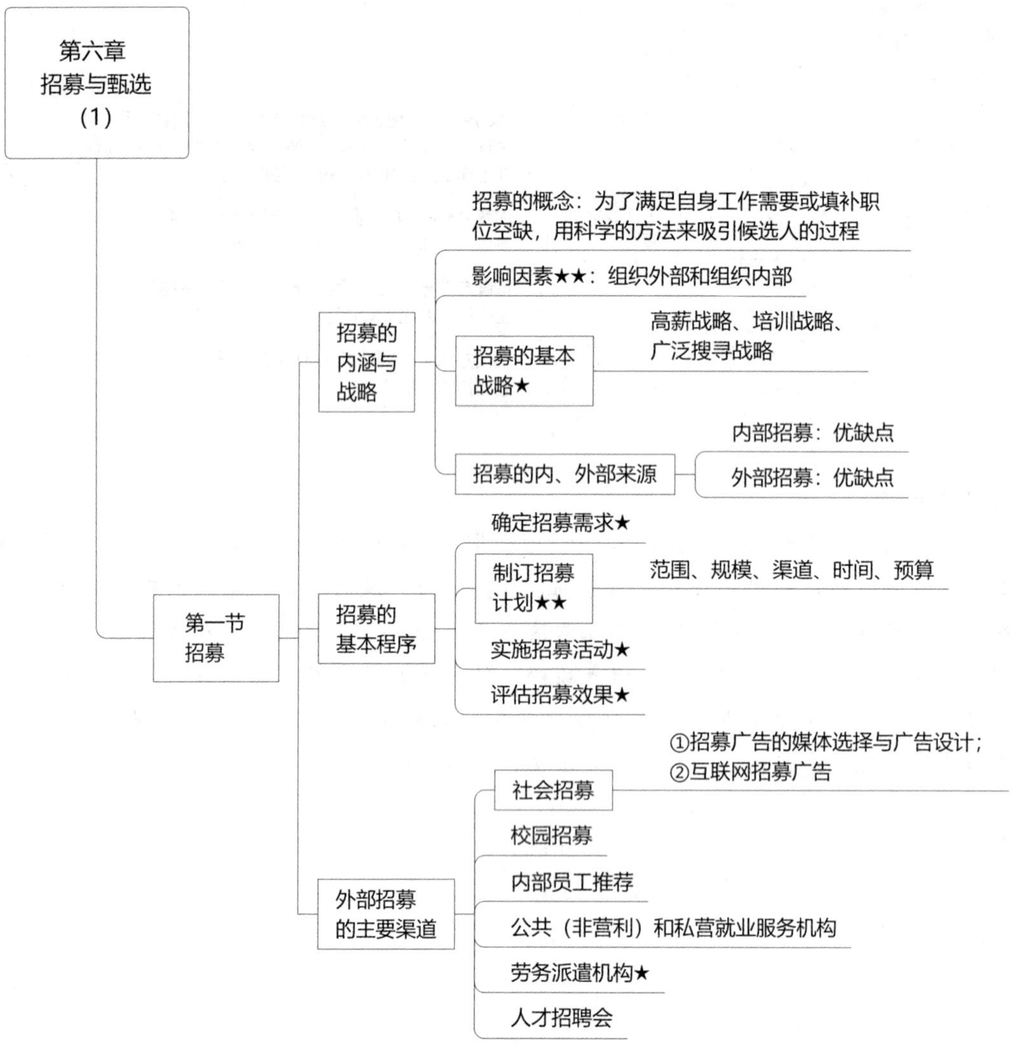

```
第六章 招募与甄选（1）
└─ 第一节 招募
   ├─ 招募的内涵与战略
   │  ├─ 招募的概念：为了满足自身工作需要或填补职位空缺，用科学的方法来吸引候选人的过程
   │  ├─ 影响因素★★：组织外部和组织内部
   │  ├─ 招募的基本战略★：高薪战略、培训战略、广泛搜寻战略
   │  └─ 招募的内、外部来源
   │     ├─ 内部招募：优缺点
   │     └─ 外部招募：优缺点
   ├─ 招募的基本程序
   │  ├─ 确定招募需求★
   │  ├─ 制订招募计划★★：范围、规模、渠道、时间、预算
   │  ├─ 实施招募活动★
   │  └─ 评估招募效果★
   └─ 外部招募的主要渠道
      ├─ 社会招募：①招募广告的媒体选择与广告设计；②互联网招募广告
      ├─ 校园招募
      ├─ 内部员工推荐
      ├─ 公共（非营利）和私营就业服务机构
      ├─ 劳务派遣机构★
      └─ 人才招聘会
```

思维导图

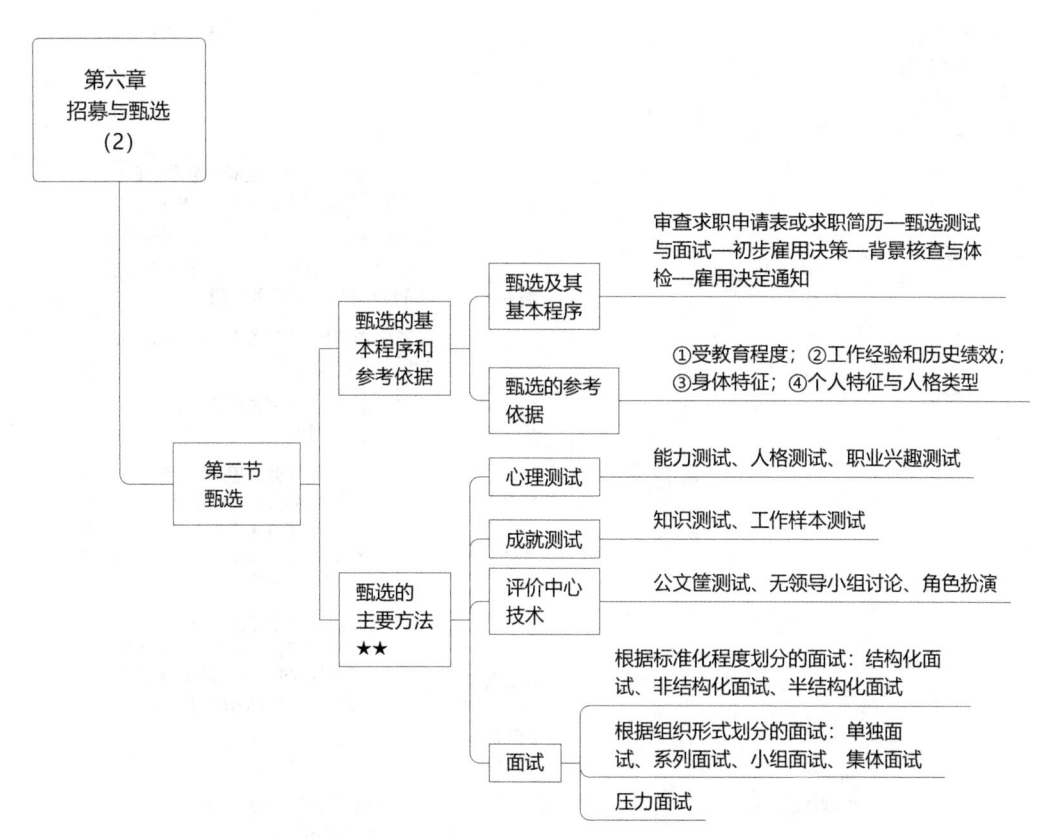

> **温馨贴士**

第一节内容较为简单，学习起来比较容易，也比较容易得分。第二节的主要考查知识点为甄选的主要方法，要注意区分不同的测试对应的不同方法。

第七章 绩效管理(1)

第一节 绩效管理概述

绩效管理与绩效考核概述

概念
- **绩效的概念**：具有一定素质的员工在职位职责的要求下实现的工作结果
- **绩效考核的概念**：一套正式的、结构化的制度，用来衡量、评价、反馈并影响员工的工作特性、行为和结果
- **绩效管理的概念**：与员工沟通，就企业目标达成共识的过程

绩效考核与管理的区别和联系★
- **联系**：绩效考核是绩效管理的重要组成部分
- **区别**：①绩效管理是一个完整的管理过程，绩效考核是绩效管理中的一个环节；②绩效管理侧重信息的沟通和绩效的提高，绩效考核侧重绩效的识别、判断和评价

绩效考核在人力资源管理中的应用★★★
①是人员配置和甄选的依据；②是人员开发的依据；③是薪酬分配的依据；④是评估人员招聘、员工培训效果的依据

绩效考核体系

绩效考核的目的★
①企业的战略目标层；②企业的人力资源管理层

绩效考核技术★
①量表法：图尺度评价法、行为锚定法、行为观察量表法；②比较法：排序法、配对比较法、强制分布法；③描述法：关键事件法、不良事故评估法

绩效考核技术的选择★★
工作环境、工作内容、员工工作的独立性

绩效考核指标体系★★
指标、权重、评价标准

绩效考核的主体★
上级、下级、同事、外部人员、员工自己

绩效考核周期
影响因素：①奖金发放周期；②工作任务完成周期；③工作性质

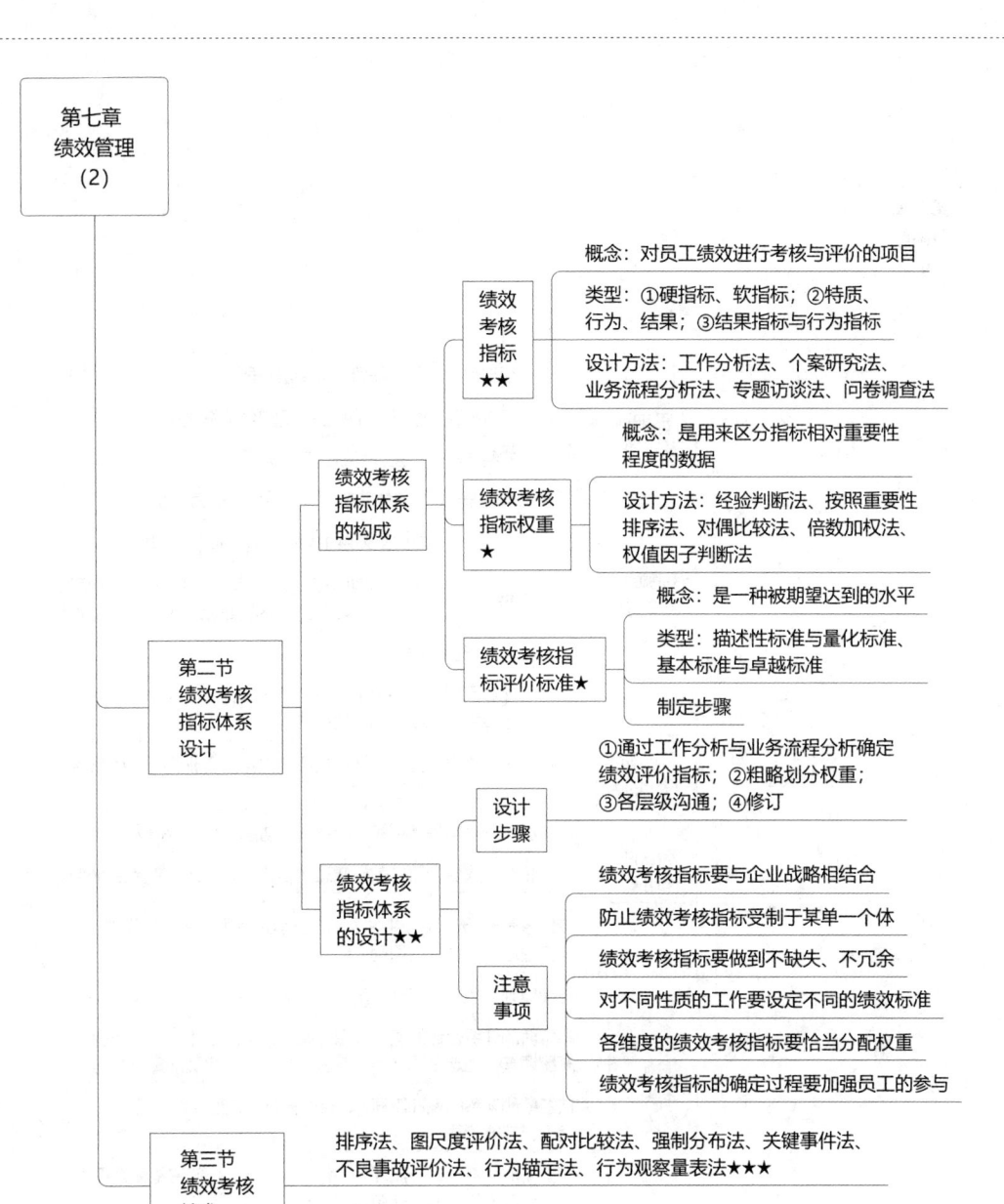

> **温馨贴士**

第一节为本章重点考查内容，考查内容较多，都是和日常工作绩效相关的，在学习中可以与实际相结合。第二节知识点近三年都有考查，需要着重学习记忆。第三节内容是绩效考核技术，注意区分各个技术的优缺点和用法，出题时可能举例子让考生选择用哪种方法，要注意区分。

```
第八章                    ┌─ 薪酬的概念 ─┬─ 组成部分：经济薪酬、非经济薪酬
薪酬福利                  │   及本质      ├─ 经济薪酬：直接经济报酬、间接经济报酬
管理                      │               └─ 非经济薪酬：工作特征、工作环境
(1)                       │
                          │               ┌─ 基本薪酬★★：职位薪酬、技能薪酬、能力薪酬
                          │               │
                          │ 薪酬的        │        ┌─ 是薪酬体系中与绩效直接挂钩的部分
                          ├─ 基本构成 ───┼─ 奖金 ─┤        ┌─ ①时间维度：长期奖励计划、短期奖励计划；
                          │               │        └─ 分类：│
                          │               │                 └─ ②激励对象维度：个人奖励计划、团队奖励计划
                          │               └─ 福利（非货币报酬）
                          │
                          │               ┌─ 外在因素：市场供需关系与竞争状况、地区及行业差异、
             第一节       │ 影响薪酬      │           当地生活水平、相关法律法规
         ─── 薪酬概述 ────┼─ 设定的因素 ──┤
                          │               └─ 内在因素：企业的业务性质与内容、企业的经营状况及
                          │                           支付能力、企业文化
                          │
                          │ 薪酬的        ┌─ 对员工：基本生活保障、心理激励功能、个人价值体现
                          ├─ 作用★ ──────┤
                          │               └─ 对企业：改善经营绩效、塑造和强化企业文化、支持企业变革
                          │
                          │               ┌─ 传统原则★★★★：公平性原则、竞争性原则、激励性原则、
                          │               │               经济性原则、合法性原则
                          │               │
                          │               ├─ 现代原则：团队性原则、隐性报酬原则
                          │ 薪酬          │
                          └─ 体系 ────────┼─ 职位薪酬体系设计的基本步骤：明确目标、工作分析及评价、
                             设计          │  薪酬调查、确定薪酬水平、薪酬结构设计、薪酬预算与控制
                                           │
                                           ├─ 技能薪酬体系的设计流程★：技能分析、技能评价、技能
                                           │  定价、技能管理
                                           │
                                           └─ 能力薪酬体系的设计流程：进行工作分析、任职资格体系设立、
                                              职种价值评价、员工任职资格鉴定
```

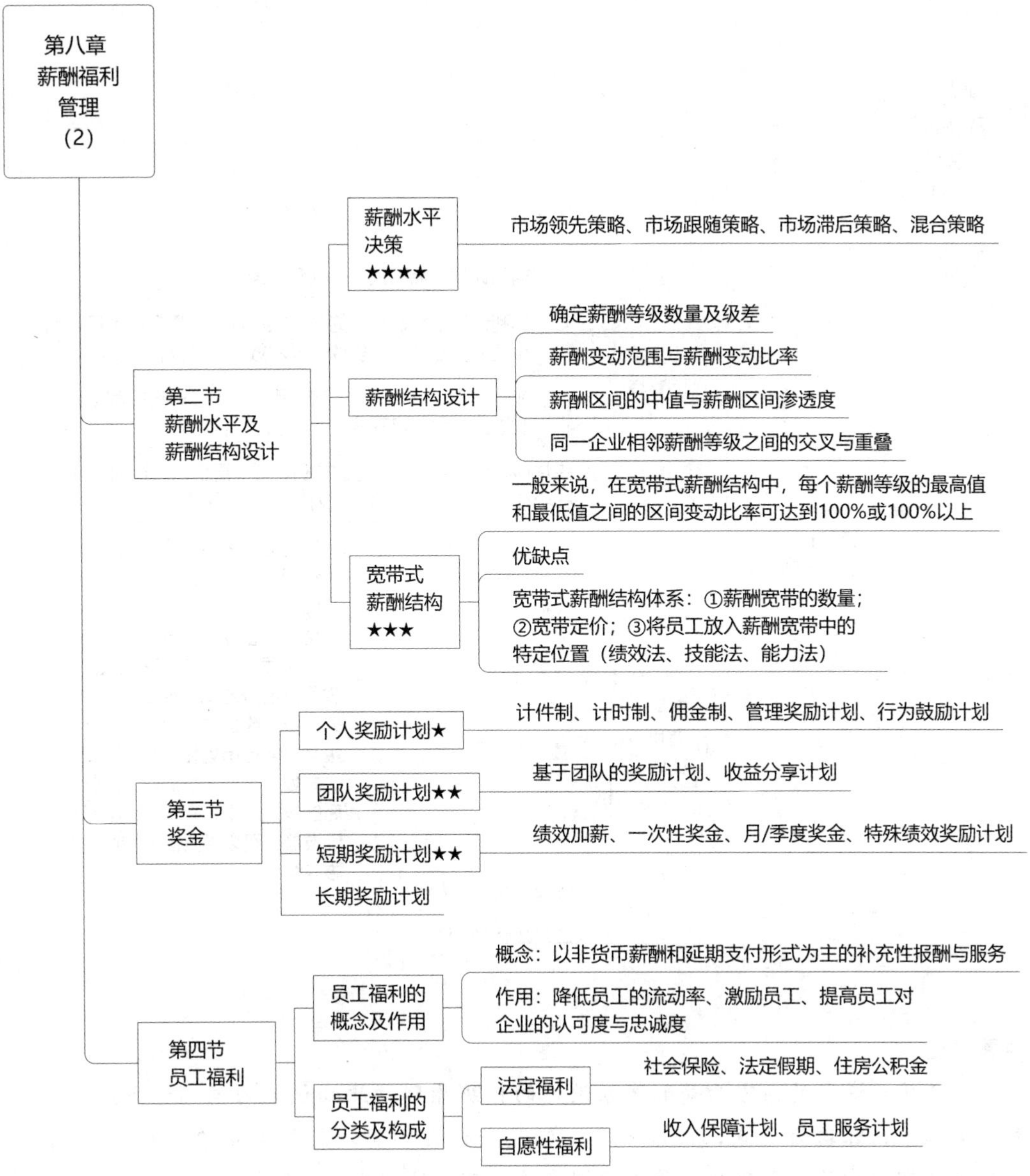

思维导图

```
第八章
薪酬福利
管理
(2)
├── 第二节 薪酬水平及薪酬结构设计
│   ├── 薪酬水平决策 ★★★★ —— 市场领先策略、市场跟随策略、市场滞后策略、混合策略
│   ├── 薪酬结构设计
│   │   ├── 确定薪酬等级数量及级差
│   │   ├── 薪酬变动范围与薪酬变动比率
│   │   ├── 薪酬区间的中值与薪酬区间渗透度
│   │   └── 同一企业相邻薪酬等级之间的交叉与重叠
│   └── 宽带式薪酬结构 ★★★
│       ├── 一般来说，在宽带式薪酬结构中，每个薪酬等级的最高值和最低值之间的区间变动比率可达到100%或100%以上
│       ├── 优缺点
│       └── 宽带式薪酬结构体系：①薪酬宽带的数量；②宽带定价；③将员工放入薪酬宽带中的特定位置（绩效法、技能法、能力法）
├── 第三节 奖金
│   ├── 个人奖励计划 ★ —— 计件制、计时制、佣金制、管理奖励计划、行为鼓励计划
│   ├── 团队奖励计划 ★★ —— 基于团队的奖励计划、收益分享计划
│   ├── 短期奖励计划 ★★ —— 绩效加薪、一次性奖金、月/季度奖金、特殊绩效奖励计划
│   └── 长期奖励计划
└── 第四节 员工福利
    ├── 员工福利的概念及作用
    │   ├── 概念：以非货币薪酬和延期支付形式为主的补充性报酬与服务
    │   └── 作用：降低员工的流动率、激励员工、提高员工对企业的认可度与忠诚度
    └── 员工福利的分类及构成
        ├── 法定福利 —— 社会保险、法定假期、住房公积金
        └── 自愿性福利 —— 收入保障计划、员工服务计划
```

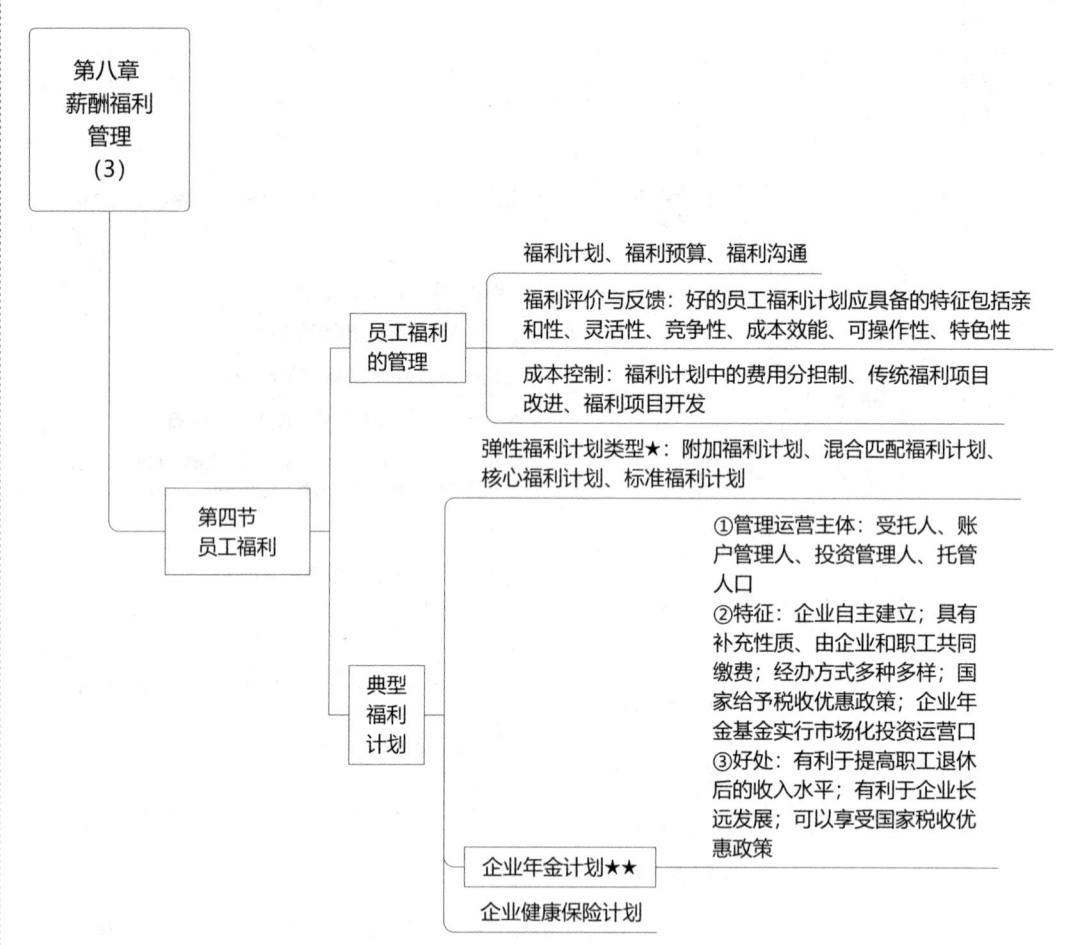

> **温馨贴士**

第一节重点考查的内容为薪酬体系设计的传统原则，此知识点为高频考点，需要重点掌握。第二节内容均为重点，内容不多，但是分数占比高，需要重点学习和掌握。第三、四节和生活密切相关，和奖金与员工福利有关，可以结合生活理解记忆。

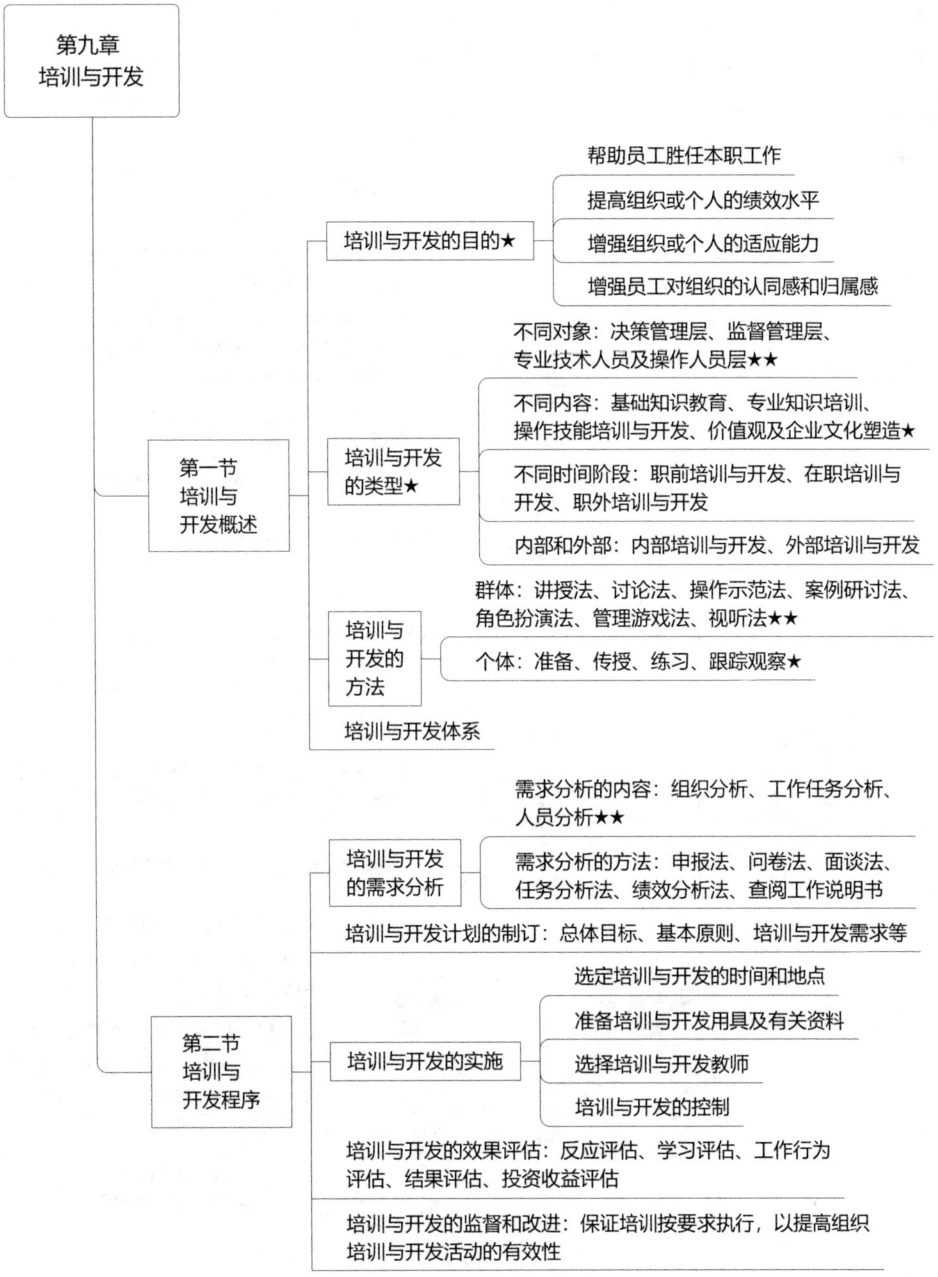

思维导图

```
第九章 培训与开发
├── 第一节 培训与开发概述
│   ├── 培训与开发的目的★
│   │   ├── 帮助员工胜任本职工作
│   │   ├── 提高组织或个人的绩效水平
│   │   ├── 增强组织或个人的适应能力
│   │   └── 增强员工对组织的认同感和归属感
│   ├── 培训与开发的类型★
│   │   ├── 不同对象：决策管理层、监督管理层、专业技术人员及操作人员层★★
│   │   ├── 不同内容：基础知识教育、专业知识培训、操作技能培训与开发、价值观及企业文化塑造★
│   │   ├── 不同时间阶段：职前培训与开发、在职培训与开发、职外培训与开发
│   │   └── 内部和外部：内部培训与开发、外部培训与开发
│   ├── 培训与开发的方法
│   │   ├── 群体：讲授法、讨论法、操作示范法、案例研讨法、角色扮演法、管理游戏法、视听法★★
│   │   └── 个体：准备、传授、练习、跟踪观察★
│   └── 培训与开发体系
└── 第二节 培训与开发程序
    ├── 培训与开发的需求分析
    │   ├── 需求分析的内容：组织分析、工作任务分析、人员分析★★
    │   └── 需求分析的方法：申报法、问卷法、面谈法、任务分析法、绩效分析法、查阅工作说明书
    ├── 培训与开发计划的制订：总体目标、基本原则、培训与开发需求等
    ├── 培训与开发的实施
    │   ├── 选定培训与开发的时间和地点
    │   ├── 准备培训与开发用具及有关资料
    │   ├── 选择培训与开发教师
    │   └── 培训与开发的控制
    ├── 培训与开发的效果评估：反应评估、学习评估、工作行为评估、结果评估、投资收益评估
    └── 培训与开发的监督和改进：保证培训按要求执行，以提高组织培训与开发活动的有效性
```

> **温馨贴士**

第一节内容中考点相对集中，主要以单选题、多选题为主，对于培训与开发的类型、方法考查较多，考生要注意多记多背。第二节内容除了需求分析的内容考过两次，其他均未涉及，简单了解即可。

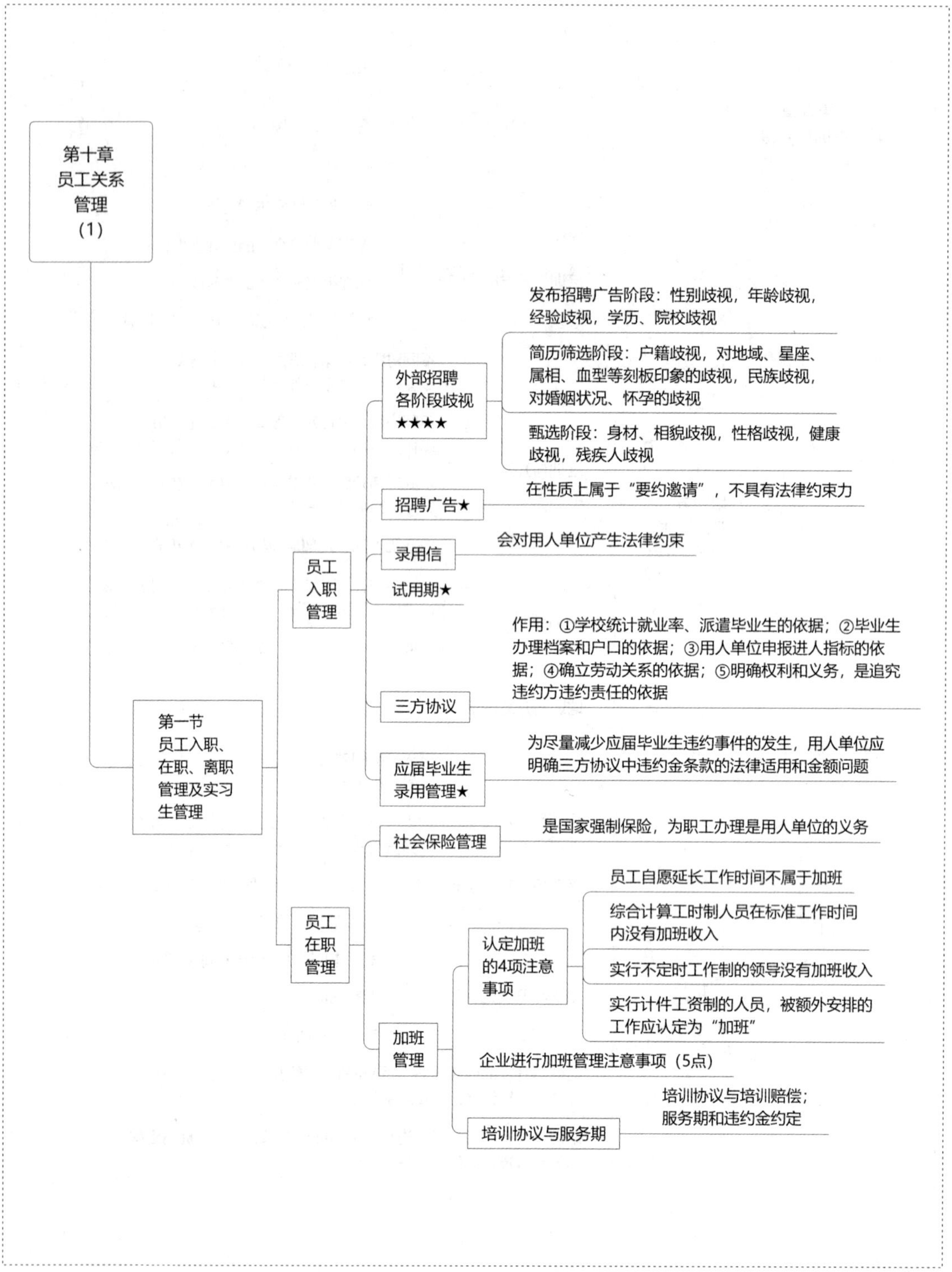

第十章 员工关系管理（1）

第一节 员工入职、在职、离职管理及实习生管理

员工入职管理

- **外部招聘各阶段歧视** ★★★★
  - 发布招聘广告阶段：性别歧视，年龄歧视，经验歧视，学历、院校歧视
  - 简历筛选阶段：户籍歧视，对地域、星座、属相、血型等刻板印象的歧视，民族歧视，对婚姻状况、怀孕的歧视
  - 甄选阶段：身材、相貌歧视，性格歧视，健康歧视，残疾人歧视

- **招聘广告** ★：在性质上属于"要约邀请"，不具有法律约束力

- **录用信**：会对用人单位产生法律约束

- **试用期** ★

- **三方协议**：
  作用：①学校统计就业率、派遣毕业生的依据；②毕业生办理档案和户口的依据；③用人单位申报进人指标的依据；④确立劳动关系的依据；⑤明确权利和义务，是追究违约方违约责任的依据

- **应届毕业生录用管理** ★：为尽量减少应届毕业生违约事件的发生，用人单位应明确三方协议中违约金条款的法律适用和金额问题

员工在职管理

- **社会保险管理**：是国家强制保险，为职工办理是用人单位的义务

- **加班管理**
  - 认定加班的4项注意事项：
    - 员工自愿延长工作时间不属于加班
    - 综合计算工时制人员在标准工作时间内没有加班收入
    - 实行不定时工作制的领导没有加班收入
    - 实行计件工资制的人员，被额外安排的工作应认定为"加班"
  - 企业进行加班管理注意事项（5点）

- **培训协议与服务期**：培训协议与培训赔偿；服务期和违约金约定

思维导图

第十章 员工关系管理（2）

第一节 员工入职、在职、离职管理及实习生管理

- 员工离职管理
  - 形式★★：协商解除、辞职、解聘、终止合同
  - 离职面谈★
  - 企业变革与裁员★★★
    - 原则：依法原则、平等协商原则、维护公共利益原则、职工参与原则、职工安置先行原则
- 实习生管理：总体管理原则、实习协议、意外保险

第二节 企业规章制度管理

- 员工手册
  - 法律效力（2方面）
  - 制定和执行中应注意的问题：企业确认自己的管理对象等5点
- 企业规章制度设计
  - 考勤管理★
    - 设计流程应注意：①员工请假由其他领导代批；②员工请事假得到领导批准，但请假期限过后自行延期；③员工请假由他人代申请，事后不办理补假手续
  - 员工请假管理制度★
  - 企业奖惩制度★
    - 奖惩的对象和时机、奖惩的方式、奖惩的原则（5个）、奖惩的标准
  - 保密制度★★★★
    - 竞业限制

第三节 员工情绪管理

- 压力控制与管理
  - 一般流程★：预防—预警—反应—处理（最重要的一个环节）—善后
  - 减压措施：①改善工作环境和条件；②从企业文化氛围上帮助员工提升心理保健能力，学会缓解压力，自我放松；③加强过程管理
- 冲突管理
  - 冲突的类型和产生的原因★★
    - 类型：部门之间、上下级之间、员工之间、个人工作和生活之间
    - 原因：①处事策略不同；②不良的沟通和信息谬传；③个体差异；④角色矛盾
  - 冲突处理★
    - 处理方法：协商、调解、教育、拖延、和平共处、转移目标、上级裁定
    - 冲突的预防和疏导（3种方法）
- 职业倦怠★★
  - 职业倦怠的干预内容（7点）

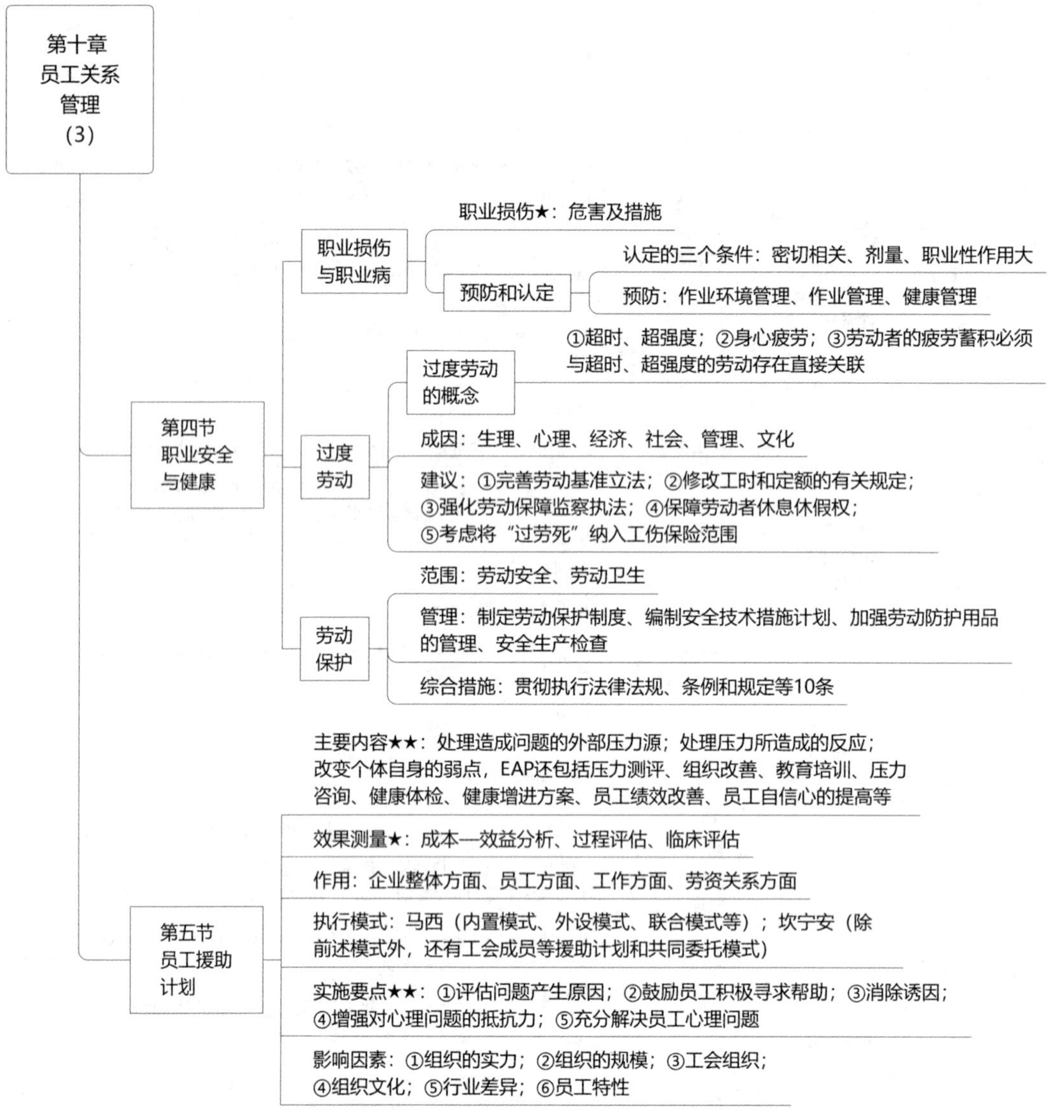

```
第十章 员工关系管理 (3)
├─ 第四节 职业安全与健康
│   ├─ 职业损伤与职业病
│   │   ├─ 职业损伤★：危害及措施
│   │   └─ 预防和认定
│   │       ├─ 认定的三个条件：密切相关、剂量、职业性作用大
│   │       └─ 预防：作业环境管理、作业管理、健康管理
│   ├─ 过度劳动
│   │   ├─ 过度劳动的概念：①超时、超强度；②身心疲劳；③劳动者的疲劳蓄积必须与超时、超强度的劳动存在直接关联
│   │   ├─ 成因：生理、心理、经济、社会、管理、文化
│   │   └─ 建议：①完善劳动基准立法；②修改工时和定额的有关规定；③强化劳动保障监察执法；④保障劳动者休息休假权；⑤考虑将"过劳死"纳入工伤保险范围
│   └─ 劳动保护
│       ├─ 范围：劳动安全、劳动卫生
│       ├─ 管理：制定劳动保护制度、编制安全技术措施计划、加强劳动防护用品的管理、安全生产检查
│       └─ 综合措施：贯彻执行法律法规、条例和规定等10条
└─ 第五节 员工援助计划
    ├─ 主要内容★★：处理造成问题的外部压力源；处理压力所造成的反应；改变个体自身的弱点，EAP还包括压力测评、组织改善、教育培训、压力咨询、健康体检、健康增进方案、员工绩效改善、员工自信心的提高等
    ├─ 效果测量★：成本—效益分析、过程评估、临床评估
    ├─ 作用：企业整体方面、员工方面、工作方面、劳资关系方面
    ├─ 执行模式：马西（内置模式、外设模式、联合模式等）；坎宁安（除前述模式外，还有工会成员等援助计划和共同委托模式）
    ├─ 实施要点★★：①评估问题产生原因；②鼓励员工积极寻求帮助；③消除诱因；④增强对心理问题的抵抗力；⑤充分解决员工心理问题
    └─ 影响因素：①组织的实力；②组织的规模；③工会组织；④组织文化；⑤行业差异；⑥员工特性
```

> **温馨贴士**

第一、二节主要是围绕企业来讲的，其中有多个高频考点，要注意巩固学习，牢固掌握。第三节至第五节主要是围绕员工来讲的，近三年虽然出题概率不是很高，但是内容相对较多，要做到熟悉并且掌握。

Day 57

第十一章 劳动法律关系（1）

第一节 劳动法概述

- 劳动法的概念：广义和狭义
- 劳动法的调整对象★
  - 劳动关系：一种社会关系★
  - 劳动关系的主要特征：①是劳动者与用人单位基于用工事实发生的社会关系；②只能在劳动者和用人单位之间产生；③既是一种人身关系，又是一种财产关系；④既具有法律上的平等性，又具有实现这种关系的隶属性
  - 与劳动关系密切联系的其他社会关系（7点）
  - 劳动关系与劳务关系的区别和联系
    - 区别：①双方当事人及其关系不同；②劳动风险责任承担不同；③劳动主体的待遇不同；④适用法律不同
- 我国劳动法的适用范围
  - 用人单位
  - 劳动者★★
- 劳动法的重要原则：劳动关系协调的合同化、劳动条件的基准化、劳动者保障的社会化

第二节 劳动法律关系概述

- 劳动法律关系的概念
  - 含义：劳动权利与义务的关系
  - 劳动法律关系与劳动关系的区别和联系
- 劳动法律关系的主体和客体
  - 主体：劳动者和用人单位
  - 客体：行为、财物

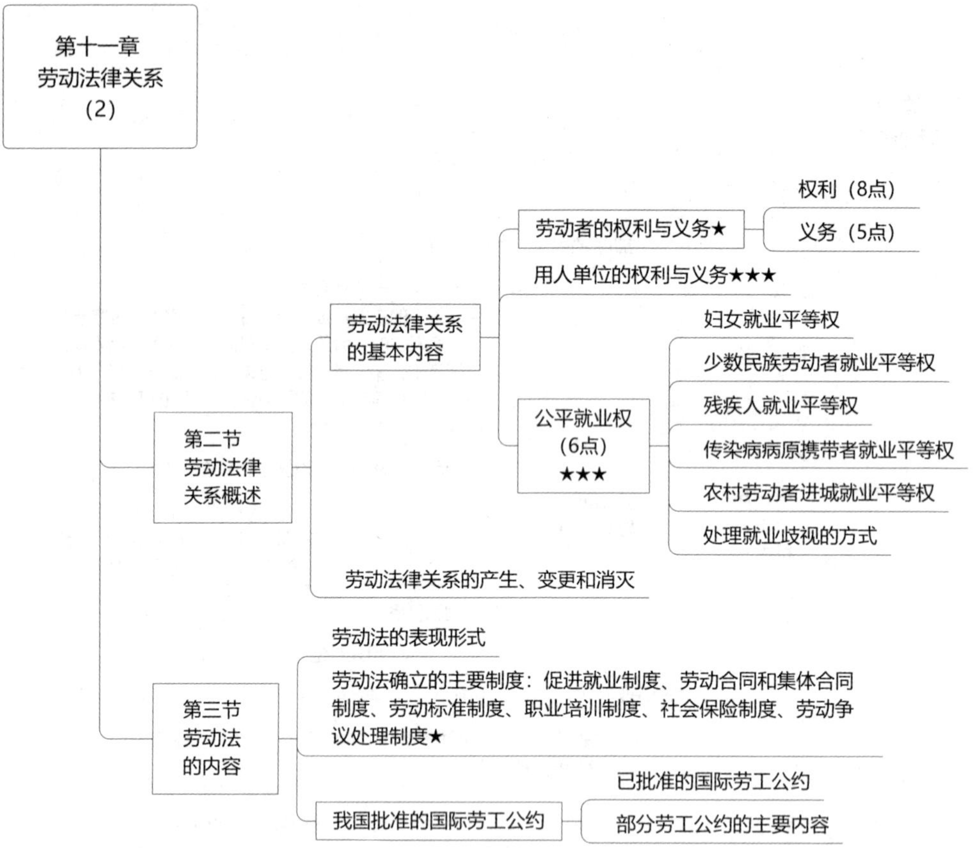

```
第十一章
劳动法律关系
   (2)
                                                    ┌── 权利（8点）
                              ┌─ 劳动者的权利与义务★─┤
                              │                      └── 义务（5点）
                              │
                              ├─ 用人单位的权利与义务★★★
                              │
              ┌─ 劳动法律关系 ─┤                     ┌── 妇女就业平等权
              │   的基本内容   │                     ├── 少数民族劳动者就业平等权
              │                │                     │
第二节         │                │   公平就业权        ├── 残疾人就业平等权
劳动法律───────┤                └─ （6点）         ──┤
关系概述       │                    ★★★             ├── 传染病病原携带者就业平等权
              │                                      │
              │                                      ├── 农村劳动者进城就业平等权
              │                                      └── 处理就业歧视的方式
              │
              └─ 劳动法律关系的产生、变更和消灭

              ┌─ 劳动法的表现形式
              │
              │  劳动法确立的主要制度：促进就业制度、劳动合同和集体合同
第三节         ├─ 制度、劳动标准制度、职业培训制度、社会保险制度、劳动争
劳动法─────────┤  议处理制度★
的内容         │
              │                               ┌── 已批准的国际劳工公约
              └─ 我国批准的国际劳工公约 ─────┤
                                              └── 部分劳工公约的主要内容
```

> **温馨贴士**

第一节主要考查劳动法，出题点主要在劳动法调整对象方面，学习时需要多加注意。第二节是全章出题集中的部分，重点考查法律关系的基本内容，其中用人单位的权利与义务、公平就业方面需要重点复习，可以通过做题多加练习。第三节内容考查较少，简单了解即可。

思维导图

第十二章 就业与职业培训（1）

第一节 促进就业
- 我国的就业政策：劳动者自主择业、市场调节就业、政府促进就业
- 用人单位在促进就业中的权利和义务：自主用人的权利、依法保障劳动者的合法权益
- 对特殊就业群体的促进就业措施
  - 高校毕业生
  - 农村劳动力
  - 残疾人
  - 传染病病原携带者
  - 退役军人
- 禁止使用童工的法律规定：禁止招用未满16周岁未成年人

第二节 就业服务与失业管理
- 公共就业服务
  - 公共就业服务内容（8点）
  - 职业指导：提供咨询、了解职业状况等8点
- 职业中介服务
  - 职业中介机构的设立★：设立应具备的条件：①有明确的章程和管理制度；②有开展业务必备的固定场所、办公设施和一定数额的开办资金；③有一定数量具备相应职业资格的专职工作人员；④法律法规规定的其他条件
  - 职业中介机构的业务内容★
    - 为劳动者介绍用人单位或为用人单位推荐劳动者
    - 开展职业指导、人力资源管理咨询服务
    - 收集和发布职业供求信息
    - 组织职业招聘洽谈会
  - 职业中介机构的禁止行为
    - 提供虚假就业信息
    - 为无合法证照的用人单位提供职业中介服务
    - 伪造、涂改、转让职业中介许可证
    - 扣押劳动者的居民身份证和其他证件，或者向劳动者收取押金
    - 其他违反法律法规规定的行为
  - 职业中介机构违法行为的法律责任

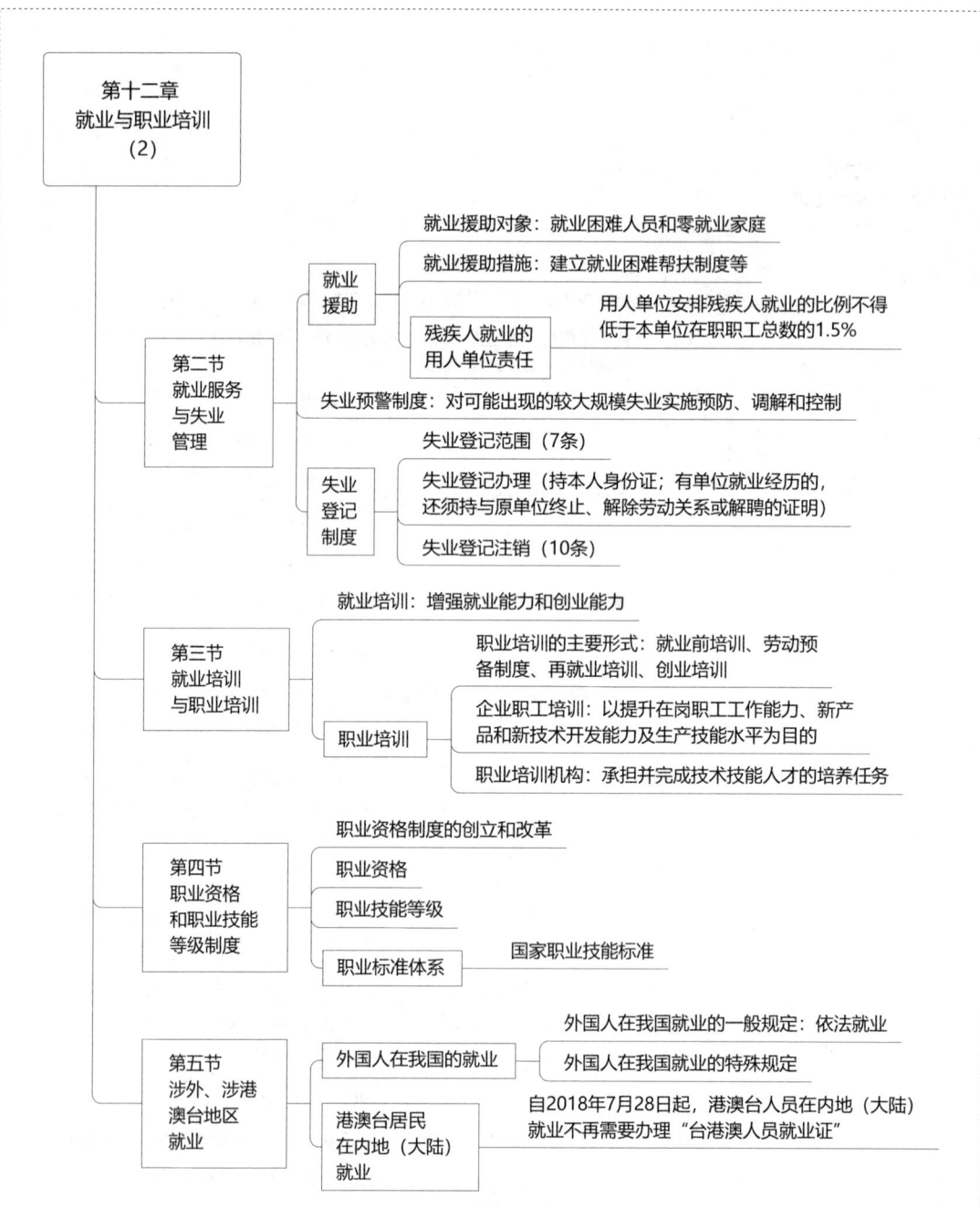

> 温馨贴士

第一节内容历年来没有考查，简单了解即可。第二节内容有两个出题点，都集中在职业中介服务方面，学习时应多加注意，可以通过适当做题来加深印象。第三节至第五节内容历年未考查，简单了解即可，注意区分职业培训相关的内容。

思维导图

- **第十三章 招用人员（1）**
  - **第一节 用工形式**
    - 用人单位自主用人权：享有自主用人的权利
    - 法定用工形式：我国的企业基本用工形式——劳动合同用工★★
      《中华人民共和国劳动合同法》规定的用工形式包括：①劳动合同用工（全日制用工）；②劳务派遣用工（补充形式）；③非全日制用工（每周不能超过24小时）
    - 特殊人员的使用：超龄人员、在校学生★
  - **第二节 招聘与录用**
    - 招聘★★
      - 用人单位的义务（7点）
      - 用人单位招用人员的禁止行为★（7点）
      - 劳动者的义务
      - 从事特殊工种劳动者的招用
    - 就业登记：被用人单位招用的，30日内办理就业登记手续
    - 录用条件：《中华人民共和国劳动合同法》第三十九条具体规定★
    - 职工名册：应当建立职工名册备查★
  - **第三节 劳动合同订立**
    - 劳动合同的概念：明确双方权利和义务的协议★
    - 劳动合同法律特征：①一方是企业，一方是劳动者本人；②平等自愿，协商一致；③具有从属关系；④劳动合同的内容涉及劳动者完成再生产的过程
    - 劳动合同订立原则★★
      - 合法原则★
      - 公平原则
      - 平等自愿原则
      - 协商一致原则★
      - 诚实信用原则
    - 劳动合同的内容
      - 必备条款：《中华人民共和国劳动合同法》第十七条规定（9条）★
      - 约定事项：试用期、保守秘密等★
      - 合同期限：固定期限、无固定期限、以完成一定工作任务为期限、试用期★
    - 订立劳动合同的时间：三种情形★
    - 劳动合同法律效力的确认：协商一致，各执一份

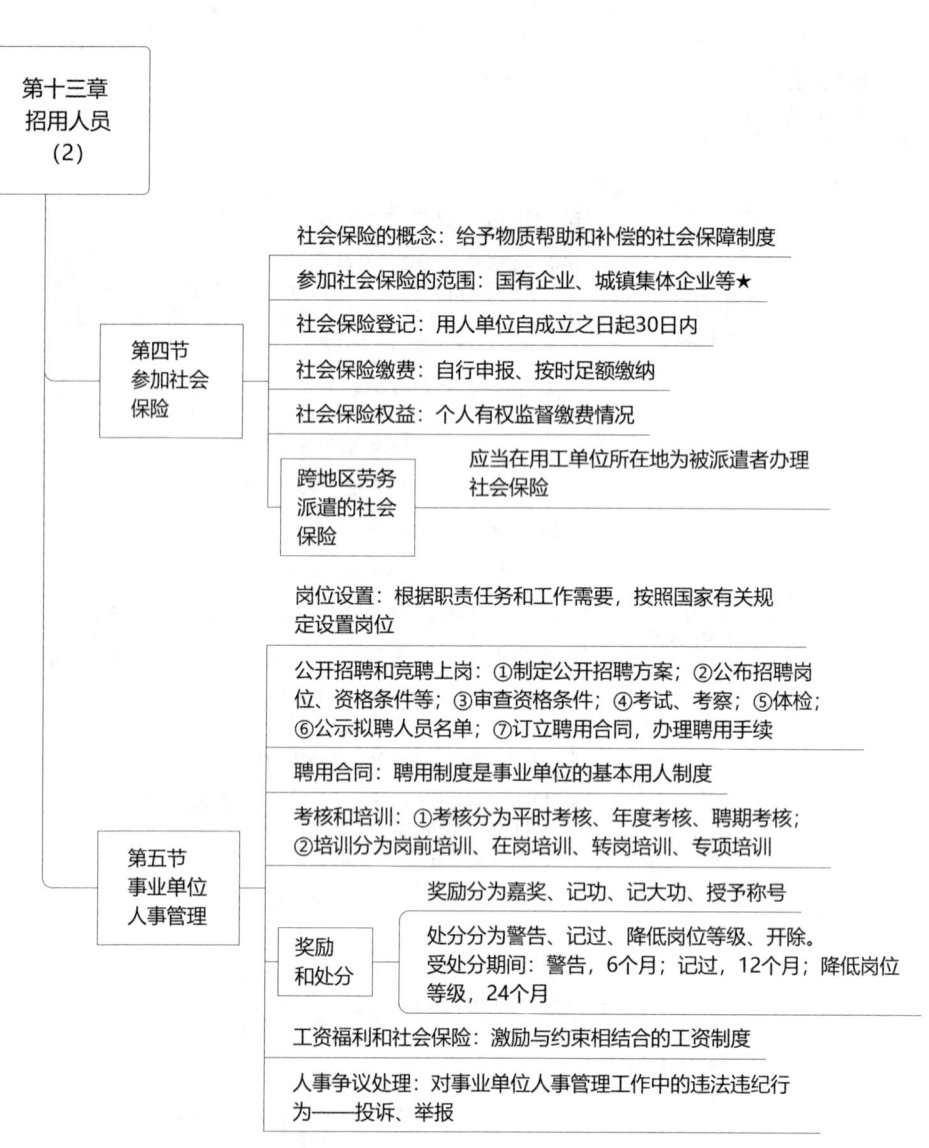

> **温馨贴士**

本章前三节需要重点掌握，每一节都有出题点，需重点掌握劳动合同订立方面的内容，该部分考查较为频繁，可以通过做题的方式多加练习。第四节、五节内容相对考查较少，历年只在参加社保范围方面出过题，了解即可。

思维导图

```
第十四章
劳动标准
与劳动保护
(1)
├─ 第一节 工作时间与休息休假
│   ├─ 工作时间★
│   │   ├─ 工作时间：完成本职工作的时间★★
│   │   ├─ 休息时间：不必工作而自行支配的时间★★
│   │   └─ 工时制度的内容：标准工时制度、不定时工作制、综合计算工时工作制★★
│   └─ 休息休假★
│       ├─ 法定休假日★★
│       ├─ 带薪年休假★★★
│       ├─ 探亲假
│       ├─ 婚丧假
│       └─ 女职工产假
└─ 第二节 工资制度
    ├─ 工资的概念：提供劳动获得的报酬
    ├─ 工资的基本构成形式
    │   ├─ 计时工资
    │   ├─ 计件工资
    │   ├─ 奖金★
    │   ├─ 津贴和补贴★
    │   ├─ 延长工作时间的工资报酬★
    │   └─ 特殊情况下支付的工资★★
    ├─ 工资支付
    │   ├─ 支付的形式：法定货币支付★
    │   ├─ 支付的项目：计时工资、计件工资、奖金、津贴和补贴、加班加点工资、其他工资（含特殊情况下支付的工资）★
    │   └─ 工资的部分扣除：应缴税费等
    ├─ 特殊情况下的工资支付：病、工伤、产假、计划生育假等
    ├─ 保障农民工工资支付制度
    └─ 最低工资保障制度★
        ├─ 最低工资标准：各地区不同★
        ├─ 最低工资标准的调整
        ├─ 最低工资标准的发布：每两年至少调整一次
        └─ 违反劳动标准的法律责任：①延长工作时间的法律责任；②违反年休假规定的法律责任；③违反最低工资标准的法律责任
```

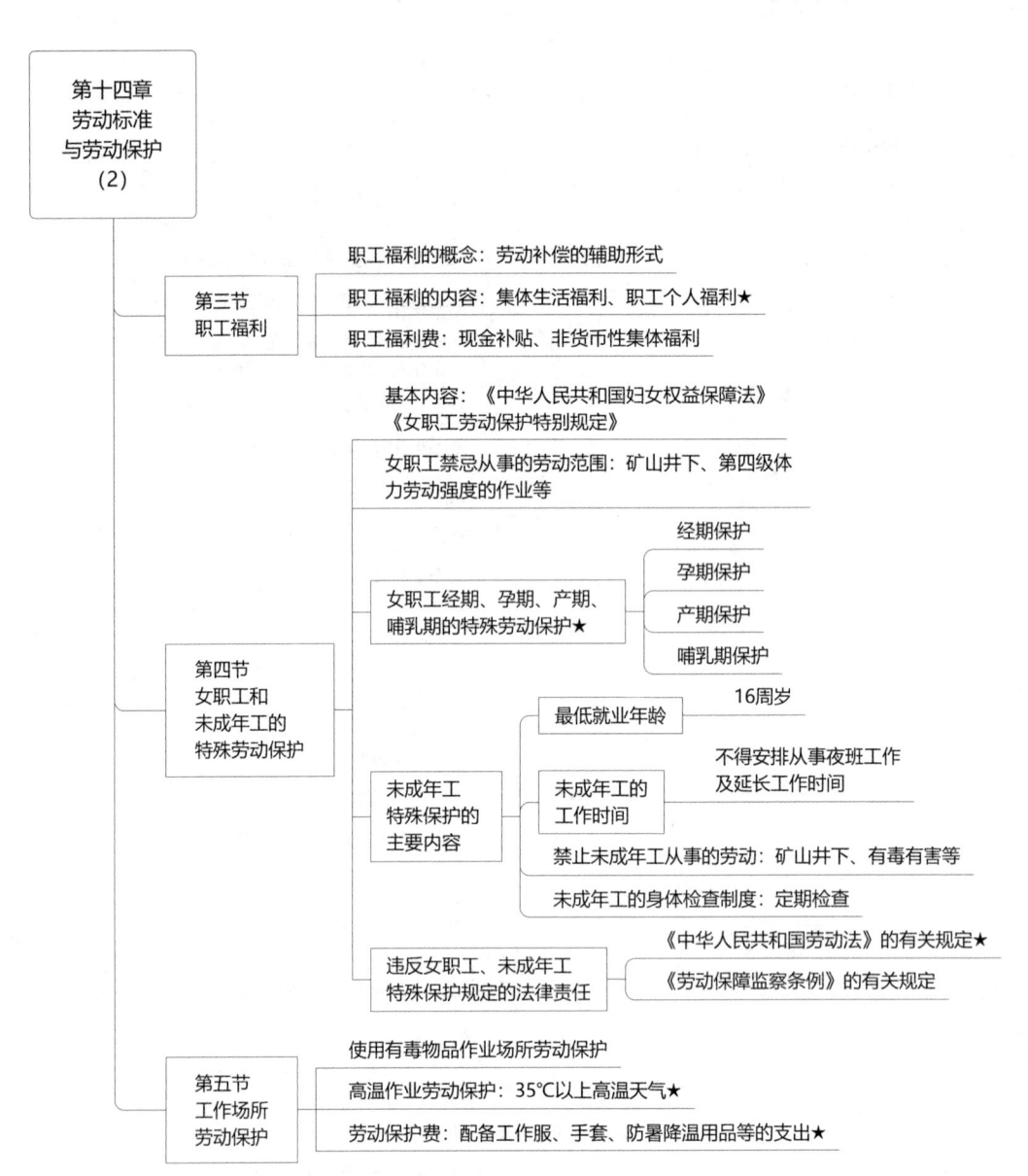

> **温馨贴士**

前三节是本章重点，主要内容和生活息息相关，可以结合实际生活进行理解和记忆。其中工时制度和休假制度是高频考点，复习时需重点掌握，其他部分考点较为分散，各细节需要注意，可以通过多做题来巩固和复习。第四节、第五节为女职工和未成年工的保护，考点相对前半部分较少，但细节较多，学习时注意区分记忆。

全真机考模拟

Day 58 至 Day 60

由于经济师考试形式为机考,为了真实模拟考场环境,本书提供三套试卷,需要通过电脑在线做题。

【领取试卷及做题步骤】
- 请扫右侧码领取模拟试卷。
- 登录环球网校官网(www.hqwx.com)。
- 点击《60天过经济师》全真机考模拟试卷。
- 进入界面之后即可开始做题。

模考说明

【答题时长要求】3小时40分钟,两门考试中间有40分钟休息时间

【时间安排】8:30—10:00,10:40—12:10

亲爱的读者：

如果您对本书有任何 感受、建议、纠错，都可以告诉我们。

我们会精益求精，为您提供更好的产品和服务。

祝您顺利通过考试！

扫码参与调查

环球网校经济师考试研究院